秘书理论与实务
（第三版）

张玲莉　主编

国家开放大学出版社·北京

图书在版编目（CIP）数据

秘书理论与实务／张玲莉主编．--3 版．--北京：
国家开放大学出版社，2021.1

ISBN 978 - 7 - 304 - 10694 - 2

Ⅰ．①秘…　Ⅱ．①张…　Ⅲ．①秘书学 - 开放教育 - 教
材　Ⅳ．①C931.46

中国版本图书馆 CIP 数据核字（2020）第 272621 号

秘书理论与实务（第三版）
MISHU LILUN YU SHIWU
张玲莉　主编

出版·发行：国家开放大学出版社
电话：营销中心 010 - 68180820　　　总编室 010 - 68182524
网址：http://www.crtvup.com.cn
地址：北京市海淀区西四环中路 45 号　**邮编：**100039
经销：新华书店北京发行所

策划编辑：陈　蕊　　　　　　　　　**版式设计：**何智杰
责任编辑：王东红　　　　　　　　　**责任校对：**张　娜
责任印制：赵连生

印刷：北京银祥印刷有限公司
版本：2021 年 1 月第 3 版　　　　　2021 年 1 月第 1 次印刷
开本：787mm×1092mm　1/16　　**印张：**16　**字数：**353 千字

书号：ISBN 978 - 7 - 304 - 10694 - 2
定价：30.00 元

（如有缺页或倒装，本社负责退换）
意见及建议：OUCP_KFJY@ouchn.edu.cn

前言（第三版）

《秘书理论与实务》一书是为国家开放大学（原中央广播电视大学）本科文秘专业编写的教材，该教材适用于秘书及相关专业学习。同时，本教材为当时参加中华人民共和国人力资源和社会保障部的秘书职业资格鉴定考试的读者提供参考，我们在编写过程中，把当时职业资格鉴定分级后的高级秘书要求贯穿其中，并适当增加了理论部分的内容。这次第三版修订保留了这些内容，也主要是考虑到很多学员的工作经历和体验，以及对职业向上延展的需求。

多年前学习过第一版的学员很多已经成为企业的高管、成熟的行政管理者。而随着我国网络经济和信息技术的深入发展，秘书这一传统且不断更新的职业面临很多挑战。例如，网络办公、网络公文传递、网络会议、视频会议的出现，不仅改变了以往秘书工作的环境，更对秘书工作中的网络文书、网络编辑、媒体运用、网络沟通礼仪、网络交际语言提出了新的要求。尽管我们在 2010 年对书稿第二版做了部分修改，但仍无法满足以上的变化与要求，故今再做第三版修改，希望能够更加贴近文秘专业发展及秘书岗位的需求。

现代办公管理已经出现了一些新的变化，要求行政助理、行政专员、文员、秘书，包括速录秘书、网络秘书、科研秘书，甚至医学文秘岗位人员，不仅要具有较强的沟通协调能力，还能够相对独立地完成办文、办会、办事等秘书的日常业务工作，而且能熟练地使用各种办公自动化设备、网络技术，适应现代商务活动的要求，协助领导完成数字化办公活动。我们在总结多年教学、培训经验的基础上再次修订第三版，就是为推动秘书办公水平与技能，使其在新的形势下进一步拓展与提高，以适应新的技术与工作内容的变化。

此次第三版修订还充分考虑了本科秘书专业教学的特点和就业技能培训，以及水平等级测试的要求，将秘书教学的基本理论与实践经验相结合，适量加入秘书职业发展的历史介绍，在整合原有公共关系和商务活动内容的基础上形成了秘书商务活动的内容。将秘书专业应知应会的基础知识，如企业文化、办公财务管理等内容拆分并入其他章节，以增强教材的实用性，使之更适用于开放大学的学生及自学的学习者。

我们努力将秘书技能水平的提高与课内、课外时间的利用相结合，将内容提要与案例分析、讨论提示相结合，指导学习者灵活掌握秘书专业的知识与技能。本书第一章、第二章以理论知识为主。本书第二章的有关职业道德和行为规范的内容，根据党的十九届五中全会的新提法进行了修订，主要参考的是 2019 年 10 月中共中央、国务院印发的《新时代公民道德建设实施纲要》。

教材体例在第三版中保持不变，第一章和第二章包含学习目标、内容提要、精要提示、思考与练习等内容，便于学习者掌握秘书基本理论及其原理；第三章至第八章以技能讲授和动手练习为主，其中穿插了大量的实例练习，希望能对学习者的实训有所指导。

　　本书的读者对象主要为国家开放大学文秘专业学生及对秘书理论与实务感兴趣的读者。本书既可用于课堂授课，也适用于秘书岗位自学充电，还可作为秘书技能测试的复习辅助教材。

　　这次第三版修订的参与者为张玲莉：第一章、第五章；王英红：第二章；刘建华：第三章、第四章、第六章；郭春燕：第七章、第八章。全书统稿人为张玲莉。

　　秘书工作在办公自动化、数字化的推动下，不仅是工作环境在不断变化，使用工具与手段也在不断变化，我们在修订中力图更好地反映这些变化，以使学习者有更好的职业视野，对学员有更多的帮助！

张玲莉

2020 年 8 月 25 日

前言（第二版）

秘书活动是人类社会发展到一定历史阶段的必然产物，是行政管理的重要组成部分。我国当代秘书职业形成于 20 世纪 40 年代，而秘书学作为一门学科走向专业化教育开始于 20 世纪 80 年代，秘书职业的规范化则以 20 世纪 90 年代后期中华人民共和国劳动和社会保障部出台秘书职业资格鉴定标准为标志。在市场经济对人才需求急速变化的今天，秘书职业工作的内涵在不断扩大，同时办公管理的先进技术也对传统的秘书技能提出了挑战。

现代办公管理要求秘书不仅要具有较强的沟通协调能力，能够相对独立地完成办文、办会、办事等秘书的日常业务工作，而且能熟练地使用各种办公自动化设备，适应现代商务活动的要求，协助领导完成数字化办公活动。为推动秘书办公水平与技能的提高，我们在总结多年教学、培训经验的基础上修订了本书。

本书的修订充分考虑了本科秘书专业教学的特点和就业技能培训的要求，将秘书教学的基本理论与实践经验相结合，适量加入秘书职业发展的历史介绍，在整合原有公共关系和商务活动内容的基础上形成了秘书商务活动的内容，并将原有的部分基础知识，如企业文化、办公财务管理等内容拆分并入其他章节，使教材的实务性特色得到增强，更适用于开放大学及自学的学习者。同时，将秘书技能水平的提高与课内、课外时间的利用相结合；将内容提要与案例分析、讨论提示相结合，指导学习者灵活掌握秘书专业的知识与技能。第一章、第二章以理论知识为主，形成上篇内容，其体例包含学习目标、内容提要、精要提示、思考与练习等内容，便于学习者掌握秘书基本理论及其原理；第三章至第八章以技能讲授和动手练习为主，形成下篇内容，其中穿插了大量的实例练习，希望能对学习者的实训有所指导。

本教材的修订以 2006 年版《秘书理论与实务》（中央广播电视大学出版社出版）为基础，并借鉴了中华人民共和国人力资源和社会保障部秘书技能鉴定培训相关资料（如 2006 年版的《秘书国家职业标准》）及新的国家标准等，读者对象主要为开放大学中文文秘专业学生及对秘书理论与实务感兴趣的读者。本书既可用于开放大学授课，也适于岗位自学充电，并可作为秘书技能等级测试的复习辅助教材。

本书各章的执笔者为：张玲莉：第一章、第五章；王英红：第二章；刘建华：第三章、第四章、第六章；郭春燕：第七章、第八章。

本书的审定得到了中华女子学院张丽珂教授，中央广播电视大学张继缃教授、程陵副教授及北京信息科技大学伊强副教授的指导与支持，在此一并表示感谢。由于作者水平所限，书中错误在所难免，希望业内专家、学者及广大读者提出宝贵的意见与建议。

编　者

2009 年 12 月 5 日

目 录

第一章　秘书与秘书工作

学习目标

1. 了解秘书活动的发展历程。
2. 掌握秘书的定义。
3. 了解秘书的分类与秘书工作的特征。
4. 掌握秘书工作的构成要素。

内容提要

本章着重介绍了秘书活动的起源、定义和秘书工作的特征，并讲述了秘书工作的构成要素，力图使学习者了解秘书工作的原则和作用。

第一节　我国秘书活动的起源

秘书活动是人类社会发展到一定历史阶段的必然产物，是行政管理的重要组成部分。

一、秘书活动产生的条件

秘书活动的产生必须具备以下两个基本条件。

（1）秘书活动产生的前提条件，即社会管理组织的出现。有了管理组织才会有管理活动，即公务活动，有了公务活动才会有公务文书；有了管理组织就有领导者，有了领导者就有领导事务及协助领导处理事务的需要——这两方面即秘书活动产生的前提。可见，秘书活动与领导活动有着天然的联系，秘书活动是适应领导活动的需要产生的。领导活动是社会管理事务的核心内容，秘书活动也就随之成为社会管理活动不可或缺的职业活动的组成部分。

（2）秘书活动产生的必要条件，即文字和公文的出现。秘书工作以掌管公文为主要职责，公文是由文字组成的管理工具，所以，文字及与之相连的公文的产生便成为秘书活动产生的必要条件。有文字才有公文，有公文就必然有撰拟、传递、办理和保管公文的专门人员，因此秘书活动的出现与文字、公文紧密相连。秘书活动若离开文字记录、公文撰拟、公文处理等文牍性事务，就失去了秘书工作的本来意义。

二、秘书活动的产生及演变

古代秘书活动为辅佐历代统治阶级治理国家、保证国家机器正常运转发挥了重要作用。同时，古代秘书活动也为创造和继承中华民族的灿烂文化，推动社会的文明进步发挥了重要作用。

我国古代秘书活动究竟产生于何时？秘书学界对此问题说法不一，有殷商说、夏朝说、尧舜说、黄帝说及神农说，各自均有一定的依据。一般认为，我国古代秘书活动发端于原始社会末期部落联盟的昌盛时期，主要是指黄帝至禹时期，距今 4 100 ~ 4 500 年。

被誉为"人文初祖"的黄帝在我国北方的出现，标志着我国社会进入父系氏族社会，并开始向奴隶社会过渡。当时管理社会的组织已具有相当规模，氏族、胞族各有族长，部落有酋长，部落联盟有盟长，各级组织也都有不同的职能，内部实行原始民主制，重大问题由会议讨论决定，由此出现了公务活动和最初的文字。这就具备了秘书活动产生的两个基本条件。

原始社会末期的秘书活动有三个特征：一是伴随原始社会组织公务管理活动和文字的使用；二是服务于原始组织、首领和先民；三是工作范围不广泛，尚无具体分工，工作方法也简单粗糙，但在首领指挥活动中发挥了重要的助手作用。

我国的第一个奴隶制国家政权——夏出现后，由于国君公务活动繁忙，秘书工作的地位和作用变得更加重要。

我国秘书机构产生于商朝末期。商朝政权在其统治末期大举用兵，地域扩大，人口激增，国事日繁，因此对辅助管理的秘书人员的需求也相应增加。这些人必须被组织起来，各司其职，又相互配合，才能有效地处理各种事务，这就促进了秘书机构"太史寮"的产生。"太史寮"主要负责商王的册命及祭典等事宜，并在其发展中逐步培养了一支专业的秘书队伍。

西周的秘书工作在商朝的水平上有所创新和提高。秘书机构的内部分工更加细密，由太史（亦称大史）、小史、内史、外史、御史共"五史"组成。他们之中等级有高有低，各有不同职掌。这标志着"太史寮"已经走向成熟。此时，秘书机构作为一个独立的部门，在西周政权中发挥着重要的作用。

战国时期，各诸侯国大都设有史官，但史官的职责、地位已发生重要变化。战国时期的御、史和尚书不仅参与决策、文书草拟，还是国君的重要随从，跟随国君出席重要场合。

秦始皇统一六国后，建立了中央集权制的封建社会制度，设丞相府、太尉府、御史大夫寺等机构。御史大夫作为统率秘书的官员，一方面是皇帝的"秘书长"，掌天下文书，另一方面是监察官。尚书作为皇帝身边的秘书，起着上传下达的作用。

汉朝，御史大夫改为大司空。西汉时期，秘书工作由尚书台担任；到东汉，尚书台逐渐发展成为皇帝的机要秘书处，即皇帝的"喉舌"，群臣的奏章都要经过尚书台呈送皇帝。

魏晋南北朝时期，尽管社会动荡，但为统治阶级服务的秘书工作却从未间断。汉末曹操为魏王时，设"秘书令"。曹丕称帝后，改秘书为中书，设中书监、中书令，掌管皇帝诏令的起草工作。晋朝时，设中书侍郎，掌奏案章。南朝梁陈时期，国家政务都由中书省总管。这是一个庞大的秘书工作机构，在当时已形成较为完整的秘书工作系统。

隋唐时期的秘书工作有了更大的发展，唐太宗曾用十八位学士出谋划策，唐玄宗更是广召天下名士服务于皇朝。此后，不少翰林学士都由皇帝私人秘书提拔为宰相参政。

宋朝的秘书工作由枢密院与中书省分掌。中书省内设主事房，负责收发、登记文书；催驱房，负责催办公文。另有一些专门机构，除负责规定的职责外，凡属无成法可依，需要请示处理的事，都由这些机构分别负责处理。

元朝设有翰林院，负责修史、翻译和颁降皇帝的文书，相当于皇帝的机要秘书处。

明朝中央机关的秘书机构还包括通政司，这是中央机关的总收文机构，无论何级官署上奏的文书，都必须经过这一机构。

清朝的秘书机构主要负责为皇帝办理文书并编纂史籍。雍正时期内廷设立的军机处就是为皇帝服务的机要秘书处。

三、古代秘书活动的基本特点

我国古代秘书活动具有以下三个基本特点。

（1）古代秘书机构变动频繁。秘书机构是国家机构中的枢纽部门，所以它的变动基本上与国家机构的演进同步，表现为后一种秘书机构取代前一种秘书机构，变动十分频繁，很不稳定。这种历史现象说明：历代中央秘书机构的地位、作用始终不变，是必不可少的辅助治政部门。但是，皇帝为了维护皇权，并不允许它有独立的决策权和行政权。一旦其职权增强，开始具有独立决策和行政的倾向，皇帝就会予以削弱、抑制、解散，而重新以身边职位较低的官员组成新的秘书机构加以取代。这使历代中央秘书机构始终处于建立、兴盛、削弱、解体，又重新建立的周期性变化中，具有明显的不稳定性，以致秘书官职的官衔、人员也处于不断地变换和流动之中。

（2）古代秘书人员选拔严格。古代秘书人员的选拔是历朝官制设置的主要内容之一。秘书等级大致有高、中、低三种类型，高、中级秘书多为政府编制内官员，低级秘书多为雇聘人员或政府吏员，地位低下。三者不同程度地掌握着中央和地方政府的机密事务，所以，统治阶级一直比较重视对秘书人员的遴选，不但要考察其政治、文化、吏能、年龄、体貌，还对秘书素质提出了很高的要求，制定了一系列秘书选拔制度。

（3）古代秘书制度在发展中走向完备。我国古代秘书工作制度创立于先秦，确立于秦汉，发展于魏晋南北朝，成熟于唐宋，完备于明清。自唐朝开始，统治阶级把一般的秘书制度行政法规与刑法相结合，以刑法为后盾，普遍制定了秘书刑律条法。经过后来几代王朝的进一步发展，时至清朝，秘书工作制度已相当完备，这在一定程度上保证了国家机器的正常运转。

四、古代秘书的工作制度

（一）文书工作制度

我国古代文书工作制度主要有五种：一是一文一事制度。一文一事制度即一件公文只能叙述一件事。这一制度确立于唐朝，防止了行文关系的错乱，加速了文书的运转，此制度一直沿用至今。二是贴黄、引黄制度。贴黄是唐朝首创的公文纠误制度，就是在文书的书写错误之处贴上黄纸，然后改正。宋朝以后，贴黄的含义与唐朝不同，是指秘书官吏将来文内容概括成百十字，写在统一制作的黄纸上，贴附于文尾。引黄是指秘书官吏将来文内容摘要写在一张黄纸上，贴附于文前。这一制度在明朝更加完善。贴黄、引黄制度有利于节省皇帝的时间和精力，提高公文处理的效率。三是票拟制度。票拟制度产生于明朝，也称"条旨"，即先由内阁阅读所进的奏章，用一张纸条拟出处理意见，贴于奏章前面，进呈皇帝定夺。它类似于现代公文处理程序中的"拟办"。四是照刷、磨勘制度。照刷、磨勘制度产生于元朝，即检查公文有无稽迟、失误等情况。它是一种监督公文处理的制度，对于提高公文质量，揭发和纠正各级官员处理政务中存在的弊端，起到了积极作用。五是公文稽查制度。公文稽查制度产生于唐朝，完善于清朝，是指对公文的传递和处理规定以期限，并由专门机构依照期限进行稽查，违者将受到严肃处理。

（二）档案工作制度

古代档案工作制度主要有五种：一是一案一卷制度。它产生于唐朝，规定将一件事由的公文立为一卷存档，称为案卷。它一直被作为较主要、较常用的立卷方法沿用至今。二是档案集中制度。它产生于宋朝，规定凡是地方县以上政府的各种典册，都必须按期逐级上报，以便将分散于各级官府的档案集中于有关档案库。三是档案整理制度。它产生于唐宋时期，即将有关档案分门编录成册，按收受时间顺序排列，注明时间、页数、封题、事目，以《千字文》的字为序登录、编排。四是档案鉴定、销毁制度。它产生于唐宋时期，规定每三年对档案做一次鉴定：凡是需要永久保存的档案都要转入专门的库房存放；不需要永久留存的档案要也要留存10年；需要销毁的档案，要申报、批准。五是档案查阅制度。它产生于唐宋时期，规定查阅档案时，要派官员监视出入；借阅档案要规定期限，办理手续。这些制度对于现代的档案工作仍具有借鉴意义。

（三）保密工作制度

历代统治阶级都非常重视档案保密工作，均制定了一系列档案保密制度。我国在封建社会中期之前，还只是从一般行政制度上对档案加强管理。唐朝以后就采取行政规章与刑法紧密结合的措施，强化保密管理，形成了中国封建社会比较全面、系统的档案保密制度。晚清时期政府还制定了《惩治漏泄军事机密章程》，使保密工作制度更加完备。

（四）信访工作制度

唐朝武则天初设"铜匦"，相当于现代的投诉信箱，并特设匦使院和知匦使专管信访工作，建立了正规的信访工作制度。宋朝中央信访机构包括鼓院和检院：鼓院为初级机构，检院为高级机构；规定官员、平民有事须先投诉鼓院，遭拒绝或认为处理不公时，可再上访至检院。检院处理信访案件，规定急事当天奏报皇帝，一般案件每五天呈报一次。明朝对信访工作更加重视，规定由通政司兼理信访事务，同时在承袭前朝制度的基础上，还制定了一些新制度。例如，吏民的信访书函须实封递入，由通政司初阅，简写副本后密封呈送皇帝；吏民可以越级上访，接待官员不得刁难。

（五）印章管理制度

印章最早出现于先秦时期。商朝时，印章被用作封检私人财产的标记；西周时期将官印作为权力的标志；春秋战国时期将官印作为传递公文时的"封泥"标记；汉代以后发明了造纸术，公文材料发生了变化，官印则被作为公文有效性的标记，一直沿用至今。由于官印是统治者权力的象征，具有法律效力，历代统治阶级都极为重视印章管理，设有秘书性质的机构、人员负责统一掌管，并建立了严密的监制、监发、监管制度。例如，对于弃毁、丢失官印者，视情节轻重，将给予不同程度的处罚。盗窃、伪造官印者或窃视印封者，皆受严厉处罚。我国古代印章管理制度以唐朝规定最为严格和具体。

（六）工作报告制度

工作报告制度完善于隋唐时期。此时中央政务、事务机关和地方各级组织均建立了逐级报告工作的制度，县以上军政监察部门长官之政绩，定期书面上奏皇帝或朝廷，史称"录报""牒报"，重大问题还要及时奏报。对于不报、稽报、误报，或不按规定奏报的，对其主要长官将给予处罚。

（七）办事责任制度

唐朝对秘书办事做了"四禁"规定："一曰漏泄，二曰稽缓，三曰违失，四曰忘误。"（《旧五代史·职官志》）违背"四禁"者将受到不同程度的处罚。"四禁"的基本精神就是要求秘书人员办事及时、准确、务实、保密。

（八）言谏制度

我国言谏制度源远流长。秦汉时期，言谏制度在组织上正式确立。三国两晋南北朝时期是言谏制度的发展时期，诸葛亮要求秘书发挥参谋言谏作用。隋唐时期是参谋言谏最为发达的时期，特别是唐朝，十分重用谏官，如唐太宗要求秘书官员敢于直言，他自己也从谏如流，因此出现了魏征那样敢于犯颜直谏的谏议大夫，从而推动了"贞观之治"盛世局面的形成。宋朝以后至清朝灭亡，中央机关的言谏制度名存实亡，秘书的参谋职能逐渐弱化。

五、古代社会对秘书的素质要求

古代统治阶级对秘书的素质要求较高，选拔秘书十分严格。

秦朝十分重视秘书的专业培训和其政治可靠性。凡史官的后代，都会被送入史官学校进行专业培训，并禁止将非史官子弟及犯过罪的人员作为培养对象。

汉朝比较重视秘书的年龄、业务知识与技能，规定中央秘书机构的秘书人员年龄要在17岁以上，且须经考试（考其大篆、小篆、隶书等八种字体），优秀者才能当选。

魏晋南北朝时期出现了"文""笔"之分，产生了许多专门拟写公文的秘书人才和著名的书法家。统治者争相募求这些精于业务技能的专门人才作为秘书。

唐朝选用秘书的主要途径是科举考试。以"身、言、书、判"为标准，考其书法、文理、判事能力和口才，并观其相貌，这说明当时对秘书素质的要求已经趋于全面。

宋朝十分注重文字秘书的选拔，报考者须依据当时流行的十二种公文文体，各写作两篇，经审阅合格者方可应试，并要求应试者具有进士资格。

元朝选拔秘书有四项标准：一是品行端正，廉洁奉公，办事谨慎；二是熟悉业务；三是担任公职多年，有实际工作经验；四是有可靠的人员担保，并经审查合格。

明朝依靠科举制度选拔秘书，通过层层考选，将优秀的人才精选出来，任用为朝廷各部门的秘书。地方官署也以进士、举人等科班出身的文人任秘书，从而普遍提高了秘书的文化素质。

清朝的军机处挑选军机章京①有四个条件：一是品德良好，相貌端正；二是年富力强；三是字迹端正；四是办事敏捷，拟文迅速，为人谨慎。以这些条件选出来的军机章京只有36人，他们负责协助皇帝处理庞大的封建王朝的军政事务，其人员之精干、素质之好、效率之高，成为历代秘书人员之最。同时，民间一些地方也开办了"幕馆"，传授秘书专业技能，并讲授官场礼节，史称"习幕"。培养出来的"幕僚"大多博学多才、足智多谋、精于世故、熟悉吏务、办事精干，因而地方各级官衙纷纷聘用他们担任各类秘书，俗称"师爷"，其中绍兴师爷较为著名。

第二节　我国近现代的秘书活动

一、近代秘书机构和秘书名称的演变

1840年鸦片战争以后，西方资产阶级文化思想传入我国，国外的秘书工作也影响了我国的秘书工作及体制变化，拉开了我国近现代秘书工作发展的序幕。

---

① 军机章京：清雍正皇帝1831年将军机房改为军机处，在此处任职者由亲王、大学士、尚书、侍郎等充任，成为军机大臣，其下属的具体办事员就是军机章京。军机章经又称为小军机，主要掌管写谕旨、记载档案、查核奏议等事务。

（一）晚清时期的秘书机构及其演变

晚清政府为了适应外事工作的需要，设立了总理各国事务衙门，军机处仍然保留。后由于列强的侵扰与事务的增多，又设置司务和清档房，专管文书、档案工作。1901 年，总理各国事务衙门改为外务局，其内部设置为六个部门，即翻译处、清档房、机要股、司务厅、电报处、文报局，后来又增设秘书股，专管机要文书的草拟和编辑事务。

1906 年，清朝政府在人民革命的压力下宣布"预备立宪"，开始学习日本政治体制，进行官制改革，中央和地方政府的秘书机构也发生了一些变化。1911 年，清政府宣布成立内阁，实行内阁制，废除封建官制，颁布《内阁属官官制》并据此设置了承宣厅。承宣厅的职能包括：分发谕旨和法律法令；典守谕旨和法律法令；收发呈递奏折事件；阁议事件；诸用御宝；收掌阁印；本阁公牍文件；本阁会计庶务；编纂本阁档案、诏敕，进呈贺本等。承宣厅内设制敕局、收文处。各部设承政厅或政务司，学部设总务厅，陆军部设承政司，内设秘书、机要、案牍、总务四科。弼德院和资政院各设秘书厅，设秘书长一人，一等、二等、三等秘书若干人。地方秘书机构包括经清朝政府批准，由各省巡抚衙门设置的秘书、助理秘书及参事等。"预备立宪"后，各省又设谘议局，内设秘书长，总揽文书事务。

（二）辛亥革命时期的秘书机构演变

1912 年，孙中山就任中华民国临时大总统，并设立总统府。总统府的常务办事机构即秘书处，《总统府秘书处暂行章程》规定设秘书长一人，下设 7 科 2 所，各部设政务厅，省督府设秘书员，处理文书事宜。1912 年 3 月，又颁布《中华民国临时约法》，规定政府采用内阁制，总理总揽内阁大权，同时设立内阁秘书厅。

1913 年 10 月，袁世凯为了总揽国家大权，又宣布实行总统制。为复辟帝制，袁世凯将原总统府秘书处的班底改组为内史监，专理"切身政务机密者"。内史监实际就是袁世凯的秘书机构。袁世凯倒台后，黎元洪、段祺瑞效法资本主义国家的政府体制，成立国务院，并设置了秘书厅，秘书厅下设秘书长、秘书、佥事、主事等若干人。这就是我国行政建制史上秘书厅设置的由来。

二、近代秘书活动的基本特点

（一）近代秘书活动的半殖民地半封建特性

中国近代社会半殖民地半封建的性质决定了中国政权机构中的秘书工作及其体制也必然具有半殖民地半封建的特性。一方面，在两千多年封建社会中形成的秘书工作，其体制已根深蒂固；另一方面，由于世界已经进入资本主义社会，西方列强的入侵打开了中国闭关锁国的大门，资本主义先进的政治制度和思想文化必然影响我国社会的各个方面。另外，受以孙中山为代表的资产阶级革命浪潮的不断冲击，晚清政府为了维持其统治，不得不顺应历史潮流，对秘书体制进行了某些改革，从而出现了资本主义秘书工作体制的萌芽，为现代秘书工作的发展奠定了基础。

（二）改革是近代秘书活动发展的主流

尽管近代秘书活动具有半殖民地半封建的特性，但是随着国内要求学习西方变法维新的改革浪潮，改革仍然是近代秘书活动发展的主流。中华民国建立后，政府效法西方资本主义国家的政治制度，在政府机构内设立现代秘书机构；对文书工作进行了比较彻底的改革，废除了封建社会实行的一整套公文种类和程式，将公文种类简化为令、咨、呈、示、状五种，并规定在引文中不得使用封建等级制遗风。宋庆龄和宋蔼龄在担任孙中山的私人秘书期间都遵守了这些规定。

（三）近代秘书活动是社会过渡时期的必然产物

近代秘书活动是由古代秘书体制向现代秘书体制过渡的必然产物，在社会政治制度的变革过程中，必然会出现新旧交替、两者并存、彼此斗争、胜负难分的局面，表现出极大的不稳定性。近代中国社会处在大动荡之中，帝国主义的入侵，帝国主义势力支持下的军阀连年混战，造成了中国社会的内忧外患，政局极不稳定，且各种政治势力执政的时间十分短暂，不可能对秘书工作体制和制度进行系统、全面的改革。因而，这一时期的秘书活动从总体上看没有重大建树，具有明显的过渡性。

三、我国现代秘书活动的发展

（一）国民政府的秘书活动

1927 年，蒋介石背叛革命，发动了"四·一二"反革命政变，组成国民党中央党部和中央政府。为强化其反动统治，国民政府对秘书工作进行了以下改革。

1. 健全中央和地方的秘书机构

中央政府成立秘书局，秘书局设秘书长 1 人，秘书 8 人，科员 8～12 人，书记官若干人。同时，中央各部也建立了秘书机构。在地方上，县政府普遍设立秘书室，配备秘书 1～2 人，科员 2～4 人；各乡政府设书记官 1 人。

2. 规定各级秘书机构的职责范围

例如，行政院秘书处的职责包括：记录会议事项；收发及保管文书事项；分配、撰拟及编制文书事项；典守印信事项；出纳、庶务事项。省政府秘书处的职责包括：一切机要及省政府委员会会议事项；撰拟、保存、收发文件事项；会计、庶务事项；编制统计及报告事项；记录省政府各厅、处职员的进、退事项；典守印信事项；其他不属于各厅之事项。

3. 颁布秘书工作条例，规定秘书任职条件

《国民政府秘书及科员任用规则》规定，秘书必须具备以下条件：国民党员；要有国内

外大学或专门学校以上毕业的学历；具备任文职三四年的资历，有特殊的学识和经验；有国民党委员两人推荐或主管长官保准。

4. 多次改革文书工作

多次改革文书工作，具体包括：颁布了一系列文书工作条例和办法，重点是改革公文程式，确定行文关系，改用白话文；针对官僚主义、文牍主义泛滥，行政效率低下的问题，行政院成立了"行政效率研究会"，提出"提高行政效率，建立万能政府"的口号，并推行"文书档案连锁法"，即将公文处理与档案管理连锁起来，统一分类、登记、编号，简化了工作程序；颁布《公文改良办法》，拟定了《行政三联制大纲》，即设计、执行、考核三者相连的制度，这是改进秘书工作、提高行政效率的一个重要环节。

国民政府在健全秘书机构及其组织体系，确定选用秘书条件，特别是改革文书工作的研究方面，取得了一些进展，这对我国后来秘书工作的发展产生了一定影响。

（二）新民主主义革命时期的秘书活动

中国共产党及其领导的革命军队、革命政权从诞生之日起，就创立了自己的秘书工作。这是一种与历史上任何秘书工作都不同的崭新的秘书工作。

毛泽东、瞿秋白、邓中夏、邓小平、周恩来、吴玉章等都曾多次担任重大会议、委员会的秘书、秘书长职务。1927 年，周恩来等领导八一南昌起义胜利后，成立了革命委员会，并设秘书厅，由吴玉章兼任秘书长。起义部队中设有秘书处，这是我军秘书工作的开端。党的六大前后，多数革命根据地政权都建立了秘书机构。1931 年 11 月，在江西瑞金召开的苏维埃会议通过了《苏维埃地方政府的暂行组织条例》，对苏维埃政府机关中的秘书机构名称做了更改，对人员配备和文件签署制度做了明确规定，这是我党领导的政权机构中秘书工作的开端。解放战争时期，随着革命形势的飞速发展，解放区迅速扩大，政府组织机构也不断完善，1948 年以后，各大行政区均开始设立秘书厅，各省、市人民政府设有秘书处，县政府设有秘书室，秘书工作机构初具规模，并形成体系，为中华人民共和国成立后秘书工作的发展奠定了基础。

特别需要指出的是，在新民主主义革命的前期，由于革命力量弱小而反动势力强大，我党采取了公开斗争与地下斗争两种手段，秘书工作在党的地下斗争中发挥了巨大作用，为夺取中国革命的胜利做出了特殊的贡献。这是我党秘书工作的一个重要特点。

（三）中华人民共和国成立后的秘书活动

1949 年 10 月 1 日，中华人民共和国宣告成立，中国共产党成为执政党，中国的秘书工作也进入了一个新的发展时期。这一时期大体经历了三个阶段。

1. 第一阶段

1949 年 10 月至 1966 年 5 月，中华人民共和国成立后的 17 年是秘书工作大发展和上升的时期，其基本特点是健全秘书工作机构和建立统一、全新的秘书工作制度，促进秘书工作的规范化。中华人民共和国成立后，我国各级党政机关普遍建立了秘书机构，中央及省、自治区、直辖市（地）、县、乡的政府也分别设立了办公厅（室）及内设秘书机构，配备了秘书人员；同时，在改革旧政权机关秘书工作的基础上，逐步建立起全国统一的新的秘书工作组织和制度。1949年12月6日，《人民日报》发表署名文章《关于机关文书工作的研究》，介绍了前华北人民政府秘书工作的经验；同年12月15日，中共中央办公厅发出了《关于文电处理工作的几项规定》；1951年2月1日，中共中央又发出了《关于纠正电报、报告、指示、决定等文字缺点的指示》。1951年7月，中央人民政府政务院召开了全国秘书长会议，会议讨论通过了《中央人民政府政务院关于各级政府机关秘书长和不设秘书长的办公厅主任的工作任务和秘书工作机构的决定》《中央人民政府政务院关于处理人民来信和接见人民工作的决定》《政务院所属各部局、各级政府行文关系的暂行规定》《关于加强文书处理和档案工作的决定》《公文处理暂行办法》等七个重要文件，对秘书机构和秘书工作做出了全面而明确的规定，对秘书工作的规范化建设起到了奠基作用。此后，党中央和国务院又陆续制定和颁布了一系列秘书工作的规章制度。另外，在这一阶段，我国秘书工作理论研究也有所发展，文书学、档案学相继问世，如中国人民大学创办档案学专业；新疆、广西创办《秘书工作》刊物，陕西出版《秘书工作手册》；黑龙江和广西等省区则分别召开会议，研究秘书工作理论，均取得了重要成果。

2. 第二阶段

1966年5月至1978年12月，这个时期是秘书工作遭到严重破坏的停滞时期。在这一时期，许多行之有效的秘书工作制度都被打乱，保密和档案工作受到严重破坏，公文写作中的"帮八股"文风十分流行，严重损害了秘书形象。1976年以后，秘书工作开始进入恢复和发展阶段。

3. 第三阶段

1978年12月，党的十一届三中全会以来，党和国家在指导思想上拨乱反正，实现了工作重点的转移，各项工作逐步走上正常发展的轨道，秘书工作也出现了飞速发展的喜人形势。秘书工作在这一时期的显著特点就是走上了科学化的发展道路，秘书学逐步成为一门独立的学科。

第三节　秘书的定义和工作特征

秘书工作历史悠久，其职业内容也几经变迁而丰富，到了现代已成为重要的社会职业之一。我国现代职业秘书形成于20世纪40年代，秘书走向专业化教育始于20世纪80年代，秘书职业的规范化则以20世纪90年代后期中华人民共和国劳动和社会保障部出台秘书职业资格鉴定标准为标志。在市场经济对人才需求急速变化的今天，正确理解秘书工作的职业内涵有助于推动这个新型职业的完备化和标准化，更好地服务于社会经济的发展。

一、当代秘书工作的职业内涵

在现代社会中，世界各国对于"秘书"职业的理解与描述多种多样。全美政府秘书协会对"秘书"的定义是：高级官员的助手，掌握机关职责并具有在不同上级领导直接监督下承担任务的才干，发挥积极主动性，运用判断力在其职权范围内对机关工作做出决定。国际秘书联合会对秘书的定义是：秘书应是主管人员的一位特殊的助手，能够掌握办公室工作的技巧，能够在没有上级过问的情况下表现出自己的责任感，以实际行动显示出主动性和正确判断的能力，并且在所给予的权力范围内做出决定。

可见，要明确秘书工作的职业含义与本质，就应该从对秘书工作职责、内容的要求中探寻：一是秘书的基本职责是辅助领导开展工作，发挥参谋助手的作用；二是秘书在领导机构内和领导周围工作，根据领导的授权开展工作、安排工作；三是秘书的职责范围广泛而庞杂，主要分为办文、办会、办事三大方面，需要高度的责任感和工作主动性；四是秘书工作的内容分布于社会各层次的各类组织之中。综上可见，秘书是在各种社会组织中为领导者或私人办文、办会、办事的参谋和助手。据此，中华人民共和国劳动和社会保障部修订的《秘书国家职业标准》明确指出：秘书工作的职业功能是从事办公室程序性工作、协助上级领导处理政务及日常事务并为决策及实施提供服务。

这一界定具体指明了秘书人员的服务领域、服务对象、工作内容和工作范围，从广义上说明了秘书是人类社会生活，特别是现代经济社会生活中的一种特有的职业，这对引导社会对于秘书工作的认知，完善整个社会经济生活中的办公管理环节，提高办公管理效率具有不可低估的影响。

二、秘书的分类

随着社会政治、经济发展的多层次化，以及社会专业分工的细密化，秘书分类出现多元趋势。秘书分类的不同角度与标准，为不同的秘书准确进行工作内容定位提供了依据。

（一）我国对秘书的一般分类

1. 按照秘书的来源与服务对象分类

按照秘书的来源与服务对象，可将秘书划分为公务秘书和私人秘书两大类。

（1）公务秘书。公务秘书是指在党政机关、团体、部队、国有企事业单位中，由组织或人事部门选派的担任秘书工作的人员。

（2）私人秘书。私人秘书是指由私人、私人企业、民办企业出资雇聘并为私人服务的秘书，这是纯粹意义上的"私人"秘书。

2. 按照秘书工作所在的活动领域分类

按照秘书工作所在的活动领域，可将秘书划分为党政秘书、企业秘书和商务秘书三大类。

（1）党政秘书。党政秘书是指辅助党政机关领导人和领导集体实施决策与管理，保障机关各项工作正常运转的秘书人员。

（2）企业秘书。企业秘书是指在企业中专门为企业领导者统筹公司的各项事务服务的秘书人员。

（3）商务秘书。商务秘书是在工商领域从事商务文书、商务活动服务及关系协调的工作者。商务秘书又可按其责任的大小和能力、素质的高低分为助理类、文书类、执行类和行政类。助理类秘书是指具有见习性质的秘书，其主要工作内容是办公管理的初级业务，如文字录入，接待，办公用品与办公环境的整理等。文书类秘书的主要工作内容是起草文稿，处理文件，完成领导交办的事项，负责会议的记录，拟撰报告，制订旅游计划，管理一般档案资料等。执行类秘书在一些单位被称为助理、专员、专务等，主要是协助上级领导做与办公室和业务部门有关的管理工作，侧重于组织内部的协调、沟通和公关工作。行政类秘书包括办公室主任、行政经理、经理私人助理等，其工作内容主要包括参与策划，监督检查，辅助管理，帮助上级领导协调组织内纵向、横向的关系及组织外部的各种关系，落实各项决策，负责秘书的选聘、培养和调配工作。

3. 按照秘书业务的内容分类

按照秘书业务的内容，可将秘书划分为行政秘书、机要秘书、事务秘书、信访秘书、外文秘书、会议秘书。

（1）行政秘书。行政秘书是指机关首长的重要助手，他们协助首长工作，参与公务讨论，代表首长处理某些公务，列席某些会议，参与某些决策，执笔起草某些重要公文等。

（2）机要秘书。机要秘书可谓首长的"贴身助手"，他们的工作是机关文书处理工作的重要组成部分，他们主要负责完成首长办公室的保密工作，管理首长的文电材料，承担首长交办的其他工作，为领导工作服务。

（3）事务秘书。事务秘书一般指较大机关中负责总务、后勤等工作的秘书人员，其中的生活秘书则仅为较高级的领导人或在高层机关中设置。

（4）信访秘书。信访秘书是指各级党政机关、社会团体、企事业单位中专门辅助领导处理和解决人民来信来访的秘书人员。

（5）外文秘书。外文秘书是一类特殊秘书，他们主要担负为领导做口头或书面翻译的工作，不仅要求翻译速度快，还要求翻译准确。他们是领导人在外交场合或外事活动中的重要辅助人员。

（6）会议秘书。会议秘书是指在领导人和领导机关召开的各级、各类会议中负责承办、组织和协调的秘书人员。

近年来，随着我国社会和经济的发展，秘书的工作内涵也出现了不同的变化，由此出现了网络秘书、速录秘书、医学秘书、科研秘书等新的岗位需求和工作内涵变化。

（二）我国对秘书的职业岗位分类

中华人民共和国国家劳动和社会保障部 2006 年修订的《秘书国家职业标准》，在分析国内外秘书职业概况的基础上，将我国在商务活动、企业工作中的秘书职业岗位设定为四个级别，分别是五级秘书（国家职业资格五级，原初级）、四级秘书（国家职业资格四级，原中级）、三级秘书（国家职业资格三级，原高级）和二级秘书（国家职业资格二级），并明确规定了各个职业等级应该具备的基本素质及其工作内容要求。

三、秘书工作的特征

我们研究秘书工作的特征，既要认识秘书工作的外在特征，也要透过秘书工作的外部特征，把握其具有决定意义的内在属性。人们习惯性地根据秘书所在工作领域而将其分为党政秘书、企业秘书和商务秘书。此处就从这种较常使用的分类方式入手，分析秘书工作的特征。

（一）秘书工作的一般特征

党政秘书的工作内容包括：在党政机关中为领导集体或领导个人提供咨询、参谋和调研服务；承担办公管理中的办文、办会、内外关系协调服务；完成各种办公室事务管理活动；在被授权的前提下开展政策咨询、协调、沟通、督办、协办等各项工作。因而，党政秘书工作特征可以归纳为：服从、服务、参谋。

企业秘书的工作内容包括：在企业的不同部门中为领导统筹企业的各项业务和办公事务服务；承担企业办公管理中的办文、办会、内外关系协调服务；开展信息沟通，进行参谋、协调，以及相关政策的咨询服务。企业秘书的工作主要是与企业经济运行和管理相联系，此外还涉及业务咨询、人际协调沟通、业务督办、政策协办等，所以还须具备部分经济管理知识。因而，企业秘书工作特征可以归纳为：服从、服务、人际关系协调与沟通。

商务秘书的工作内容包括：在从事各种商务活动的组织中，协助投资者、经营者、管理者处理各种商务性事务；辅助领导做好决策工作和信息管理工作；担任领导的参谋、助手和工作伙伴。商务秘书的工作强调协调性，这在办文、办会中的要求明显较高。因而，商务秘书工作特征可以归纳为：商务性、从属性、机要性、事务性。

在市场经济，特别是网络和数字化管理的飞速发展，就业形势不断变化的今天，秘书已成为各类组织在管理领域中的重要辅助力量，其人才需求与培训需求也十分突出，因此有必要对有关知识进行专门的分析与学习。

（二）商务秘书的特征

这里，我们着重了解商务秘书的显著特征。

1. 商务性

满足商业运营活动的需要，是商务秘书存在的基本价值。商务秘书与其他秘书的不同之处在于其主要负责协助企业领导处理各类商业性事务，如起草合同，联络客户，收发商务函电，参与项目考察、商务洽谈、商务谈判、商业决策，落实商业活动计划等。

2. 从属性

商务秘书是企业领导根据商务活动的需要而设置的，从属并服务于领导工作，不能脱离领导工作的需要而独立存在。商务秘书处于领导者和领导机关周围，根据领导工作的需要开展工作，可以向领导提出建议，但在行动上必须绝对服从领导安排，不得我行我素，更不能代替领导做出决定或做出与领导意图相悖的事情。商务秘书必须主动适应领导的工作要求，及时请示与汇报，根据工作需要调整自己的工作状态，充分体现从属职能。

3. 机要性

商务秘书工作的机要性源自商务活动本身所包含的各种信息的特殊性质。

商务秘书在工作中会接触到企业的利益核心及要害。经商务秘书处理的文件信息资料，协助企业领导制定的商业运营策略，以及商务秘书经手的一切与商务活动和客户相关的信息情报，都带有机密性。这要求商务秘书必须维护企业利益，既要有对信息的敏感性，又要守口如瓶，保证部门的商业秘密不外泄。

4. 事务性

为领导者办事是商务秘书的基础职能。商务秘书工作带有明显的事务性特征，必须做好大量的程序性、非程序性、临时性工作，同时要把小事也当成大事来办，尤其面对繁杂的事务时，要能厘清头绪、有条不紊，并把服务理念贯穿于繁杂事务的始终。

5. 网络和数字化技术

网络公文处理、网络会议服务，以及网络信息交流不仅是现代商务秘书办公、办文、办事的必备技术，也是帮助领导处理事务、提高办公效率的有效手段。以往照片处理、图文传输、文稿简单装订都由专门科室负责，而由于数字化技术的发展及应用，这些在办公领域也变成了商务秘书必要的工作内容与必备的工作手段。

另外，女性居多也是秘书职业的通常特征。从秘书主体的角度来看，中国与西方的商务秘书都具有女性居多的共性特征。女性所具有的耐心细致、聪慧敏捷的性别特征都更适合条理化、程式化的商务秘书工作。同时，女性也更容易与男性领导融洽共事，实现性别互补。

随着经济的发展，秘书服务工作也出现了多元化趋势，一部分男性秘书工作者也进入秘书岗位，把诸如保安、驾驶等技能要求逐步带入秘书岗位。这表明秘书职业的性别与技能要求必然会随着经济社会的发展而不断变化和充实。

第四节　秘书工作的构成要素、原则与作用

一、秘书工作的构成要素

秘书工作的主要构成要素可以概括为办文、办会和办事。

（一）撰拟和办理各种文书

在信息化社会中，办文即根据各级领导的意图起草和处理各类文书，这是秘书工作的传统职能。一般来说，秘书办文主要涉及以下内容。

1. 秘书办文涉及的文书种类

办文的核心是文字工作，办文就是围绕办理文字、文件、文书而展开的工作。办文工作有对秘书人员撰制公文的特定要求，有收发公文的处理程序，还有明确的行文规定，因此办文是一个相对独立的工作系统。

秘书办文涉及的公文种类主要有公务文书、事务文书和商务文书三大类。

（1）公务文书。公务文书是行政机关在行政管理中形成的具有法定效力和规范体例的文书，是依法行政和进行公务活动的重要工具。行政机关的秘书必须掌握《党政机关公文处理工作条例》（中办发〔2012〕14号）第八条确认的15种公文，即决议、决定、命令（令）、公报、公告、通告、意见、通知、通报、报告、请示、批复、议案、函、纪要。

（2）事务文书。事务文书是机关、企事业单位在沟通信息、反馈情况、科学决策中使用的，具有很强的实用性、事务性和规范性的文书。事务文书也是机关、单位、团体和个人为处理日常事务而使用的文书。事务文书主要有传真、备忘录、请柬、邀请信、贺信（贺电）、感谢信、启事、简报、计划、总结、述职报告、讲话稿等。

（3）商务文书。商务文书是在公务文书以外具有一定专业内容和特点的文书，是机关、企事业单位为处理商务业务而使用的文书。商务文书主要有意向书、订货单、商品说明书、市场调查报告、招标书、投标书、合同、可行性研究报告等。

2. 秘书办文应该掌握的文书拟写技能

了解秘书写作的特点，以秘书工作范围内的通用公文与各种实用文体为对象准确掌握行文的要素和表达方式，掌握公文从起草到修改至定稿的全过程。

3. 秘书办文应该掌握的工作环节

通用公文的制发程序又称公文办理。《党政机关公文处理工作条例》（中办发〔2012〕14号）中规定：公文办理包括收文办理、发文办理和整理归档。其中，收文办理的主要程序是签收、登记、初审、承办、传阅、催办、答复；发文办理的主要程序是复核、登记、印制、核发。

（二）参与办理会务

会议是现代社会政治、经济生活中人类群体有组织的会晤、议事行为或过程，也是秘书开展业务工作的重要平台。办会实际就是办理有关组织的事务，其中心是通过协调，使与会者在一定的时间和空间内顺利达成共识而不留遗憾。因此，会议的成功与否，在很大程度上取决于秘书对会议的组织能否做到精心策划、工作落实。

秘书在办公管理工作中会参与筹办各种会谈、谈判事宜，其会前、会中和会后事宜处理的好坏是影响会议质量和会议效果的重要因素。具体而言，秘书负责的会议组织工作包括会前筹备工作、会中会务服务工作和会议善后工作。

1. 会前筹备工作

秘书会前筹备工作包括参与选择会议形式，拟写并发送会议通知，做好会议经费预算，制定会议整体方案，制发会议证件，拟定会议的议程和日程，准备会议文件资料和所需用品，准备会议设备，预定会议室和选择场地，做好与会者迎接、签到、引领工作。

2. 会中会务服务工作

秘书会中会务服务工作包括使与会者知晓会议秘书工作机构，参与会中值班、接待新闻媒体、编写会议记录和简报、收集和反馈会议信息等，承担会议记录，确保会议期间的信息沟通，会务协调，引导会议进程，做好会议的食宿安排，安排好会议的保卫和保密工作等。

3. 会议善后工作

这里所说的会议善后工作，既指会议进行期间每一单元会议后的工作，也包括整个会议结束后的工作。这些工作包括印发会议简报和快报，印发会议纪要和会议决定事项通知，收退会议文件，会议文件立卷，汇编会议文件，总结会议工作，结算会议经费，收集和反馈会议精神等。

（三）独立完成办公管理事务

办事即秘书在经常性的办公事务中必须能维护和管理办公环境，熟练运用现代办公技术包括网络和数字技术开展日常办公室事务；礼貌有度地进行多种方式的沟通；科学地对档案和信息进行管理和利用。秘书工作的特点就是"杂"。在繁杂的事务中，秘书要摸索出条理，掌握工作规律，学会举一反三，提高办事的悟性，懂事、懂礼、循规、守纪、机敏，从而有效地办好事情。秘书应完成的"事"主要包括调查研究、协调关系、商务接洽与人际沟通。

1. 调查研究

秘书应能够围绕领导的工作需要和当前急需解决的有关问题开展调查，了解有关情况，做好信息收集、加工整理、存储和反馈等工作。这是秘书发挥参谋助手职能，直接为领导决策服务的一项重要工作。调查研究的目的不仅在于分析问题，更重要的是解决问题，它是决策准备的工作之一。秘书需要在提出问题、分析问题的基础上，参考和选择具体的实施方案及建议，为领导提供决策。

2. 协调关系

秘书应在领导授权的范围内，就具体的事宜，同有关方面进行沟通协商，统一认识，消除分歧，解决矛盾，促进领导工作及其他各方面工作和谐有序地运转，最终实现领导的预定工作目标。

协调工作的内容纷繁复杂，有关系协调、会务协调、办文协调、计划协调、领导活动协调、督办检查协调等，在工作中必须结合实际，根据不同的内容和具体情况来使用不同的协调方法。

秘书参与开展协调工作必须坚持原则、立足全局、平等公正；坚持协调内容与协调方法相结合，以达到预期目的。

3. 商务接洽与人际沟通

秘书要参与办理合作伙伴、客户及有关单位与本企业联系公务事宜的接洽工作，这是作为"窗口"的秘书的经常性工作。秘书应忠于职守，努力熟悉各方面的相关情况，与相关部门保持密切联系，同时还应掌握"迎来送往"的常规，处理好人际关系。

此外，做好文书材料的立卷与归档、安排领导公务活动的日程、安排操办商务旅行、完成领导临时交办的事项等也都属于秘书的重要工作内容，秘书必须以认真、负责的态度，切实完成好。

（四）办文、办会、办事相互渗透

办文、办会、办事三者之间是你中有我、我中有你的关系。在实际工作中，三者有相对独立的工作形式，但更多的还是相互融合，彼此不可分割。

1. 办文有时通过办会解决

秘书所办之文，即使是以领导个人或法人代表名义的发文，文书的形成也需要经过领导集体的讨论认可，需要集思广益。围绕着办文，领导可以通过开会交代撰文意图，秘书则通过开会领会意图，通过集中讨论，分析、归纳办文的要领，也可以通过会议来贯彻落实文件精神。文件的传递和运转有时也会通过会议来进行。所以，办会有的时候是办文的一种延伸形式。

2. 办会离不开办文的配合

围绕着会议的策划筹备和组织落实，秘书要做的实际上是一系列文字工作的落实。从会议通知、会议议程表、会议手册，到决定、决议、会议记录、会议简报、会议纪要，以及典型发言、领导讲话、开幕词、闭幕词、总结发言等，每份会议文字材料的落实对办会的会议秘书来说都是实实在在地办文。通过会议所达到的一致目标，也要靠文书来体现和储存。围绕会议形成的文字材料是组织会议的重要工具，也是贯彻落实会议精神的重要依据和记载会议内容的重要历史资料。所以，办会工作中融合着办文工作。

3. 办事在多数情况下通过办文或者办会实现

以文书或者会议的形式来交代办事意图，这是领导经常采取的交办方式。办文、办会也是秘书在处理事务时经常采取的具体方法，特别是在一些具体问题的处理上，秘书要通过会议收集信息，广泛征求解决问题的意见和建议，并通过文书的形式拿出解决问题的办法。

4. 全面掌握办文、办会、办事的原则和方法

（1）办文、办会、办事是秘书职业能力的基本要求。办文、办会、办事实际上都要通过处理具体的秘书事务来体现。在具体起草文稿、办理公文或组织会议的平凡琐碎的事务性工作中，秘书可以充分体现自己的职业能力和职业素质：一万字的文稿中没有一个错别字，这体现了秘书的文字水平；一万次收发文书中没有一次传递失误，这体现了秘书的文书能力；大小会议没有会务遗憾，这体现了秘书的筹划能力。如果秘书在所有办文、办会、办事的过程中都能从容练达，顺利完成领导交办的任务，就说明秘书已具备了较强的综合职业能力，已成为一名称职的秘书。

（2）办文、办会、办事要求秘书准确判断、选择处理事务的方式。在从容地处理办文、办会、办事各项事务工作的基础上，秘书还应当进一步提高准确判断和处理事务的能力。例如，如果领导要求秘书起草文稿、组织会议，秘书及时承办即可；如果领导要求处理某项事情，达到某种目的，秘书就必须有能力准确选择具体方法。秘书处理具体事务，有时可以采用办文的方式，有时可以采用办会的方式，有时也可以采用灵活新颖的处理方式。一个问题总有最佳的处理方式和解决方法，关键是秘书必须选择准确。秘书每天面对繁杂的事务性工作，往往关注于谨慎地处理好具体的事务，而无暇总结每次所选择的方法是否是最佳的处理方法。因此，对于秘书来说，不仅要处理好办文、办会、办事的具体内容，还要在办文、办会、办事过程中提高判断能力，要善于总结工作方法和工作经验，准确选择办文、办会、办事的方式，确保在处理事务时获得最佳效果。

（3）掌握办文、办会、办事的原则和方法。首先，功力扎实，工作落实。办文、办会、办事首先是办理具体事务，因此秘书处理事务的能力必须扎实。办事浮躁、工作毛糙的秘书，什么也干不好。秘书的工作是琐碎、平凡的，做好了不显眼，做不好误大事。所以，办文、办会、办事的首要原则就是秘书处理事务工作的基本功必须扎实，工作步步为营，落到实处。其次，综合考虑，系统筹划。在扎扎实实做好具体工作的基础上，秘书要学会从全局的角度综合考虑工作安排，从全系统的工作角度思考采取哪种具体方式更有利于工作。秘书选择具体方式的依据并非自己更熟悉哪种方式，而是从全局考虑怎样安排才对工作更有利、效果更好，更能准确达到领导确定的目标。因此，办文要仔细，办会要有序，办事要有效率。再次，形式多样，目标明确。办文、办会、办事在具体实践中相互交汇、相互融合，不可分割。在解决具体问题时，既要有所偏重，又不能有所偏废。秘书在工作中一方面应当尽量采取灵活多样的形式，另一方面应当明确主要的办事方式，讲究效率。例如，会务工作中有办文工作，也有具体的办事工作，文和事都要办好；但办会就有会务工作的特点，工作侧重点要放在会务上。办会中的办文也非常重要，可以另派文笔优秀的秘书主抓会务中的文字工作，办会的秘书则应熟悉流程，专心做好会务的细节。最后，勤于总结，勇于创新。秘书常常需要在时间紧、任务重的情况下及时选择具体的处理事务的方法，往往在事情按这种方式办好之后，就不会再想若按另一种方式办会是什么结果。实际上，这么办是成功了，但也许采用另一种方式效果会更好；这么办失败了，也许将其应用到另一种情境下就不一定会失败。在实际工作中，秘书总结失败的教训可能比总结成功的经验更重要。总结成功的经验时往往忽略形式的作用，而形式中一些偶然的环节常常在成功中起到了重要作用。所以，勤于总结，善于思考，探索更好的工作方法，是秘书在工作中事半功倍的一项重要技巧。

二、秘书工作的原则与作用

（一）秘书工作的原则

1. 准确周密原则

秘书直接为领导决策服务，对领导工作的有效性有较大影响，因此秘书必须以高度负责的精神，尽最大努力、高质量地完成各项工作任务。

保证秘书工作的质量，归根结底就是要使秘书工作的各项内容及工作过程始终处于最佳运行状态，避免差错和紊乱。例如，筹办一次商务会谈，从会前的精心准备，会中的周到服务，直至会议善后事宜的妥善处理，全部过程的每个细节都应严谨周密、有条不紊、一丝不苟、杜绝差错。又如，在撰写商务文书的过程中，起草之前必须深入调研，掌握第一手资料，摸清有关情况，把准备工作做到扎实细致；在正式起草阶段，行文正确体现国家的方针政策，准确领会领导的意图，把握问题的实质，不能与国家政策规范及领导意图相矛盾，更不能捏造事实，弄虚作假；初稿完成后，还要字斟句酌地进行修改加工，剔除所有不准确因素。总之，准确周密、严谨认真和扎实细致的工作作风，能够在很大程度上减少秘书工作的差错，保证工作质量。

2. 及时迅速原则

时间就是效益。面对瞬息万变的竞争形势，企业秘书必须具有极强的效率意识，并遵循及时迅速原则，力争以较小的投入、较少的时间，取得更好的效果。

及时迅速原则应当落实在秘书工作的方方面面。只有将秘书工作的快节奏与系统性相结合，才能更好、更快地达到领导要求的工作目标。

3. 安全保密原则

安全保密不仅是对秘书工作人员的要求，也是秘书工作必须坚持的重要原则。由于市场竞争和国际政治斗争的需要，各机关组织尤其是高层领导机关，都会接触到许多涉及国家政治、经济、军事、科技领域的核心机密，这些正是国内外敌对势力猎取的主要对象。一个企业或单位在日常的生产和工作中，也会形成事关企业在竞争中兴衰存亡和工作能否正常运转的重要机密，这些往往与企业或单位的利益息息相关。秘书部门处于企业中枢的职能特点，使秘书会经常接触到企业机密，如果疏忽大意，泄露了机密信息，就会给企业的生产经营活动造成严重影响。即便是企业内部的文件资料，往往也有保密的必要。因此，秘书人员必须恪守职业道德，遵守保密制度，严于律己，守口如瓶，做到知密不泄密，确保企业机密的安全。当然，这里的"安全"既包括保证涉密文件和资料的物质形态上的安全，不丢失、不损坏，又要保证机密信息本身的安全，即内容上不失密、不泄密。

4. 精简务实原则

实事求是是一切工作的基本原则。秘书在为企业领导服务的过程中，无论是向领导提供信息、提出建议，还是传达领导的指令和意图，都要坚持精简务实的原则；要说真话、说实话，为领导办实事，一切从实际出发；不可见风使舵、弄虚作假，更不可倚仗权势，擅权越位，假公济私，满足私欲。

（二）秘书工作的作用

1. 参谋智囊的作用

在市场形势不断变化的条件下，企业领导常常会感到才智、精力、学识的欠缺，这势必会影响他们做决策。这种情况在客观上要求秘书必须在某些方面发挥参谋智囊的作用，以提高领导科学决策的水平，促进企业的发展。这主要表现在决策的准备阶段，秘书通过信息调研，为领导决策提供参考依据；在选择最优决策方案时，秘书凭借自己的职业敏感和理性判断，为领导提供有价值的材料与建议；在领导"拍板"后，对实施决策本身及实施决策过程中遇到的新情况、新问题提供参考意见或反馈信息。

2. 事务助手的作用

秘书的事务助手作用，主要体现在辅助领导完成下列工作：一是日常的文书处理、会务和档案管理；二是文件信息的加工筛选；三是公务书信、来访接待及领导活动安排；四是领导临时交办的工作。秘书做好事务性工作，可使领导从烦琐的事务中解脱出来，有更多的时间和精力去谋划企业的发展大计。

3. 枢纽的作用

秘书处于企业决策与管理的中枢位置，发挥着其他职能部门无法取代的枢纽作用。秘书工作能否自如运转，直接关系到企业的业务能否正常运转。实践证明，秘书工作的优质、高效运转，必然会促进企业形象的提升和效率的提高。

4. 协调的作用

在商务活动与企业管理实践中，难免会出现某些方面的不和谐甚至抵触、"停摆"现象，这时秘书就要行使自身的协调职能，缓解工作流程中的堵塞、"停摆"或不和谐现象。形象地说，秘书就是工作的"润滑剂"，有了秘书，工作运转会更加顺畅、和谐。

5. 窗口的作用

秘书工作大多兼有公共关系职能，要承担内外联系、公务洽商、迎来送往等任务，是企业的"门面"和"窗口"。所以，一个企业领导的声誉和企业的整体形象，在很大程度上取决于秘书的工作质量。这就要求秘书应该以令合作伙伴和客户满意的工作态度、分秒必争的效率追求、全面优化的工作程序和全方位的公关意识，认真完成每项工作，努力为企业塑造良好的形象。

6. 信息的作用

秘书是企业中各种信息的主要集散地，是企业领导和各部门工作的信息库、资料库，负有随时为领导提供信息咨询的职责。在激烈的市场竞争和发达的网络信息中，秘书要善于及时向企业领导提供各种动态信息，"延伸"领导的听力，"拓展"领导的视力，充分发挥为企业领导提供耳目信息的作用。

精要提示

（1）秘书职业活动的产生前提条件是社会管理组织的出现，必要条件是文字和公文的出现。

（2）秘书工作的职业功能是从事办公室程序性工作、协助领导处理政务及日常事务并对决策及实施提供服务。

（3）我国对秘书的一般分类标准包括：秘书的来源与服务对象；秘书工作所在的活动领域；秘书业务的内容。

（4）我国秘书的职业岗位设定为四个级别，分别是：五级秘书、四级秘书、三级秘书、二级秘书。

（5）秘书工作的主要内容是办文、办会、办事。

（6）秘书工作的原则包括准确周密原则、及时迅速原则、安全保密原则、精简务实原则。

（7）秘书工作的作用包括参谋智囊的作用，事务助手的作用，枢纽的作用，协调的作用，窗口的作用，信息的作用。

思考与练习

案例一

《世本》记载："仓颉、沮诵作书。"宋衷注："黄帝之世，始立史官，仓颉、沮诵，居其职矣。"仓颉、沮诵负责记录黄帝的言行，传达黄帝的命令。黄帝身边还有位史臣叫孔甲，相传他为黄帝作辞26篇（一说29篇），并书刻盘盂中，作为法戒之辞，警惕身心。

问题：我国古代社会秘书工作的产生有何种必然因素？

讨论提示：秘书工作从未离开过管理活动。正是社会管理活动内容的丰富化、多元化对秘书工作的产生起到了推动作用。

案例二

《史记·屈原贾生列传》记载，屈原为楚怀王左徒，"入则与王图议国事"，参与决策、起草文书，宣达楚怀王的命令，对外协助楚怀王接待来访使者，处理诸侯间的往来信件。

问题：根据屈原的工作内容及其职责，你认为屈原的职务与秘书有何关系？

讨论提示：文书工作始终是秘书最为重要的工作，也是古代秘书工作活动产生的基础。

案例三

杨修，三国时期魏军行军主簿，文思敏捷，却一直不被曹操所喜欢。《三国演义》中记载了这样几件事。

一次，曹操去一座新建的花园，兴致所至，便在园门上写下一个"活"字。众人不知其意，唯杨修说："门内写活，乃阔写也，丞相是嫌门阔了"。曹操听后，口虽称道，但

"心甚忌之"。

还有一次，塞北有人送来一盒食品，曹操在盒上写了"一盒酥"三个字，杨修未经曹操同意，就自作主张"取匙与众人分食"。事后曹操问及此事，杨修说：丞相已写明"一人一口酥"（"合"字可拆写为"人""一""口"三个字）。曹操听后"虽喜笑而心恶之"。

又有一次，曹操测试曹丕和曹植的才能，本来没有杨修的事，杨修却几次为曹植出谋划策。曹操认为杨修有意与曹植一起欺骗自己，便起了杀杨修之心。

最后一次，曹操兵退斜谷，前有马超，后有蜀兵。曹操既惧怕马超的拦截，又恐蜀兵讥嘲，于是传出口令"鸡肋"。杨修不问究竟，就命军士收拾行囊，准备回返。杨修认为，"鸡肋"即"弃之可惜，食之无味"之物。曹操这一次下了决心，以惑乱军心的罪名将杨修杀了。

杨修虽有才华却很短命，死时年仅44岁。

问题：你认为杨修被杀的主要原因是什么？

讨论提示：当好参谋就是要为领导出谋划策。在领导决策民主化、科学化的今天，秘书应改变以往"办事即称职"的旧观念，而是要提高参谋的意识和能力，明确"不能出谋划策就不是好秘书"的观念。领导与秘书是领导与被领导、服务与被服务的关系，秘书人员应始终将自己摆在助手的位置上，认真为领导做好各项服务工作，认真执行领导的决定，严格按照领导的意图办事。不能自作主张，另搞一套；不能对领导的指示添枝加叶，改头换面。只有不擅权越位，认真扮演自己该扮演的角色，才能更好地完成任务，做好工作。相反，离开领导，自行其是，别出心裁，擅权越位是不允许的。个人的积极性、创造性只能在服从、服务和授权的前提下发挥。

案例四

一位参加工作不久的公司秘书在网络聊天室向同学抱怨："原来以为这个工作是一人之下，众人之上，风光得很，没有想到一上班就是一大堆干不完的杂事，还经常落个费力不讨好的下场。"

问题：这位新入职的秘书应如何走出工作的困境？

讨论提示：秘书应尽快认识自己的职业特点。新入职的秘书应逐步学会将所有的事务分别归入办文、办会、办事的类别，然后采用时间管理方法，分项、分时段地完成；同时还要把岗位工作理念定位于服从、服务和效率。

第二章 秘书的职业道德与行为规范

学习目标

1. 了解职业道德的含义、特点、作用和职业道德建设的意义，掌握职业道德的基本要求。

2. 掌握秘书职业道德规范的具体要求。

3. 重视加强秘书职业道德修养，掌握秘书职业道德行为养成的方法和途径。

内容提要

本章主要介绍了秘书职业道德的内涵与培养途径，力图使学习者建立科学的职业道德认知，并将科学的职业道德认知上升为自觉行为，形成优良的职业道德素质，在职业活动中坚持职业操守，恪守职业道德。

第一节 职业道德概述

职业道德是与职业活动紧密联系的符合职业特点和要求的道德准则、道德情操与道德品质的总和。人们不论从事哪种职业，在职业活动中都要遵守职业道德，这是实现职业活动有序化的基础。

一、职业道德的含义

职业道德是同人们职业活动紧密联系的符合职业特点要求的道德准则、道德情操和道德品质的总和。职业道德是生产发展和社会分工的产物，是人们在职业活动中形成的规范，是调节职业活动中各种社会关系的手段。职业道德作为一种职业规范，代表着企业价值观，承载着企业文化。

二、职业道德的基本要求

2019 年 10 月，中共中央、国务院印发《新时代公民道德建设实施纲要》，提出推动践行以爱岗敬业、诚实守信、办事公道、热情服务、奉献社会为主要内容的职业道德。因此，爱岗敬业、诚实守信、办事公道、热情服务、奉献社会成为包括秘书职业在内的所有职业的基本职业道德要求。

（一）爱岗敬业

爱岗敬业作为基本的职业道德规范，是对人们工作态度的一种普遍要求。爱岗与敬业的精神是相通的，但是二者仍有一些区别。爱岗，是指对自己所从事的职业岗位具有高度的尊重与热爱之情；敬业，是指对自己所从事的职业具有无限的忠诚、神圣的使命感与责任心，以及忘我的热情。爱岗是敬业的感情铺垫，敬业是爱岗的逻辑推演。只有对自己的工作注入无限热爱，敬业才会有心理基础和依托。爱岗敬业是全社会大力提倡的职业道德行为准则，是国家对人们职业行为的共同要求，是每个从业者都应当遵守的职业道德，是基本的职业道德规范，是对人们工作态度的普遍要求。如果没有"干一行，爱一行"的精神，就很难干好本职工作，很难做到爱岗敬业。

爱岗敬业的具体要求是树立职业理想，强化职业责任，提高职业技能。

（1）个人职业理想的确立必须以社会发展需要和个人内在条件为依据。职业理想形成的客观依据是社会发展的需要。凡是符合社会发展需要的职业理想都具有实现的可能性，凡是符合社会发展需要的职业理想都是为社会所承认和肯定的职业理想；个人所具备的条件是职业理想形成的基础；不同的条件决定了不同的职业理想，条件的变化决定了职业理想的变化。

（2）职业责任是由社会分工决定的，它不但是职业活动的中心，也是构成特定职业的基础，它是评价从事职业活动的当事人是否称职的尺度。每种职业责任都是社会分工体系的组成部分，都关系到社会其他方面责任的实现。社会要维系协调运转，就必须用法律及纪律保证职业责任的履行。一般来讲，职业责任是通过行政或法律的方式加以确定。职业责任具有规定明确、与物质利益存在直接关系及具有法律及纪律的强制性等特点。企业可以通过完善各项岗位规章制度使员工明确职责，建立健全员工评价体系，对员工履行职责的情况进行监督等措施来强化员工的责任意识，对员工进行职业责任教育。

（3）职业技能的提高是爱岗敬业的实践保障。职业技能由体力、智力、知识、技术等因素构成。职业技能包括从业人员的实践操作能力、业务处理能力、技术技能及职业理论知识。职业技能的形成由人的先天生理条件、职业活动实践、职业教育等因素决定。人的先天生理条件奠定了一个人职业能力的基础，而人的职业活动实践则使人的职业技能得以确立和进一步发挥。

爱岗敬业是秘书人员首要的品格。秘书人员要做好秘书工作，就必须热爱自己的事业，并在工作中发挥积极性、主动性、创造性。秘书人员应兢兢业业、勤勤恳恳地当好领导的参谋和助手，认真履行秘书的职责，积极主动地做好各项职责范围内的工作，而不是被动应付，敷衍塞责；既要完成各项承办性工作，处理好日常的办文、办会、办事等工作，又要主动为领导工作提出建议，准备材料，收集信息，调查研究。只有乐业、敬业、爱业，由热爱生追求，由追求生勤奋，才能在工作中取得成绩。

（二）诚实守信

诚实的显著特点就是一个人在社会交往中不讲假话；守信就是信守诺言，讲信誉、重信用，忠实履行自己承担的义务。诚实守信既是做人的准则，也是做事的准则。一个人要想在社会上安身立命，干出一番事业，首先要具有诚实守信的品德。做事也必须诚实守信，因为秘书做事不是孤立的，在合作与协调中，他既代表个人，又代表企业；而信誉是企业的生命，企业只有具有良好的信誉，才能树立起值得他人信赖的企业道德形象。

秘书的职业道德体现在言德、书德和行德中。在秘书工作实践中，较能体现秘书职业特点的行为是上传下达，撰写公文及为领导或企业处理事务。因此，秘书也应从这几个方面加强修养，努力使自己成为一名诚实守信的员工。秘书应在言的方面能直陈己见、实话实说，而且言之有物、言之有据、言之有理、言而有信，不搞言之无物、言过其实和阿谀奉承；在书的方面能秉笔直书、实事求是，有喜报喜、有忧报忧，不做表面文章，不搞文字游戏，不矫揉造作，不粉饰太平；在行的方面能令行禁止、有行必果，办事扎实、待人诚实。

（三）办事公道

办事公道是指在办事情、处理问题时站在公正的立场上，对当事人双方公平合理、不偏不倚，不论对谁都按照同一个标准处理。

怎样才能做到办事公道？有以下几个重要原则必须遵守。

1. 热爱真理，追求正义

办事公道是一种较高的人格修养。要想做到办事公道，平时就要有意识地培养自己热爱真理、追求正直的品格。

2. 坚持原则，不徇私情

坚持原则就是对领导和群众都要一视同仁，秉公办事，平等相待，把为领导服务、为各职能部门服务、为群众服务当作自己的神圣职责。所谓不徇私情，就是不屈服于私人情感，把捍卫国家、人民的利益看得比保持、维护私人关系重。因为"有碍于脸面"而屈从于私人利益的做法实际上就是在徇私情。

3. 不谋私利

要想做到办事公道，就不能凭借权力谋私利。俗话说，"拿了人家的手短，吃了人家的嘴软"，只有自己为人清白，办事才可能公正。

4. 不计较个人得失、不畏惧权势

为了维护国家、人民的利益，应不计个人得失，不惧怕权势。"心底无私天地宽"便是这种品格的真实写照。

5. 具有较高的是非辨别与判断能力

办事是否公道主要与品德有关，但也涉及对是非的认识和判断的问题。如果连是非都分辨不清楚，就很难做到办事公道。

（四）热情服务

在职业活动中要有服务的意识，每个人无论从事什么样的工作，本质都是在岗位上为他人服务。在社会生活中，人人都是服务者，人人又要接受他人的服务，只有认识到这一点，才能树立热情服务的正确价值取向。

（五）奉献社会

奉献社会就是要自觉地、努力地为社会、为他人真诚付出。奉献社会不仅需要有明确的意识，更需要有实际的行动。当社会利益与局部利益、个人利益发生冲突时，每个从业人员要把社会利益放在首位。

三、职业道德的特点

（一）历史性与社会性

道德具有历史性和社会性的特点，而职业道德的历史性表现得更为明显。可以说，职业道德的历史就是整个社会道德历史的缩影。在不同的历史发展阶段、不同的经济发展时期，总会有与之相适应的不同的职业道德标准。职业道德不同于一般道德的地方在于，它不仅反映社会中人与人之间的社会关系和特点，而且直接反映了人与物（生产内容、生产手段、生产目的）的关系和特点。

（二）实践性与规范性

道德具有实践性的特点，而职业道德的实践性特点则更加鲜明、彻底和典型。这是因为，从职业道德接受者的情况来看，如果没有置身于职业实践当中，那么无论有多么美好的愿望，多么强的接受能力，对职业道德的规范和内容都会无从把握，这正是职业道德实践性的主要表现。

规范性是一般道德的共有特点。不论什么道德，都是通过道德原则、道德规范这些具体的内容表现出来的。职业道德既受一般社会关系的制约，又与具体职业相联系，所以职业道德的规范性表现在道德内容一般都是以合同、店规、厂纪或者从业人员守则的方式体现出来。

（三）多样性与稳定性

虽然道德的基本精神在理论层次上可以互通，但在实践层面上，不同的职业会有不同的职业道德标准。人类社会的任何一种职业都属于一种特定的分工，这些职业对社会担负着各不相同的特殊使命、责任和任务。因为，职业道德总与一定的职业相联系，因此，不同的职业内容和职业生活就催生了职业道德的不同规范；又因为，每种具体的职业道德规范都只适用于一定的职业和从事这一职业活动的人员自身，不可能完全适用于其他所有行业，因此，可以说社会分工的多样性决定了职业道德的多样性。总之，有多少种社会分工就有多少种职业道德。

职业道德在不同的职业之间既有相同的时代精神，又有不同的具体内容和要求。职业的稳定性是由这一职业的特点决定的。当一个人选定了某种职业后，他的职业就具有一定的稳定性，他所应遵循的职业道德也就具有稳定性。

（四）适用范围的局限性

不论从业人员自身的追求、情趣与信仰如何，只要从事某一职业，就要承担职业责任和义务，每种职业都担负着特定的职业责任和职业义务。因此，职业道德具有适用范围的局限性。

（五）纪律约束性

纪律是一种行为规范，它要求人们在社会生活中遵守秩序、执行命令并履行自己的职责。纪律是调整个人和他人、个人和集体、个人和社会等关系的主要方式。作为一种行为规范，纪律是介于法律和道德之间的一种特殊规范。它既要求人们能自觉遵守，又带有一定的强制性。就前者而言，它具有道德色彩；就后者而言，它又带有一定的法律约束力。因此，一方面，遵守纪律是一种美德；另一方面，遵守纪律是法律的要求。

职业纪律作为对从业者的职业行为进行社会控制的手段，产生于职业分工。职业分工的产生和发展使具有不同利益和处于不同地位的人们不可避免地要发生社会交往。为了维持这种交往的正常进行，人们便订立了一些从业者都能接受的行为规范，以此来约束从业者的行为。在调整各方面的关系和处理各种矛盾的过程中，人们逐步积累经验，并在不断总结经验的基础上制定出一些从业者必须遵守的纪律、守则等职业行为规范。职业道德常以制度、章程、条例的形式表达纪律的要求。职业纪律包括劳动纪律、组织纪律、财经纪律、群众纪律、保密纪律、宣传纪律、外事纪律等。

四、职业道德的作用

社会中的每种职业都要承担一定的社会责任，享有一定的社会权利，体现并处理一定的利益关系，牵动着社会的方方面面。职业的这种社会性质和地位，决定了它特殊的道德要求。职业道德是在具体的职业活动中用职业化的道德规范体系来体现一般道德规范体系的基本原则和规范。从现实生活来看，绝大多数社会成员都必然与一定的职业相联系。所以，除去家庭生活和大众公共领域外，人们的道德实践范围主要发生在每个人的特定职业活动中，这也就决定了职业道德必然会对人们产生巨大而广泛的影响。职业道德和家庭美德、社会公德共同构成了社会道德体系的主要部分。其中，职业道德因其能更具体、通俗、形象地体现道德原理而成为社会道德体系中的重要组成部分。可以说，在现代社会，人们的道德品质除在家庭和青少年教育中得到初步建立外，主要还是在各种职业活动中进一步培养和训练出来的，并通过职业活动不断提高。人们在各自的职业活动中受到不同的道德约束和职业训练，在长期的职业生涯磨炼中养成了特定的职业道德习惯。在这个过程中，人们不断认识和领会到更高的道德原则，这些道德原则、道德规范和自身的职业道德融合在一起，形成更为优秀的道德品质。因此，大力加强职业道德的建设不仅有利于各行各业形成良好的职业道德，提升从业人员的职业素质，而且有利于提高公民整体的道德水平和道德修养。职业道德对整个社会风气会起到一种特殊的传递道德感情的作用。

职业道德是社会道德体系的重要组成部分，它具有特殊的作用，具体表现以下几个方面。

（一）调节职业交往中从业人员内部及从业人员与服务对象之间的关系

职业道德的基本功能就是其调节作用：一方面，职业道德可以调节从业人员内部的关系，即运用职业道德规范约束职业内部人员的行为，促进职业内部人员的团结与合作。例如，职业道德规范要求各行各业的从业人员都要团结、互助、爱岗、敬业，齐心协力地为发展本行业、本职业服务。另一方面，职业道德又可以调节从业人员与服务对象之间的关系。例如，职业道德规定了生产一线的员工应怎样对用户负责，营销人员应怎样对顾客负责，医生应怎样对病人负责，教师应怎样对学生负责等。

（二）有助于维护和提高企业的信誉，促进企业的发展

行业和企业的信誉就是它们的形象、信用和声誉，标志着企业及其产品与服务在社会公众中的被信任程度。提高企业的信誉固然要靠优质的产品质量和服务水平，但从业人员职业道德水平是产品质量和服务质量的有效保证。若从业人员职业道德水平不高，就很难生产出优质的产品或提供优质的服务。员工素质主要包含知识、能力、责任心三个方面，其中责任心是最重要的。职业道德水平高的从业人员，其责任心往往也很强。因此，职业道德能促进企业和行业的发展。

（三）有助于提高全社会的道德水平

职业道德是社会道德的主要内容。一方面，职业道德涉及每个从业者如何对待职业、对待工作，同时也是从业人员生活态度、价值观念的表现，是一个人的道德意识、道德行为发展状态的表现，具有较强的稳定性和连续性；另一方面，职业道德是一个职业集体，甚至一个行业全体人员的行为表现。如果每个行业、每个职业集体都具备优良的道德，整个社会的道德水平必将得到提升。

五、职业道德建设的意义

（一）职业道德建设是社会主义市场经济中道德建设的突破口

社会主义职业道德具有把社会主义道德的基本原则和规范与不同行业人员的职业利益、

职业活动、职业习惯等紧密联系起来的特殊性。因此，社会主义职业道德最能同社会上绝大多数成员的切身生活体验和实际觉悟水平相联系。从现实生活来看，社会上绝大多数人员的道德实践活动，除发生在个人家庭生活范围和社会公共场所之外，主要发生在各个特定的职业活动场合之中，这就决定了职业道德必然对整个社会道德产生广泛而巨大的影响。因此，社会主义道德原则和规范只有立足于各类具体的职业道德实践，并通过职业道德实践的通俗化、形象化和具体化，才能深入人心，成为社会上绝大多数人员必须遵守，而且能够遵循的行为规范和准则。所以，从一定意义上说，职业道德建设是社会主义市场经济中道德建设的突破口。

（二）职业道德建设是良好社会风气的驱动器

职业生活是人类社会最主要的生活领域之一，社会职业关系遍及社会的每个角落，其涉及面之广、影响之深刻是其他人际关系不能比拟的。在现实生活中，各种职业活动相互联系，各种职业人员相互往来，整个社会由此构成一个由各种从事不同职业的人所组成的网络，每个从业人员都是这个网络上的节点。因此，从业人员的道德状况必定会通过这个网络向外传递，与其他从业人员产生情感共鸣，给其带来或好或坏、或善或恶的影响。例如，一个党政干部廉洁奉公、忠于职守，就会在社会上树立起优秀职业道德的榜样，就会带动其他行业的从业人员。因此，工作在各个职业岗位上的人员，如果都能按各自行业的职业道德去待人、接物、处事，就必然会形成互相尊重、办事公道、讲原则、讲公正的社会风气，净化道德环境，使不正之风得到有效的抵制和纠正。

（三）职业道德建设有助于促进人的全面发展

一个人高尚的道德品质的形成，主要通过在职业生活实践中的学习和锻炼。人的一生有三分之一的时间都是在职业生涯中度过的。因此，对于每个从业人员来说，职业道德能够改变或进一步提高他们就业前已形成的道德认识，使其道德品质逐渐成熟，帮助他们在各自的职业岗位上确立正确的目标，选择正确的道路，形成高尚的职业理想，培养良好的职业习惯。人们从事职业活动，一方面是为人类谋幸福，另一方面也是为了完善自我，提高包括道德修养在内的各方面的素质，这两者是统一的。因此大力加强职业道德建设有利于促进人的全面发展。

第二节　秘书的职业道德

任何一个人，从事任何一种职业，要真正地成为合格的从业人员，都需要经过长期的职业行为规范学习和职业道德培养。秘书在职业实践中更要注重职业道德的养成。目前，国内的职业资格考试都将职业道德培训与考核纳入职业技能鉴定工作中。掌握秘书职业道德规范，提高秘书职业道德素质，实现秘书职业道德培训及考核认证工作的科学化、规范化和制度化是秘书工作者迅速成长的关键。

一、秘书职业道德的内涵

秘书职业道德是秘书人员在职业活动中应该遵守的行为规范的总和，体现了秘书工作者对社会承担的道德责任和义务。职业道德不仅可以调节组织内部的人际关系，而且可以调节工作人员与服务对象之间的关系。从业者良好的职业道德有助于维护和提高职业的信誉。

秘书遍布于党政机关、企事业单位等各行各业。各行业工作性质、社会责任、服务对象和服务手段的不同，决定了各行业的职业道德规范要求也不同。这使秘书的职业道德更具复杂性，秘书不但要遵守全社会共同遵守的职业道德，还要遵守由其所在行业及其本职工作特点决定的道德规范。优良的职业道德是秘书人员从事快节奏、高效率工作的基础，是现代秘书自我完善的必要条件，也是秘书职业活动的评价指南。

二、秘书职业道德规范的具体要求

每种职业都担负着特定的职业责任和职业义务。由于各种职业的责任和义务不同，从而会形成各自职业道德的具体规范。秘书职业道德除具有职业道德的基本特征外，还具有自身的特殊性。这些特殊性是一般社会道德规范在秘书职业中的具体体现，秘书人员工作的从属性、服务性、事务性、烦琐性、艰苦性等特点决定了秘书工作者必须结合秘书的职业特点和所在行业的特点将职业道德规范的内容具体化。秘书职业道德规范的具体要求可以表述为以下几个方面。

（一）忠于职守，自觉履行工作职责

职业责任是职业活动重要的目标，它规定和影响着职业道德，明确了人们对企业和社会承担的责任和义务。在职业活动中，当涉及人们以什么态度对待和履行自己的职业责任时，职业责任就具有道德意义，从而形成职业道德责任。因此秘书职业都把忠实地对待、圆满地履行职业责任作为最基本的职业道德要求。作为秘书人员，忠于职守就是要忠于秘书这个特定的工作岗位，自觉履行秘书的各项职责，认真辅助领导做好各项工作；要有强烈的事业心和责任感，不擅权越位，不掺杂私心杂念，不渎职。

（二）服从领导，当好参谋

服从领导是由秘书人员的职业性质决定的。作为领导的参谋和助手，秘书应当严格按照领导的指示和意图办事，离开领导自行其是、别出心裁，都是秘书职业道德所不允许的。

秘书要在服从领导的前提下发挥好"参"和"谋"的作用，为领导出谋划策。在领导决策民主化、科学化的今天，秘书的积极性、创造性更多地表现在建言献策方面。但是，要特别注意的是，不能用个人不成熟的想法，甚至情绪化的意见，去影响和干扰领导的工作及决策。

（三）兢兢业业，甘当无名英雄

兢兢业业，甘当无名英雄，就是要求秘书人员埋头苦干、实干，任劳任怨。秘书工作的性质决定了其工作主要是围绕领导的工作要求展开，应召之即来，来之能干。秘书处在领导与群众之间、领导与职能部门之间、领导与领导之间，工作稍有不慎，就会"两头受气"，虽是辛辛苦苦工作，仍会受到误解和埋怨，即使取得一些成绩，也常常被记在领导者的功劳簿上。这一切都要求秘书人员要具有宽广的胸怀、豁达的精神，不计较个人的恩怨得失，脚踏实地、埋头苦干，具有甘当无名英雄的高尚品格，发扬兢兢业业、无私奉献的优良传统。

（四）谦虚谨慎，办事公道，热情服务

谦虚谨慎是秘书人员应该具有的美德。秘书人员不能因为在领导身边工作便自命不凡、自以为是，要平等地与各职能部门协商工作，虚心听取各部门的意见，在工作中要善于协调矛盾，搞好沟通与合作。

办事公道是指秘书人员对领导、对群众要一视同仁，秉公办事。切忌因人而异、亲疏有别，更不能看来头办事情。只有公道正派的秘书人员才能做到胸襟开阔，在工作中充满朝气和活力。

热情服务是指秘书人员要把为领导服务、为本单位各职能部门服务、为群众服务当作自己的神圣职责，要充分认识自己所从事的工作的重要性。

（五）守法奉公，守住底线

守法奉公是秘书人员职业活动正常进行的重要保证，是秘书人员应有的思想道德品质和行为准则。它要求秘书人员在职业活动中遵守职业纪律和与职业活动相关的法律法规。只有遵守各项规章制度，才能更好地履行秘书职责，有效地完成各项任务。廉洁奉公是高尚道德情操在职业活动中的重要体现，秘书人员在职业活动中要坚持原则，不能利用职务之便，假借领导的名义以权谋私；不能搞"你给我一点好处，我回报你一点实惠"的所谓"等价交换"。要以国家、人民和本单位的整体利益为重，自觉奉献，不为名利所动，以自己的实际行动抵制和反对不正之风。

（六）恪守信用，严守机密

恪守信用就是秘书人员要遵守信用、遵守时间、遵守诺言，言必信、行必果。恪守信用是秘书与人交往的重要准则，也是秘书的道德情操和道德素养的综合体现。恪守信用能树立起良好的人格形象，它是秘书职业道德中具有人格力量的一项内容。秘书人员必须在工作、人际交往中恪守信用。

严守机密是秘书人员必须具备的职业道德。秘书应牢固树立保密观念，严格执行有关保

密的法律法规和规章制度，养成保密习惯，确保一切秘书事项的安全。秘书人员接触的机密文件多，参加的重要会议多，在领导身边的机会也多，因此秘书人员必须具备严守机密的职业道德。秘书人员必须做到：不该说的机密绝对不说，不该问的机密绝对不问，不该看的机密绝对不看；不在私人通信、电话中涉及机密，不在不利于保密的场合谈论机密，不携带机密文件出入公共场合。

（七）刻苦学习，提高科学文化素质

不同的工作岗位对其工作人员都有相应的素质要求。作为新时期的秘书人员，这种素质要求显得更为严格、全面，甚至更苛刻。是否具备良好的科学文化素质，对于能否做好秘书工作非常重要，也是评价秘书是否称职的基本依据。秘书工作头绪繁多、涉及面广，这就要求秘书要有尽可能广博的知识，学做"通才"和"杂家"。在现代科学技术突飞猛进、知识更新速度加快的今天，秘书必须刻苦学习，努力提高自身的思想素质，掌握更多的科学文化知识，以适应工作的需要。

（八）实事求是，勇于创新

秘书人员要坚持实事求是的工作作风，一切从实际出发，理论联系实际，坚持实践是检验真理的唯一标准。秘书工作的各个环节都要准确，应如实地反映客观实际，从客观存在的事实出发。秘书人员无论是收集信息、汇报情况，还是提供意见、拟写文件，都必须端正思想，坚持实事求是的原则；在工作中，切忌主观臆断、捕风捉影，分析问题必须从客观实际出发，既不唯领导是听，也不可唯"本本"是从。

勇于创新就是要破除旧的观念，勇于开创新的工作局面。作为领导的助手，秘书人员更应具有强烈的创新意识和精神：要求不空谈、重实干，在思想上是先行者，在实践上是实干家，在不断提出新问题的同时研究和提出解决问题的新方法。

（九）钻研业务，掌握秘书工作的各项职业技能

职业技能也称职业能力，是人们进行职业活动、履行职业责任的能力和手段。职业技能由体力、智力、知识、技术等因素构成，它的形成通常需要相当长时间的学习及一定实践训练活动的积累。秘书的职业技能水平直接关系到其职业活动的质量和效率，关系到其对就职部门和单位贡献的大小，决定着自己人生价值的实现程度。秘书要根据自身分工的不同和形势发展的需要，掌握一些能够显著提高工作效率的技能，如现代办公设备使用技能、常用办公软件使用技能、网络办公技能等。从发展的角度看，新时期的秘书人员必须了解与秘书工作有直接或间接关系的领域中出现的新成果，以更好地掌握秘书工作的各项技能。

（十）团结协作，互助友爱

团结协作、互助友爱是集体主义原则和团队精神在职业活动中的具体体现，也是秘书职

业活动正常进行的重要基础。秘书工作是单位对外联系的窗口，也是部门之间协作的纽带。秘书必须能识大体、顾大局，自觉维护集体的团结与和谐，在职业工作中能够主动与他人沟通、配合，虚心学习他人的长处，努力处理好人际关系，严于律己，宽以待人。

三、涉外秘书的职业道德与行为规范

改革开放以来，随着全球经济一体化，我国对外贸易及其他外事往来活动增多，涉外秘书作为一种国家化的职业，要和全球范围的客户联络，提供服务。这一职业群体的工作环境在民族、宗教信仰、风俗习惯、文化等各方面都呈现出复杂性，他们职业道德水平的高低，不仅关系到自身形象与工作的成效，还可能影响到单位甚至国家的形象。这对涉外秘书群体的职业道德水平提出了更高的要求。除一般的秘书职业道德要求以外，涉外秘书的道德还有其特殊的要求。

（一）涉外秘书的工作原则

（1）和平共处五项原则。

（2）不卑不亢、内外有别的原则。

（3）维护民族尊严，维护国家荣誉的原则。

（4）严格遵守外事纪律的原则。

（二）涉外秘书人员在工作中应遵守的道德行为守则

（1）忠于祖国、忠于人民、忠于事业。涉外秘书既要维护祖国的尊严和利益，又要兼顾供职的部门和外方的利益，摆正中方、外方与秘书三者之间的关系，自觉维护祖国的荣誉、民族的尊严和人民的利益；坚持中国特色社会主义道路自信、理论自信、制度自信、文化自信，在对外交往中，既不夜郎自大，也不崇洋媚外；在任何情况下都不做有损国家、民族利益的事。不做丧失民族尊严，丧失国格、人格的事；虚心学习别国的长处，对外国朋友一视同仁、以礼相待。

（2）注意学习、贯彻执行党和国家的方针政策，尤其要注意贯彻党和国家的对外经济政策，自觉遵守国家的各项法律法规。

（3）保守国家秘密，认真执行保密法规。保守职业秘密，讲究职业道德，遵守职业纪律。

（4）忠于职守，尽职尽责。不做超越权限的事。

（5）保持中华民族的优秀传统和行为美德，吸收和借鉴国外文化传统的精华。

（6）与外方人员私人交往有度、有节，遇事要向有关部门请示、汇报。

（7）尊重交往和服务对象的风俗习惯，注意跨文化交往中可能遇到的各种问题。

涉外秘书人员的工作既涉及经济，又涉及外事；既属于经济工作，又属于政治性很强的工作；既面向国内生产企业，又面向国际市场；既会受到社会上错误思想和非法活动的冲击，又要面对复杂的国际经济、政治斗争形势。涉外秘书人员的工作关系到我国的对外声誉和国际影响，其一切言行、办事能力都代表着整个中国。因此，应注意对涉外秘书加强培养与训练，注意提高这个群体的整体素质。

四、秘书职业道德修养

职业道德修养是提高职业道德水平的重要途径。职业道德修养是指从事各种职业活动的人员按照职业道德的基本原则和规范，在职业活动中所进行的自我教育、自我锻炼、自我改造和自我完善的活动。秘书职业道德修养的目的在于通过秘书职业活动的认识和实践，培养高尚的职业道德品质，把职业道德规范自觉转化为内心的信念，形成良好的职业行为习惯，成为具有高尚职业道德的秘书。

（一）秘书职业道德修养的内容

秘书职业道德修养是指秘书在思想意识和道德品质方面的自我教育、受教育的过程中，在心灵深处反省、检查，不断吐故纳新的过程。"择其善者而从之，其不善者而改之"正是秘书职业道德修养的本质。一般来说，只要经过长时间的艰苦磨炼和实际工作锻炼，加上自身不断学习，就会拥有高尚的职业思想境界和职业道德情操。秘书职业道德修养的内容包括职业道德知识、职业道德意识、职业道德情感、职业道德信念、职业道德行为。

（二）掌握正确的秘书职业道德知识

职业道德知识是关于职业道德原则、规范的认识，它是职业道德观念、意识形成的前提和基础，直接影响职业道德行为的判断和选择。如果秘书缺乏职业道德知识，职业道德的选择能力和评价能力必然会降低，秘书职业道德认识水平难以提升。因此，掌握职业道德知识是秘书提升职业道德修养的思想基础。秘书进行职业道德修养，首先要掌握秘书职业道德的理论、规则和规范的基本知识，这样才能提升秘书的职业道德水平。

（三）提升良好的秘书职业道德意识

职业道德不仅涉及从业者如何对待职业、工作，同时也是一个从业人员生活态度和价值观念的表现。秘书职业道德意识修养的提高最根本的是要树立正确的人生观和价值观，树立全心全意为人民服务的观念，具有集体主义和团队精神，能在市场经济的大潮中克服利己主义和拜金主义，将集体主义和服务精神贯穿于自己的职业和工作之中。服从、服务、配合、协调、沟通是秘书道德修养的具体体现。

（四）陶冶真诚的秘书职业道德情感

培养高尚而强烈的道德情感，对于建立秘书与领导、同事、客户的和谐关系，创造良好的工作气氛，具有重要意义。秘书道德情感包括正义感、责任感、荣誉感和幸福感。正义感是公正地对待他人，对客户诚实无欺；责任感是对企业的义务感和使命感，秘书工作者要有"企业兴，我荣；企业衰，我耻"的责任感，处处为企业的荣誉及客户的利益着想，尽职尽责；荣誉感是要明确个人获得的荣誉是与领导的关怀、组织的支持、同事的帮助、客户的信任分不开的，应将荣誉视为促进自己为客户、组织、社会尽更大义务的动力；幸福感也是一种道德观念和情感，与人们的生活目的密切相连，是人生追求的目标，是由于感受和意识到自己的理想和目标的成就从而产生的心理上的满足和愉悦。一个勇于为秘书事业献身的人，其幸福就是在秘书工作领域中进行卓有建树的工作。

（五）确立坚定的秘书职业道德信念

职业道德信念是建立在正确的职业道德知识、真诚的职业道德情感基础之上的对自己履行的职业责任和义务的真诚信奉，是人们做出正确职业道德行为的精神动力和支撑。秘书只有树立坚定的职业道德信念，职业道德行为才能展现出对工作敬业的工作态度和对职业道德规范的遵守，才能认真履行自己的工作职责。

（六）养成良好的秘书职业道德行为

职业道德行为是指从业者在一定的职业道德知识、情感、意志和信念的支配下所采取的自觉活动。秘书按照职业道德规范要求进行有意识的训练和培养，使秘书职业规范落实到职业生活中，是秘书职业道德行为养成的过程。秘书良好的职业道德不是天生具有的，而是在后天的实践中养成的。

秘书职业道德行为养成通过以下方法和途径。

（1）在日常生活中培养。提高秘书职业道德修养要求每个秘书人员都要身体力行，把对职业道德规范的认识贯彻到实际工作和日常生活中去。在日常生活中，从小事做起，严格遵守行为规范；从自我做起，自觉养成良好的职业习惯。

（2）在专业学习中训练。秘书的职业修养的提高是一个长期的磨炼和实践过程，秘书人员通过专业学习，掌握秘书职业道德知识，增强职业意识，熟悉职业规范，通过职业的训练，提高职业素养。

（3）在社会实践中体验。理论和实践相结合是提高秘书职业道德修养的基本原则。提高秘书道德修养的根本，是在秘书活动实践中改造主观世界。离开社会实践空谈修养，只能是虚伪的道德说教。因此秘书应在社会实践中，积极培养职业情感，学做结合，做到知行统一。

（4）在自我修养中提高。秘书要体验生活，经常进行"内省"；学习榜样，努力做到"慎独"。

（5）在职业活动中强化。在职业活动中熟悉职业道德规范，陶冶职业情感，培养对职业的责任感、荣誉感和幸福感。

第三节　企业文化与职业道德

一、企业文化的内涵

企业文化是 20 世纪 80 年代初美国学者在比较日本和美国成功企业的经验后提出的经营管理理论。作为企业管理的一种新观念，企业文化是指企业等经济实体在生产经营中，伴随着自身的经济繁荣而逐步形成、确立，并深深植根于每个成员头脑中的独特的精神成果和思想观念，是企业的精神文化。企业文化包括企业的经营观念、企业精神、价值观念、行为准则、道德规范、企业形象及全体员工对企业的责任感、荣誉感等。企业文化的实质包括两个方面的内容：一方面，企业文化是普遍存在的，社会文化与企业文化是互相交融、互相制约，共同发展的对立统一关系。另一方面，企业文化是"硬管理"与"软约束"有机统一的、综合性的文化——"硬"表现为对规章制度的创建，对文化环境的创建；"软"表现在重视创造风气，树立企业精神，培育组织成员的价值观念。企业文化是企业通过一系列活动塑造的文化形态，当一种文化被建立起来后，它就成为塑造企业内部员工行为和关系的规范，成为企业内部所有人共同遵循的价值观，发挥增强企业成员的统一性和凝聚力的作用。

二、企业文化的内容

（一）经营哲学

经营哲学是一个企业特有的从事生产经营和管理活动的方法论原则，它是指导企业行为的基础。在激烈的市场竞争环境下，企业必须用科学的方法论来指导、用逻辑严密的程序来决定自己的行为，这就是经营哲学。例如，日本松下电器公司的企业文化就体现出"讲求经济效益，重视生存意志，事事谋求生存和发展"，这也是它的战略决策哲学。

（二）价值观念

价值观念是企业员工对企业存在的意义、经营目的、经营宗旨的价值评价和为之追求的整体化、个异化的群体意识，是企业全体员工共同遵守的价值准则。企业只有具备共同的价值准则，才能产生正确的价值目标；有了正确的价值目标，企业才会奋力追求，才有希望实现。因此，企业价值观念决定了员工行为的取向，关系着企业的生死存亡。一些企业可能认为"企业的价值在于致富""企业的价值在于利润""企业的价值在于服务""企业的价值在于育人"，但是，只顾企业自身经济效益的价值观注定将使企业偏离社会主义方向，不仅会损害国家和人民的利益，还会影响企业的形象；只顾眼前利益的价值观注定将导致急功近利、重视短期行为，使企业失去后劲，最终走向灭亡。南京冠生园有限责任公司、石家庄三鹿集团股份有限公司等企业的破产事件都证明了这一点。

（三）企业精神

企业精神是企业基于自身特定的性质、任务、宗旨、时代要求和发展方向，经过精心培养形成的企业成员的群体精神风貌。

企业精神要通过企业全体员工有意识的实践活动体现出来，因此它又是企业员工观念意识和进取心理的外化。

企业精神作为企业内部员工的心理定式和主导意识，是企业经营宗旨、价值准则、管理信条的集中体现，它构成企业文化的基石。企业精神渗透于企业生产经营活动的各个方面和各个环节，给人以理想、信念，给人以鼓励、荣誉，也给人以约束。

（四）职业道德

职业道德是调整本企业与其他企业之间、企业与顾客之间、企业内部员工之间关系的行为规范的总和。它是从伦理关系的角度，以善与恶、公与私、荣与辱、诚实与虚伪等道德范畴的标准来评价和规范企业及员工的。它靠道德的力量建立起以个人理想、信念为核心的自我约束机制，用以规范员工的行为，调节企业和员工之间、部门之间及企业和社会之间的关系。职业道德具有积极的示范效应和强烈的感染力，被人们认可和接受后就会产生自我约束的力量，因此它具有广泛的适应性，是约束企业和员工行为的重要手段。中国老字号同仁堂药店之所以三百多年长盛不衰，就在于它把中华民族优秀的传统美德融于企业的生产经营过程之中，形成了具有行业特色的职业道德，即"济世养身，精益求精，童叟无欺，一视同仁"。

（五）团体意识

团体意识是组织成员的集体观念。团体意识是形成企业内部凝聚力的重要心理因素。企业团体意识的形成会使企业的每个员工都把自己的工作和行为看成实现企业目标的组成部分，使他们为自己是企业的成员而感到自豪，为企业的成就而感到光荣，从而把企业看成自己的利益共同体和归属。

（六）企业形象

企业形象是企业通过外部特征和经营实力表现出来的，被消费者和公众所认同的企业总体印象。由外部特征表现出来的企业形象被称为表层形象，如招牌、门面、徽标、广告、商标、服饰、营业环境等，这些都给人以直观的感觉，容易形成印象；通过经营实力表现出来的企业形象被称为深层形象，它是企业内部要素的集中体现，如人员素质、生产经营能力、管理水平、资本实力、产品质量等。

（七）企业制度

企业制度是企业在生产经营实践活动中形成的，对人的行为带有强制性并能保障员工权利的各种规定。从企业文化的层次结构来看，企业制度属于中间层次，它是精神文化的表现形式，是物质文化实现的保证。企业制度作为员工行为规范的模式，使个人的活动得以合理进行，使内外人际关系得以协调，使员工的共同利益受到保护，最终使企业有序组织起来，为实现企业目标而努力。

三、企业文化的功能

现代企业文化在企业管理中具有激励功能、导向功能、约束功能、凝聚功能、调适功能和辐射功能。

（一）激励功能

共同的价值观会使每个员工都能感到自己存在和行为的价值，而自我价值的实现是人的最高精神需求的一种满足，这种满足必将产生强大的激励作用。企业在内部通过实施奋发向上价值观念的引导，建设良好文化氛围，会激励员工为实现自我价值和企业目标而勇于献身。

（二）导向功能

现代企业文化会对企业的领导者和员工产生引导作用。经营哲学决定了企业经营的思维方式和处理问题的法则，这些方式和法则将指导经营者做出正确的决策，指导员工采用科学的方法从事生产经营活动。企业共同的价值观念规定了企业的价值取向，使员工对事物的评判达成共识并具备共同的价值目标，企业领导和员工会为他们认定的价值目标去行动。企业目标代表了企业发展的方向，没有正确的目标就等于迷失了方向。完美的企业文化会从实际出发，以科学的态度去制定企业的发展目标，而且这种目标一定具有可行性和科学性。企业员工将在这一目标的指引下从事生产经营活动。

（三）约束功能

企业文化的约束功能主要是通过完善管理制度和道德规范来实现的。企业制度是企业文化的内容之一，是企业内部的法规，企业领导和员工必须遵守和执行，从而形成约束力。职业道德规范是从伦理的角度来约束企业领导和员工的行为的。

（四）凝聚功能

企业文化的建设会使员工产生对本职工作的自豪感、使命感、认同感和归属感，从而在员工中形成强大的凝聚力。

（五）调适功能

企业各部门之间、员工之间，由于各种原因难免会产生一些矛盾，解决这些矛盾的方式就是进行自我调适。企业与顾客、企业、环境、社会、国家之间也会存在不协调、不适应之处，这也需要进行调适。企业哲学和企业道德规范使经营者和普通员工能科学地处理这些矛盾，自觉地约束自己。完美的企业形象就是进行调适的结果。

（六）辐射功能

企业文化不仅能在企业中发挥作用，也能通过各种渠道对社会产生影响。文化辐射的渠道很多，主要包括传播媒体、公共关系活动等。

四、职业道德在企业文化中的地位

职业道德是由职业道德价值导向、职业道德标准、职业道德规范及职业道德意识等组成的有机整体，具有精神导向和行为约束的作用。企业作为一种以经济活动为主要内容的组织，一方面，企业内部有从事与经济活动相关的具有不同职责的人员，并且具有不同职责的人员又遵循不同的职业道德。另一方面，具有不同职责的人员在遵循各自的职业道德进行活动时，就必须使各自所秉承的职业道德价值观得以充分融合，以形成一个统一的价值取向，而这个统一的价值取向其实就是企业文化的内核。加强职业道德建设，是培养企业文化创新能力的首要前提，加强企业文化的塑造和建设，则是实现职业道德的必备条件，二者统一的基础则是企业的生产实践。在企业的具体生产实践中，承担不同职责的个体成员在完成企业技术活动的同时，一方面，不断且相对独立地体验本行业的职业道德要求；另一方面，又不断地与企业的物质环境和人文环境充分地交流、沟通，并逐渐形成整个企业所需的统一的价值取向，即企业文化的一部分。

企业文化功能的发挥必须以企业员工为中介，借助员工的各种生产、经营和服务行为来实现。如果企业员工缺乏职业道德，自私自利，与企业貌合神离，那么企业就不可能有良好的企业文化。同时，在企业制度建设中给员工以人性化对待和充分的尊重，正是培育员工优良职业道德素养的第一课和"启蒙教育"，同时也是企业树立自身职业道德形象所掘取的"第一桶金"，它关系到企业的整体职业道德形象。

（一）职业道德在企业文化中的重要地位

（1）如果员工没有自觉严格遵守规章制度的觉悟，那么企业的规章制度就形同虚设。

（2）实现企业价值观、经营之道和企业发展战略目标的主体是员工，如果员工不把这些价值观、经营之道落实于生产经营行为之中，那么企业价值观和经营之道就只能是空中楼阁，企业发展目标也不可能实现。

（3）如果企业员工不具有较高的职业道德水平，企业就不会有好的企业作风和企业礼仪。

（4）企业形象是企业文化的综合表现，若员工没有较高的职业道德水平，不能保证产品和服务的质量，就会直接破坏企业形象。

总之，职业道德在整个企业文化中占有重要位置。要有效发挥企业文化的功能和作用，员工必须具有较高的职业道德水平。

（二）职业道德在企业文化中的培植

要让良好的职业道德在企业中形成风气，就必须下功夫培植。和谐、严谨和向上的企业文化能够有效约束带有不良习气的员工及其不良行为，以其特有的团体压力、环境压力使不正之风无法施展。但是，企业文化也需要不断灌输和完善，这正是许多企业十分重视在员工入职后定期开展培训的重要原因。培训中、培训后及工作总结中的奖罚制度也会对不良作风起到制约的作用。从根本上说，良好的职业道德和操守主要来自员工的自律，其次才是他律。这在职业秘书的成长过程中尤为重要，因为秘书的许多职业活动都是相对独立的，并且直接关系到企业的业务运转和企业形象。

精要提示

（1）秘书职业道德是秘书人员在职业活动中应该遵守的行为规范的总和，体现了秘书工作者对社会承担的道德责任和义务。职业道德不仅可以调节组织内部的人际关系，而且可以调节工作人员与服务对象之间的关系。

（2）每种职业都担负着一种特定的职业责任和职业义务。不论职业工作者自身的追求、情趣与信仰如何，只要其从事某一个职业，其所承担的职业责任和义务就会不同，相应地，各种特定职业道德的具体规范也不可能完全相同。

（3）企业精神渗透于企业生产经营活动的各个方面和各个环节，给人以理想、信念，给人以鼓励、荣誉，也给人以约束。

（4）现代企业文化在企业管理中具有激励功能、导向功能、约束功能、凝聚功能、调适功能和辐射功能。

（5）良好的职业道德和操守主要来自员工的自律，其次才是他律。这在职业秘书的成长过程中尤为重要。

思考与练习

案例一

享有国际声誉的方法学家、思维学家吴甘霖先生，在北京大学总裁班上做了一项调查，他请企业老总们说出自己认为最受欢迎和最不受欢迎的员工的标准。结果五类员工被列为最受欢迎的员工，分别是：自发工作的员工；找办法提升业绩的员工；从不抱怨的员工；执行力很强的员工；能提出建设性意见的员工。而最不受欢迎的员工也有五类，分别是：找借口的员工；损公肥私的员工；斤斤计较的员工；华而不实的员工；受不得委屈的员工。

问题：最受欢迎的员工标准对认识秘书应有的职业道德修养有何启示？

讨论提示：最受欢迎的员工的标准反映出现代企业所需的秘书人员应具备的职业道德修

养。职业道德是职业秘书从业的前提和基础条件。秘书作为办公室人员，实际上处在一个展示的窗口上。要成为一个职业示范，就要以企业为荣，为企业效力；要为企业效力，就要在本职岗位上兢兢业业、任劳任怨，这样才能在职业生活中得以发展。

案例二

2005年12月，华为通过了《EMT自律宣言》。2007年9月29日下午，公司举行了首次集体宣誓大会。任正非等9位EMT（Executive Management Team，经营管理团队）成员集体举起右手，庄严宣誓："人先正己、以身作则、严于律己，做全体员工的楷模。高级干部的合法收入只能来自华为公司的分红及薪酬，除此之外不能以下述方式获得其他任何收入；绝对不利用公司赋予我们的职权去影响和干扰公司各项业务，从中牟取私利，包括但不限于各种采购、销售、合作、外包等，不以任何形式损害公司利益；高级干部要正直无私，用人要五湖四海，不拉帮结派。不在自己管辖范围内形成不良作风；高级干部要有自我约束能力，通过自查、自纠、自我批判，每日三省吾身，因此我们绝不允许'上梁不正下梁歪'，绝不允许'堡垒从内部攻破'；我们必须廉洁正气、奋发图强、励精图治，带领公司冲过未来征程上的暗礁险滩。我们将坚决履行以上承诺，并接受公司审计和全体员工的监督。"

问题：分析华为公司的做法对提高道德修养和道德自律的作用。

讨论提示：华为公司通过这种方式来使经营管理团队不断地自我教育、自我锻炼、自我改造和自我完善，用高尚的职业操守来约束自己。如果一个人缺乏自律精神，就会产生侥幸心理，一旦发现没人监管，就会想方设法钻管理的空子。从某种意义上来说，通过自我约束做到"慎独"是提高职业道德修养的有效方法。

案例三

陈光标于2003年创办江苏黄埔再生资源利用有限公司，致力于发展循环经济、绿色经济。多年来，陈光标领导江苏黄埔再生资源利用有限公司诚信做企业，守法经营，积极履行企业的社会责任，变废为宝，保护环境，并投身社会慈善公益事业。"5·12"地震发生后仅两个小时，这位抵达灾区的"老板"就带着120人和从江苏、安徽工地上调集的60台工程机械，几乎与军队同时抵达灾区，成为自发抗灾抵达地震灾区的首支民间队伍。陈光标10年来向慈善事业捐款、捐物累计价值4.75亿元，被资助人数达20多万。2007年，陈光标的公司捐赠总额为1.81亿元。陈光标奋战在灾区一线的身影已成为一个标志、一个符号，他让人们看到了中国企业家的责任感。

问题：结合陈光标事迹，试阐述个体的道德素质对于企业文化塑造的重要性。

讨论提示：企业文化的发展与管理者的综合素质、战略眼光密不可分，同时也会深刻影响企业所塑造的人。从这个意义上说，做人与做事是同源的。

案例四

2001年9月3日，中央电视台"新闻30分"栏目披露了南京冠生园有限责任公司（以下简称南京冠生园）用旧馅做月饼的事件。9月5日，南京冠生园老板接受采访时说用旧馅是普遍现象。9月17日，南京冠生园发表公开信，矛头直指中央电视台及其相关记者，称有关"旧馅事件"的报道纯属虚假信息，南京冠生园产品质量完全达标。9月19日，中央电视台有关记者回应南京冠生园的公开信，指出记者与南京冠生园并无私仇，其对南京冠生园的报道是客观公正的。此举再次引起媒体和消费者对"旧馅事件"的关注。2001年，全国月饼销量下降20%。2002年2月，南京冠生园食品有限公司申请破产，负债1 600多万元。

问题：试结合南京冠生园事件，谈谈职业道德与企业文化的关系。

讨论提示：用旧馅做新月饼折射出来的是企业文化的核心——诚信。没有诚信的企业注定将失去客户。

第三章 公文工作

学习目标

1. 掌握公文处理工作的特点、作用和程序。
2. 能够拟写行政公文与商务文书。
3. 能够拟写秘书工作中常用的法律文书。

内容提要

本章主要介绍了秘书日常工作中常用公文的种类与处理方法，力图使学习者掌握公文处理工作的特点、原则及公文拟写的要求与技巧，并能熟练地开展公文工作。

第一节 公文处理

公文处理，通常也称办文，专指机关、企事业单位在公务活动和经营管理过程中，为了充分发挥公文的作用，围绕公文拟制、办理、管理等一系列相互关联、衔接的有序的工作。

秘书在日常事务管理工作中，不论是发布行政法规和规章，还是制定和发布各项管理办法，或是请示、报告工作等，都离不开公文。因此，做好公文处理工作是秘书的主要工作之一，也是发挥公文重要作用的关键。

一、知识与技能要求

（一）公文处理的特点和基本原则

1. 公文处理的基本环节和特点

公文处理包括公文拟制、办理和管理三个基本环节。公文具有政治性、时限性、机要性和规范性等特点，其具体内容如表3-1所示。

表 3 - 1　公文处理的基本环节和特点

项目	主要内容
基本环节	（1）公文拟制包括公文的起草、审核、签发等程序。 （2）公文办理包括收文办理、发文办理和整理归档。 （3）公文管理是指在集中统一管理原则的指导下，认真做好收文处理和发文处理工作，充分发挥公文的效用，使之既有利于保密又便于调阅的一系列管理工作，主要包括公文的统一管理、文件的日常管理、会议文件的管理、汇编公文及公文的存放与保管
特点	政治性、时限性、机要性和规范性等

2. 公文处理的作用和基本原则

（1）公文处理的作用。公文处理在企业经营管理活动中起着重要的助手作用、纽带作用、查考作用、促进作用和指导作用。以下着重介绍前三项作用。

①助手作用。党政机关和企事业单位的各级领导干部在履行职责时，常常通过文件领会精神，通过文件发布指示，通过文件向上级汇报工作，从而保证工作任务的圆满完成。公文处理在各级领导履行职责的过程中起到了助手作用。建立健全公文工作制度，科学高效地处理各类公文，将有力地推动本单位工作的全面开展。

②纽带作用。健全公文处理工作制度，除能沟通各级人员间的情况外，还能起到横向联系的纽带作用。各单位的合作都是以达成的协议或签订的合同为依据的。例如，各类会议纪要、联合公报等均可作为双方往来的凭据，而企业的招投标意向书、营销合同、邀请函、商洽函、理赔公文等，在企业经营管理活动中也都起着重要的纽带作用。各单位签署合同还可以选择电子合同的方式，为确保电子合同的法律效力，应采用完善的技术，有较强的证据意识，确保有效识别数据及电子签名等。

③查考作用。各种公文在办理完毕后，都要通过立卷、归档工作，把其中有利用价值的文件保存起来，这对于各级领导了解情况、熟悉政策、研究历史、获取凭证等都具有十分重要的查考作用。

（2）公文处理的基本原则。根据国家的相关规定，公文处理要遵循及时、准确、安全、统一、简化等基本原则。

①及时。公文处理要遵循及时的原则，反对拖延、积压和迂缓。在贯彻及时原则的同时，还应把握公文处理的有效时机，提升公文处理工作的自动化水平，提高工作效率。

②准确。公文处理要遵循准确的原则，反对粗心大意的工作作风，从内容、文字、体例上保证公文的质量，做到观点正确，文字通顺，体例符合要求，力求减少差错。在管理上，应准确地划分公文的立卷范围与保存价值，保证公文的齐全和完整。

③安全。公文处理要遵循安全的原则。所谓安全，是指要使文件不受损坏，延长其使用寿命。在公文处理中，文件不应随意乱放，以免遗失。在纸质公文的保管过程中，要注意防火、防潮、防盗、防虫蛀、防霉变。保证公文安全还包括要严守保密规定。保密工作关系到国家和人民的利益，必须慎之又慎。网络办公环境下，更应具有安全防范意识，重视计算机

中重要数据的安全处理，包括对信息系统应用程序的及时更新等。

④统一。公文处理要遵循统一的原则。所谓统一，是指各单位要由公文部门统一负责公文处理，负责公文的收发、分办、传递、用印和立卷归档，建立健全统一的公文签发、公文保密、公文用印和公文的立卷、归档制度。其他任何部门、任何人员都不能擅自收发、留存和销毁文件。

⑤简化。公文处理要遵守简化的原则。在保证公文处理功效的前提下，应尽量简化公文拟写、处理的程序和方法。公文处理各项管理环节的简化，必然会提高效率，降低差错，同时还有利于克服官僚主义作风。

（二）公文处理的程序

公文处理的程序是指公文在机关内部从形成到运转所经过的环节，以及各环节中包含的相互衔接的工作程序。公文处理工作包含公文拟制、公文办理和公文管理。

1. 公文拟制

公文拟制包括公文的起草、审核、签发等程序。

2. 公文办理

公文办理包括收文办理、发文办理和整理归档。

（1）收文办理包括签收、登记、初审、承办、传阅、催办、答复等主要工作程序。应掌握公文处理中签收文件的基本要求，以及常用收文登记簿、公文处理单、文件传阅单和阅文通知单等的使用。

①签收。签收是指为明确交接双方的责任，公文部门对收到的公文应当逐件清点，核对无误后签字或者盖章，并注明签收时间。签收工作分为两部分：一部分由行政收发室负责，接收邮局送来的信、函件和一般文件材料，并分送办公室或其他分管部门；另一部分由办公室秘书负责，接收由机要人员送来的机要文件和有关人员开会带回来的文件。

②登记。登记是对公文的主要信息和办理情况的详细记载，目的是便于明确收文数量，可以起到防止文件丢失，便于查找检索，便于统计和催办的作用。登记工作是收文工作的重要程序，主要内容是将收到的文件在收文登记簿上编号，并记载文件的来源、去向，以保证文件的准确收受和及时处理。登记的项目主要有顺序号、收文日期、来文机关、来文字号、标题、密级、份数、承办单位、签收、复文号、归入卷号、备注，共计12项。登记的形式主要有簿册式、卡片式和联单式。三种形式各有优缺点，可根据文件的不同情况选用：簿册式登记是在事先装订成册的登记本上登记，优点在于便于保存，一般适用于按时间顺序的登记；卡片式和联单式登记的优点主要是可将登记好的文件卡片或联单进行分类排放，满足各种管理文件方法的需要。

③初审。秘书需要对收到的公文进行初审。审核的重点是：是否应当由本机关办理，是否符合行文规则，文种、格式是否符合要求，涉及其他部门或者部门职权范围内的事项是否已经协商、会签，是否符合公文起草的其他要求。对于初审不符合规定的公文，应当及时退

回来文单位并说明理由。

④承办。阅知性公文应当根据公文内容、要求和工作需要确定范围后分送。批阅性公文应当提出拟办意见报本机关负责人批示或者转有关部门办理；需要两个及以上部门办理的，应当明确主办部门。紧急公文应当明确办理时限。承办部门对交办的公文应当及时办理，有明确办理时限要求的应当在规定时限内办理完毕。

⑤传阅。根据领导批示和工作需要将公文及时送传阅对象阅知或者批示。办理公文传阅应当随时掌握公文去向，不得漏传、误传、延误。

⑥催办。催办是为了及时了解、掌握公文的办理进展情况，督促承办部门按期办结公文。紧急公文或者重要公文应当由专人负责催办。不是所有的公文都需要催办，只有领导交办的和有明确时间要求或亟须处理的那部分公文，才应按公文处理的要求纳入催办。建立公文催办制度是加快公文传递速度，提高工作效率，避免公文积压的重要措施。

⑦答复。公文的办理结果应当及时向来文单位答复，并根据需要告知相关单位。

收文工作办理完成后，秘书人员或公文人员要及时办理文件清退及立卷、归档工作。

（2）发文办理。发文办理的程序包括复核、登记、印制、核发等环节。要把握确定成文日期的原则，正确填制文件用印登记表、发文登记表，并注意文件的分发工作。

①复核。已经发文机关负责人签批的公文，印发前应当对公文的审批手续、内容、文种、格式等进行复核；需作实质性修改的，应当报原签批人复审。

②登记。对复核的后的公文，应当确定发文字号、分送范围和印制份数，并详细记载。

③印制。公文印制必须确保质量和时效。涉密公文应当在符合保密要求的场所印制。

④核发。公文印制完毕，应当对公文的文字、格式和印制质量进行检查后分发。

（3）整理归档。公文办理完毕后，应根据单位档案管理办法，及时整理（立卷）、归档。

3. 公文管理

公文管理工作，不论是收文还是发文，都必须加以科学管理，各级党政机关应当建立健全本机关公文管理制度，确保管理严格规范，充分发挥公文效用。秘书要统一集中管理公文，加强文件的日常管理及会议文件的管理，定期汇编公文，科学存放和保管公文。要对所保管的公文勤整理、勤翻阅、勤清点，做到熟悉公文内容、公文位置，做到账件相符。

（1）党政机关公文由文秘部门或者专人统一管理。设立党委（党组）的县级以上单位应当建立机要保密室和机要阅文室，并按照有关保密规定配备工作人员和必要的安全保密设施设备。

（2）公文确定密级前，应当按照拟定的密级先行采取保密措施。确定密级后，应当按照所定密级严格管理。绝密级公文应当由专人管理。公文的密级需要变更或者解除的，由原确定密级的机关或者其上级机关决定。

（3）公文的印发传达范围应当按照发文机关的要求执行；需要变更的，应当经发文机关批准。涉密公文公开发布前应当执行解密程序。公开发布的时间、形式和渠道，由发文机关确定。经批准公开发布的公文，同发文机关正式印发的公文具有同等效力。

（4）复制、汇编机密级、秘密级公文，应当符合有关规定并经本机关负责人批准。绝密级公文一般不得复制、汇编，确有工作需要的，应当经发文机关或者其上级机关批准。复制、汇编的公文视同原件管理。复制件应当加盖复制机关戳记。翻印件应当注明翻印的机关名称、日期。汇编本的密级按照编入公文的最高密级标注。

（5）公文的撤销和废止，由发文机关、上级机关或者权力机关根据职权范围和有关法律法规决定。公文被撤销的，视为自始无效；公文被废止的，视为自废止之日起失效。

（6）涉密公文应当按照发文机关的要求和有关规定进行清退或者销毁。

（7）不具备归档和保存价值的公文，经批准后可以销毁。销毁涉密公文必须严格按照有关规定履行审批登记手续，确保不丢失、不漏销。不得私自销毁、留存涉密公文。

（8）机关合并时，全部公文应当随之合并管理；机关撤销时，需要归档的公文经整理后按照有关规定移交档案管理部门。

工作人员离岗离职时，所在机关应当督促其将暂存、借用的公文按照有关规定移交、清退。

（9）新设立的机关应当向本级党委、政府的办公厅（室）提出发文立户申请。经审查符合条件的，列为发文单位；机关合并或者撤销时，相应进行调整。

总体来说，公文处理整个程序中的各个工作环节是环环相扣、紧密衔接、互相联系、互相制约的，削减或颠倒其中任一环节都会影响公文的正常运转。

二、操作技巧实例

实例一　签收公文时应把握的基本问题

问题： 秘书每天都要处理大量文件，而在签收公文工作中经常会遇到文件到达时已发生破损或号码有出入等诸多问题。为避免某环节出现差错，秘书应在收文工作中注意哪些问题？

解决方法： 秘书对收到的公文应当逐件清点，核对无误后签字或者盖章，并注明签收时间。应在对方的传递公文单或送文簿上签字，即签收。签收的作用主要是明确交接双方的责任。秘书签收文件时要认真清点、核对，检查无误后方可签字。

如若通过办公系统进行签收，应逐项完成签收，确保手续完整。

实例二　收文登记簿的基本形式

问题： 秘书每天都要处理大量公文，有的秘书因为工作繁忙而忽略了公文登记工作，致使对收文数量缺乏统计，无从检索，甚至出现文件丢失的情况。为了防止此类事件的发生，秘书应如何加强公文登记工作？

解决方法： 登记是对公文的主要信息和办理情况的详细记载。秘书要将收到的文件在收文登记簿上按照来文机关或部门进行分类、整理、编号等，要记载文件的来源、去向。

登记是收文工作的重要程序，秘书在对文件拆封后要注册登记。常用的登记方式是簿册式登记，一般文件的收文登记簿如表3-2所示，重要文件的收文登记簿如表3-3所示。

表 3-2　一般文件的收文登记簿

顺序号	收文日期	来文机关	来文封皮号	密级	分送部门	签收人	备注

表 3-3　重要文件的收文登记簿

收文号	收文日期		来文机关	来文字号	来文标题	附件	份数	密级	承办单位	签收人	复文号	归档日期	归入卷号	备注
	月	日												

实例三　公文的分送工作

问题：某日，公司王经理发现销售部门的一般销售人员居然知道了某些尚未公开的公司信息。王经理请李秘书将近日收发的文件及传阅文件的情况汇总后在下班前送交给他。当李秘书将汇总结果呈送给王经理时，王经理发现有些文件不符合要求。李秘书在公文处理过程中应注意哪些环节？

解决方法：秘书应根据领导批办意见及文件的内容、性质、分发办法，准确、及时地将文件送达有关领导、有关部门或承办人员传阅和办理。要求退回归档的文件，要在文件上标明"阅后请退回归档"字样，以便及时收回，防止散失。

文件登记完成后，秘书需要将其送达相关人员传阅。分送工作包括以下方面。

（1）填写公文处理单，将其粘贴在文件封面上，送办公室负责人阅读。公文处理单的如表 3-4 所示。

表 3-4　公文处理单

收文日期	年　月　日		收文号		
来文机关		来文	日期		
			字号		
来文标题		附件			
拟办意见：					
领导批示：					
办理结果：					

（2）根据办公室负责人签署的拟办意见，将文件分送相关领导阅批或交承办部门阅办。

（3）需要传阅的文件，按照领导签署传阅的范围，填写文件传阅单，分送传阅人；也可以填写阅文通知单，通知传阅人到阅文室阅文。文件阅毕要在传阅单上签字。文件传阅单如表3－5所示，阅文通知单如表3－6所示。

表3－5 文件传阅单

来文单位		来文字号	
文件标题			
收文日期		收文号	
传阅人签名	月/日	传阅人签名	月/日
备注：			

表3－6 阅文通知单

×××同志： 　请于　月　日前来本室阅读下列文件： 　　　　　　　　　　　　　　　　　　　　　　×××机关阅文室 　　　　　　　　　　　　　　　　　　　　　　　年　月　日				
发文单位	文件标题	文件号	密级	阅读范围

实例四 确定文件的成文日期

问题：整个下午，公司新来的韩秘书都在忙着把签发过的文稿编发文号，标记公文的急缓程度和密级，但他在确定成文日期上有些含糊。会议文件、一般公文、领导指示的成文日期分别应如何确定？

解决方法：经过签发的文稿在送印前要编好发文号，注明急缓程度和密级，并确定成文日期和缮印份数。

成文日期的确定应掌握以下原则。

（1）会议通过的公文，应以会议通过（批准）的日期为准。

（2）领导签发命令、指示和重要通知的日期，是其成文日期。

（3）一般公文以实际发出日期为成文日期。

（4）法规性公文以批准日期为成文日期。

第二节　公文拟制

一、知识与技能要求

秘书是领导的笔杆子。在日常工作中，秘书要经常替领导拟写各类行政公文、商务文书、事务文书等。准确拟写各类公文，是对秘书人员的基本要求。

（一）行政公文的拟制

对于办公室常用的行政公文，秘书应主要能够拟写决议、决定、命令（令）、公报、公告、通告、意见、通知、通报、报告、请示、批复、议案、函和纪要。

1. 决议

决议是会议讨论通过的重大决策事项。决议分为决策性决议和批准性决议，具有权威性和程序性的特点。决议和决定同属决策性文件，就其反映的内容来说二者基本上是相同的。二者最主要的区别在于其产生的形式上：决议必须产生于会议，它所要贯彻的决策事项是会议集体讨论通过的。

2. 决定

决定适用于重要事项做出决策和部署、奖惩有关单位和人员、变更或者撤销下级机关不适当的决定事项。决定的特点表现在决策性与制约性上。根据决定的性质，决定可分为指挥性决定和知照性决定两种类型。其中，知照性决定的"决定事项"范围包括表彰先进、惩处错误、设置机构、变动人事、召开重要会议、变更或撤销下级等。

3. 命令（令）

命令（令）适用于公布行政法规和规章、宣布施行重大强制性措施、批准授予和晋升衔级、嘉奖有关单位和人员。命令（令）一般分为发布令、行政令、任免令、嘉奖令、惩戒令、通缉令和戒严令等。

4. 公报

公报适用于公布重要决定或者重大事项，一般指国家、政府、政党、团体或其领导人所发表的关于重大事件，或会议经过和决议等的正式文件。公报具有权威性、指导性和新闻性等特点。公报类别包括会议公报、事项公报、联合公报等。

5. 公告

公告是国家权力机关、行政机关向内外宣布重要事项或者法定事项时所用的一种公文。公告具有严肃性、庄重性、权威性、公开性的特点。公告依其性质、内容、发布机关来区分，一般可分为国家事项公告和司法公告。

6. 通告

通告是公布社会各有关方面应当遵守或者周知的事项的公文。

通告与公告的不同在于：一是二者的使用范围不同——从使用范围看，公告大于通告；二是二者宣布的事项不同——从宣布的事项看，公告内容的重要性高于通告；三是二者的制发者不同——通告可由各级机关、企事业单位与社会团体公布，而公告只能由国家行政机关或权力机关发布。

7. 意见

意见是对重要问题提出见解和处理办法的公文。上级机关可用意见表明主张，制订计划，阐明处理问题的办法和要求；下级机关可用意见提出见解和建议；平行机关可用意见提出供对方参考的见解和办法。意见具有针对性、多属性、实施性和多向性等特点。按照意见的性质，意见可分为指导性意见、建议性意见和协商性意见。

8. 通知

通知是较为常见的行政公文，属于知照性公文。通知适用于发布、传达要求下级机关执行和有关单位周知或者执行的事项，批转、转发公文。由于通知的限定性低，机动灵活，所以当处理其他公文难以归类和使用的各种事项时，常用通知来发文。

通知按其内容和作用可以分为会议通知、发布性通知、批转性通知、转发性通知、指示性通知、政策性通知、禁令性通知、事项性通知、任免通知九类，如表3-7所示。

表3-7　通知类型

分类	释义
会议通知	会议通知是以通知召开某会议的有关事项为内容的公文。其形式有两种：一种是简单的会议通知，此类通知只需明确开会的目的、时间、地点、出席人员等；另一种是较为复杂的会议通知，该类会议内容事关重大，参加人员较多，故此类通知行文时不仅要明确会议名称、会议内容、会议地点、会议时间（包括会议起止时间，以便与会人员安排自己的工作），而且应明确会议的目的、要求、议程及应准备的会议材料、会议安排等各项工作的具体情况。会议通知在写法上比较灵活、自由
发布性通知	发布性通知是上级机关发布行政规定、条例、章则、办法等规章制度和其他重要文件时使用的公文
批转性通知	批转性通知是上级机关根据工作需要和本机关的职权范围批准并转发下级机关的公文。上级机关所批转的公文必须是来自所属下级机关的。同时，通知本身就是一个批示，可以对所批转的公文加以评价或者对公文中涉及的事实加以说明、分析，还可以对如何执行和落实所批转的公文要求、措施和落实办法做出规定，或者对批转公文中的不足提出补充意见
转发性通知	转发性通知是上级机关根据工作需要，向所属下级机关转发上级机关、平级机关和不相隶属机关的公文。转发性通知使被转发公文的权威性得到证实，用以指导所属下级机关结合实际情况，正确执行公文内容或者从中学习、借鉴有关经验教训。被转发的公文成为通知的附件

分类	释义
指示性通知	指示性通知是上级机关根据工作需要和本机关的权限范围，传达要求下级机关办理和有关单位共同执行事项的公文。指示性通知和指示有类似的作用，可用于结合实际情况传达上级指示，布置有关工作，规定有关政策，使下级机关或其他单位办理或共同执行
政策性通知	政策性通知也称指示性通知或规定性通知，一般用于上级机关安排和部署某项工作，或者对于工作中出现的带有一定普遍性的新问题、新情况明确处理办法，或者对于下级机关在处理某些问题上出现的政策偏颇从全局进行衡量，提出一些解决办法，做出一些政策性的规定
禁令性通知	禁令性通知是禁止或制止妨害国家和人民利益的非法行为的公文。其行文态度严肃、措辞强硬，没有丝毫商量的余地，以达到令行禁止的目的。这类通知与通告的作用相似，也用文件的形式下达，要求有关方面坚决贯彻执行，但不一定公开张贴
事项性通知	事项性通知可以平行，也可以下行，其主要目的是让对方了解某件事情或某些情况，一般不要求执行或办理。当发文单位需要向有关方面知照某一事项或交流某些信息，如成立、合并、撤销、调整某一机构，启用新的印章，更换单位名称，更正某一次发文的差错时，可用此通知。这类通知的特点是适用性强，实效性短，政策性弱。多用于一些临时性的事务，只起告知和沟通的作用。这类通知大都不编发文号，用过之后也无须立卷归档
任免通知	任免通知是上级机关任免和聘用干部时，对所属下级机关下达的一种较为特殊的知照性公文

会议通知应开门见山，直陈其事，写清楚会议通知的有关要素，包括：召开会议的根据、原因，会议名称，会议的主持单位（主持人），会议的内容或主要目的，会议的起止时间，与会人员，会议地点，报到日期及具体报到地点，对与会人员的具体要求，联系单位（联系人），联系电话，时间等。这些方面的内容并不要求每次会议的通知都具备，其排列顺序也可以有所变化。但不管怎么写，都要做到简洁、清楚、周密，免得贻误会期，造成工作上的混乱。

事项性通知的正文结构比较简单，要开宗明义，直陈其事，写得清楚实在，使对方不仅能了解有关情况和动态，还能从中受到启发和教育，从而推动和改进工作。

9. 通报

通报是上级把有关的人和事告知下级的公文，适用于表彰先进、批评错误、传达重要精神和告知重要情况。通报的发布范围往往是一个机关或一个系统内部。通报分为表扬通报、批评通报和情况通报等类型。

10. 报告

报告是向上级机关汇报工作、反映情况，答复上级机关询问时使用的公文。报告具有内容的汇报性，语言的陈述性，行文的单向性，成文的事后性及双向沟通性等特点。

11. 请示

请示是向上级机关请求指示、批准的公文。请示具有一文一事、请批对应、事前行文等特点。请示分为请求指示的请示、请求批准的请示、请求批转的请示等类型。

12. 批复

批复是用于答复下级机关请示事项的公文。批复的特点是行文的被动性，内容的针对性，效用的权威性和态度的明确性等。

13. 议案

议案是各级人民政府按照法律程序向同级人民代表大会或人民代表大会常务委员会提请审议事项的建议和方案。议案须经议案的提出、初步审议、正式辩论、修正、表决、通过和公布等过程。议案具有制发机关的法定性，内容的特定性，时效的规定性，行文的定向性，事项的必要性和可行性等特点。

14. 函

函是不相隶属机关之间商洽工作、询问和答复问题、请求批准和答复审批事项的公文。函分为请批函、批答函和问答函。请批函是向有关主管部门请求批准的函；批答函是有关主管部门批答请批事项的函；问答函是不相隶属机关就工作问题进行询问或答复的函。问答函分为询问函和答复函。在公文使用中，要避免出现混淆文种的情况。请批函和请示都可用于请求批准，批答函和批复都可用于批答请求，因此常常出现以请示代替请批函，以批复代替批答函的错用现象。其原因在于判断行文关系不准确，应该明确：请示是有隶属关系的下级机关向上级机关行文，请批函是向没有隶属关系的主管机关行文；批复是有隶属关系的上级机关对下级机关行文，批答函是主管机关向不相隶属机关行文。

此外，要注意问答函应采用信函式格式，这种特定格式使其具有一定回收难度。

15. 纪要

纪要是记载、传达会议情况和议定事项的公文。纪要具有纪实性、提要性和指导性的特点。会议纪要按照会议类型、会议议定内容、会议任务等分为不同类别。例如按照会议类型，可分为办公会议纪要、工作会议纪要、座谈会议纪要、经验交流会议纪要、学术会议纪要等。会议纪要的起草程序包括：阅读会议文件，记好会议记录，听取小组发言，拟定思路，执笔写作。

常用行政公文的拟写将在操作技巧实例中详细阐述。

（二）商务文书的拟写

在经济公文中，应重点把握意向书、订货单、产品说明书、经济合同、招标书、投标书、专利申请书及调查报告的拟写。

1. 意向书

意向书是当事人双方或多方之间，在对某项事务正式签订条约、达成协议之前表达初步设想的意向性公文。意向书为正式签订协议奠定了基础，是协议书或合同的先导，多用于经济技术合作领域。

意向书具有协商性、灵活性、简略性的特点。意向书一经签约，便不能随意更改。意向书比较灵活，在协商过程中，当事人各方均可按各自的意图和目的提出意见，在正式签订协议、合同前亦可随时变更或补充。

2. 订货单

订货单是订购产品和货物的单据。订货单有多种样式，卖方依据所出售产品和货物的特点制作订货单，由买卖双方填写。订货单有两个特点：一是协约性，即买卖双方都应信守订货单中的各项条款；二是严肃性，订货单具有合同的性质，买卖双方都应严肃对待，不可有欺诈行为。

3. 产品说明书

产品说明书是生产商或者销售商向消费者介绍其生产、销售的产品的性能、特点、规格、型号、技术参数、维修方法、使用方法等的说明性公文。产品说明书可以分为技术性说明书、安装说明书、使用保养说明书等。不同的产品说明书，要根据相关规定分类编写。

产品说明书有三个特点：一是指导性，即指导用户了解产品和正确使用产品；二是科学性，即产品说明书应客观科学；三是通俗性，即产品说明书应通俗易懂。

4. 经济合同

经济合同（借款、买卖合同）是法人或当事人双方为实现一定的经济目的，明确权利义务关系而订立的合同。经济合同是一种合法的法律行为，因而可以保护各方当事人的平等权利和经济利益。经济合同有利于维护社会经济秩序，促进生产的专业化和协作性，有利于全面完成经济技术指标，提高经济管理水平和经济效益。

经济合同按照不同的标准，可以划分为不同的种类，如表 3-8 所示。

表 3-8 经济合同类型

划分标准	划分类别
内容	买卖合同，建设工程合同，承揽合同，运输合同，供应电、水、气、热力合同，仓储合同，保管合同，租赁合同，借款合同和技术合同等
订立依据	计划合同、非计划合同
订立时间	长期合同、中期合同、短期合同、年度、季度、月、旬合同等
形式	条文式合同、表格式合同、文表结构式合同

5. 招标书

招标书是招标人利用投标者之间的竞争达到优选买主或承包的目的，从而利用各地甚至各国的优势于一家的商品交易行为所形成的书面文书。这是订立合同的一种法律形式。

6. 投标书

投标书是投标文件中较主要的一种文书。它是投标单位在充分领会招标文件，进行现场实地考察和调查的基础上所编制的申请文件。投标书是对招标书提出的要约的响应与承诺，同时它也提出具体的标价及有关事项来竞标，所以它又是对招标单位的要约。

投标书经密封后邮寄或派专人送到招标单位，所以投标书又称标函。在招标文件中，只有标底是保密的，与此相反，标函的内容在正式开标之前是全部保密的，这是一种竞争策略。

投标书的写法，往往采用报表的形式，内容与招标书相对应，一般包括承包项目的名称、完成日期、数量、价格，以及投标单位的名称、联系人、地址、电话、电报等。投标书必须对招标的条件和要求做出明确的回答和说明。文字要简洁，数量、价格等数字要清楚无误。

7. 专利申请书

专利申请书由发明名称，发明人或者设计人的姓名，申请人姓名或者名称、地址，以及其他事项组成。

8. 调查报告

调查报告是对某一情况、事件、经验或问题，根据市场调查研究结果而写出的有情况、有分析的书面报告。它要求将调查研究的结果客观、真实、及时地反映出来。根据调查的对象和报告的内容，调查报告可分为情况调查报告、经验调查报告、问题调查报告、学术调查报告四种。

（三）事务文书的拟写

在事务文书中，应重点掌握邀请信、感谢信、贺信（电）、请柬、欢迎词和祝酒词、答谢词的拟写。

1. 邀请信

邀请信是各级机关、企事业单位与社会团体举办重要活动，召开重要大会，邀请上级领导、协作单位和有关人士参加所用的信函。邀请信与请柬有相似之处，但使用范围比请柬广泛，信息容量更大，如一些重大的商业活动经常以邀请信的形式邀请社会各界人士参加。

2. 感谢信

感谢信是各级机关、企事业单位、社会团体和个人，对帮助、支持过自己工作的单位或个人表达谢忱的信函。这种信函的写作者一般是受助者本身或受助一方的代表，写信的目的在于表示不忘对方的关爱和帮助，肯定对方的事迹和风格，表达自己的感激和谢意。

感谢信是一种礼仪文书，用于商务活动中的许多非协议性的场合。感谢信有两个特点：一是真实性，即感谢的对象、叙述的事情要真实；二是感召性，即既会使被感谢的一方受到鼓舞和鞭策，又对感谢一方及其他人产生一定的感染力和号召力。

3. 贺信（电）

贺信（电）是表示祝贺、赞颂的函电，一般用于领导机关、企事业单位或个人对取得巨大成绩、做出卓越贡献的集体或个人表示祝贺，或者对国际、国内发生的重大喜事及一些重要会议、节日、婚礼、寿辰表示祝贺。贺信（电）的篇幅一般比较简短，感情充沛，文字明快。贺信（电）既可以宣读，也可以通过邮寄或电子邮件方式送达对方。

贺信（电）有两个特点，一是祝贺性：贺信（电）的使用目的主要体现在"贺"字上，祝贺者通过这种形式表达对他人的祝贺和赞颂——这种由衷的祝愿可以增进了解、加深友谊、促进团结合作。二是信电性：贺信（电）通过电文的拍发达到祝贺的目的，庆贺者无法当面宣读，只能由受贺者收后阅读——这就要求语言既要热烈真挚，又要简洁精练。

4. 请柬

请柬又称请帖、柬帖，它是各级机关、企事业单位、社会团体或个人邀请有关人员参加某项活动而专门制发的信柬。请柬的使用范围十分广泛，比起一般的信函更具庄重性，所以一般只有在遇到较大的事件或在庄重的场合下才会使用，以示对被邀请者的尊重。请柬有时也被用作入场和报到的凭证。

制作请柬一般用红纸或较为鲜艳的彩色纸，封面可用花边、图案等装饰。请柬文字应表意周全，措辞简洁、文雅、庄重。请柬不宜滥用，应与会议通知有所区分。

5. 欢迎词和祝酒词

欢迎词是来宾光临时，主人为表示欢迎，在座谈会、宴会、酒会等场合发表的热情友好的正式讲话。有时，欢迎词和祝酒词（仅比欢迎词多一个祝酒词令）可以互用。欢迎词的写作重点应落在对宾客的热烈欢迎之情上，要体现出迎客的诚意。

6. 答谢词

答谢词是在特定的公关礼仪场合，主人致欢迎词或欢送词后，客人所发表的对主人的热情接待和多方关照表示谢意的讲话。答谢词也指客人在举行必要的答谢活动中所发表的感谢主人的盛情款待的讲话。答谢词的写作重点在于表达出对主人的殷勤好客的真挚感谢之情。

二、操作技巧实例

实例一 拟写命令（令）、决定、公告、通告

问题： 公司经理希望新任秘书能在短时间内掌握包括命令（令）、决定、公告、通告在内的行政公文的拟写，以便尽快胜任工作。秘书只要掌握了它们的基本格式要求就能够以不变应万变。那么各类行政公文在书写格式上有哪些基本要求？

解决方法： 命令（令）一般由标题、文号、主送机关和正文四部分组成；决定一般由首部、正文和尾部三部分组成；公告一般由标题、正文、签署、日期和编号五部分组成；通告一般由标题、正文和落款三部分组成。

1. 命令（令）的格式要求与例文

命令（令）一般由标题、文号、主送机关和正文四部分组成。

（1）标题。命令（令）的标题有多种式样，或制发机关（作者）加文种，或制发机关、事由、文种齐全，或直接用文种作为标题，或用"授予"式标题。

（2）文号。文号有两种形式，一种是机关代字、年号、序号齐全的"齐全式"，另一种是序号式。

（3）主送机关。多数嘉奖令都有主送机关。

（4）正文。正文可采用一段式、两段式或三段式格式。

例文：

××××令

第××号

《×××××》（法规名称）已由××大会于××××年××月××日通过，现予发布，自公布之日起实施。

××（职务）×××（姓名）

××××年××月××日

2. 决定的格式要求与例文

决定一般由首部、正文和尾部三部分组成。

（1）首部。首部一般包括标题和成文时间两项内容。

（2）正文。正文一般包括开头、主体和结尾。

（3）尾部。尾部即发文机关和日期。

例文：

××关于×××××的决定

（××××年××月××日由××大会通过）

××大会，根据××××的规定，决定：

一、×××××；

二、×××××；

……

×××× （印章）

××××年××月××日

3. 公告的格式要求与例文

公告一般由标题、正文、签署、日期和编号五部分组成。

（1）标题。标题的写法有两种：一是只写发文机关的名称加上文种；二是只写公文文种"公告"二字，而将发文机关的名称置于正文之后，或事由加文种。

（2）正文。正文一般采用一段式写法，由公告的依据和公告事项两部分组成。

（3）签署。签署应写发布公告机关的全名，若以个人名义发布，则应在姓名前写上职务。

（4）日期。署公告发布的日期。

（5）编号。应在标题下单独编号。

例文：

××公司第××届董事会第××次董事会会议公告

（××）××字第××号

本公司及董事保证公告内容的真实、准确和完整，对公告的虚假记载、误导性陈述或者重大遗漏负连带责任。

××公司（本公司）第××届董事会第××次董事会会议于××××年××月××日至××日以远程视听会议形式在本公司会议室召开，会议应到董事××名，实到董事××名。会议举行符合《中华人民共和国公司法》及公司章程的规定。会议由××主持，讨论并通过了如下决议：

一、××××，其中同意××票，反对××票，弃权××票。

二、××××，其中同意××票，反对××票，弃权××票。

……

特此公告。

××公司董事会

××××年××月××日

附件一：××公司董事会会议议事规则

附件二：××公司经理工作细则

4. 通告的格式要求与例文

通告一般由标题、正文和落款三部分组成。

（1）标题。通告的标题一般有四种构成形式：一是由发文机关名称、事由和文种构成；二是在文种前冠以发文机关名称；三是由事由和文种构成；四是只写文种"通告"。

（2）正文。通告的正文一般由开头、主体、结尾和结语四部分组成。

（3）落款。标题有发布单位的，后面无落款；标题没有发布单位的，落款要注明发布单位。

例文：

××关于××××× 的通告

（××）××字第××号

为了×××××，根据×××××，决定×××××，现将有关事项通告于后：

一、×××××（必须知晓的事项）

二、×××××（对办理者的要求）

三、×××××（办理的手续或程序）

四、×××××（承办单位，承办人及办理的时间、地点，联系方法）

……

实例二 拟写会议通知、通报和会议纪要

问题：由于公司近期接连出现安全事故，公司经理临时决定于某日上午召开各部门负责人会议，要求秘书将会议通知拟好后迅速通知各部门。公司将根据会议研究的结果追究主要当事人的责任，并进行事故通报。公司经理要求秘书于会后当日将会议情况以纪要的形式整理好后送交一份给他审阅。秘书应如何拟写会议通知、事故通报和会议纪要？

解决方法：会议通知一般由标题、主送机关、正文、落款和日期四部分组成；通报一般由首部、正文和尾部三部分组成；会议纪要一般由标题、正文和尾部三部分组成。

1. 会议通知的格式要求与例文

会议通知一般由标题、主送机关、正文、落款和日期四部分组成。

（1）标题。标题主要由发文机关、事由和文种组成。有些情况特殊的通知，在标题中应写明性质，在"通知"前加上说明词语，如"紧急通知""补充通知""联合通知"等。

（2）主送机关。在标题下、正文前应顶格写受文的单位或个人。

（3）正文。正文包括通知的缘由、通知事项、通知要求三部分。

（4）落款和日期。落款和日期写在正文右下方。

例文：

会议通知

公司各部门：

我公司定于××月××日上午××点在公司三层会议室召开各部门经理会议，会议主题是研讨安全生产制度等问题。请各部门经理或副经理一人准时参加。详细内容登录我公司网站查阅。

×××× （印章）

××××年××月××日

2. 通报的格式要求与例文

通报一般由首部、正文和尾部三部分组成。

（1）首部。首部主要包括标题和主送机关两个项目内容。

（2）正文。正文通常由开头、主体和结尾组成：开头说明通报缘由，主体说明通报决定，结尾提出通报的希望和要求。

（3）尾部。尾部应写明发文机关和日期。

例文：

关于我公司安全事故的通报

××字〔××××〕第××号

公司各部门：

×××××（叙案，介绍事故主要情况、事故性质及其影响），为了×××××（目的），根据×××××，公司决定××××××（决定事项），×××××（应吸取的教训），×××××（确保今后不再发生此类事故的措施）。

×××× （印章）

××××年××月××日

3. 会议纪要的格式要求与例文

会议纪要一般由标题、正文和尾部三部分组成。

（1）标题。标题由会议名称和文种构成。

（2）正文。正文由首部和主体构成。首部介绍会议概况，包括会议名称，会议时间，会议地点，会议主席（主持人），会议出席、列席和缺席情况，会议记录人签名六项内容。主体介绍会议内容，包括会议议题、发言人、发言内容及会议决议。

（3）尾部。正文右下方应由会议主持人和会议记录人分别签字。

例文：

× × × × ×会议纪要

× × × ×年× ×月× ×日到× ×月× ×日，由× × ×主持，召开了× × × × ×大会，参加大会的有× × ×、× × ×、× × ×，共计3人。

会议的中心议题是× × × × ×，围绕中心议题，讨论了× × × × ×等问题。

会议听取了× × × × ×，回顾了× × × × ×，总结了× × × × ×，分析了× × × × ×，做出了如下决定：

一、× × × × ×；

二、× × × × ×；

……

会议指出：× × × × ×（贯彻会议精神的任务和要求）。

× × × ×（希望或号召）。

× × × ×（印章）
× × × ×年× ×月× ×日

实例三　会议纪要与会议记录的区别

问题： 秘书在进行会议公文写作时，经常搞混会议纪要与会议记录。二者的主要区别是什么？

解决方法： 会议纪要与会议记录的区别有：一是性质不同。会议纪要是规定性行政公文；而会议记录是记录会议情况和议定事项的事务性文书。二是内容的繁简程度不同。会议纪要的内容是对会议记录进行整理、提炼而形成的会议内容的要点，重点体现会议的宗旨；而会议记录是对会议情况的原始、详尽的记录，重点体现会议的过程性和具体性。三是形式有所不同。会议纪要具有公文的规范格式，而会议记录的形式则比较灵活和自由。会议纪要通常采用总分式结构，而会议记录则采用顺时结构。四是处置方式和作用不同。会议纪要一般可以以文件的形式发布或在报刊上公开发表，用来"传达会议情况和议定事项"；而会议记录只作为内部资料，以备查考。

实例四　拟写会议议案和报告

问题： 公司将于年底召开一年一度的职工代表大会，公司经理将在会上做重要报告。公司经理要求秘书围绕中心议题拟就提请会议审议的基本议案，同时尽快将经理报告稿完成后交经理审阅。秘书应如何拟写会议议案和报告呢？

解决方法： 会议议案一般由标题、正文和签署三部分组成；报告一般由标题、正文、落款和日期三部分组成。

1. 会议议案的格式要求与例文

会议议案一般由标题、正文和签署三部分组成。

（1）标题。文号多用"函"字，立法议案后应加上"草案"二字。

（2）正文。正文应先写明提议案的送达机关，一般为某次会议；再另起一行，写明提议案的原因、目的与意义，此议案事项的形成过程，提出审议要求或请求的具体内容。

（3）签署。正文后应写明议案提议人（包括职务）、日期。

例文：

××关于提请审议《×××××》的议案

××字〔××××〕第××号

××××：

为了×××××，根据×××××，经过×××××，我们草拟了《×××××》，现提请审议。

附：《×××××》

××××（印章）（职务）

××××年××月××日

2. 报告的格式要求与例文

报告一般由标题、正文、落款和日期三部分组成。

（1）标题。标题既可以由发文机关、报告内容和报告组成，也可由事由和文种组成，从而省略其发文单位。

（2）正文。正文一般包括开头、主体和结尾。

（3）落款和日期。落款先写发文单位全称，再写成文日期。

例文：

××关于×××××的报告

××字〔××××〕第××号

××××：

在过去的一年里，我公司×××××（所从事的工作或所进行的活动，基本做法，总的成绩，总的体会和存在的问题），现将有关情况报告如下：

一、×××××（背景、条件、经过和成果）

二、×××××（做法和体会）

三、×××××（存在或遇到的问题）

四、×××××（今后的打算）

以上报告，请审查。

××××（印章）

××××年××月××日

实例五　拟写请示、批复、意见和函

问题： 公司秘书经常在请示、批复、意见和函等行政公文的拟写过程中出现小的问题，不是结束语写法不准确，就是语气欠妥。秘书在拟写此类行政公文时除注意基本格式外，还应分别注意哪些问题？

解决方法： 请示、批复一般由标题、正文、签署和日期三部分组成；意见和函一般由标题、主送机关、正文、落款和成文日期四部分组成。

1. 请示的格式要求与例文

请示一般由标题、正文、签署和日期三部分组成。请示应坚持一文一事的原则，请示的目的要明确，理由要充分，不要滥用请示，更不要多头主送。

（1）标题。标题由请示单位的法定名称、事由和文种组成。

（2）正文。正文包括请示缘由、请示事项及请示批准的希望或要求。

（3）签署和日期。正文后应写明请示单位的全称和请示正式签发的日期，日期应为完整的年、月、日。

例文：

××关于×××××的请示

××字〔××××〕第××号

××××：

鉴于×××××，根据×××××，为了×××××，拟×××××，特将有关事项请示如下：

一、×××××；

二、×××××；

……

以上各项，请审查批复。

附：×××××

××××（印章）

××××年××月××日

2. 批复的格式要求与例文

批复一般由标题、正文、签署和日期三部分组成。批复要一事一批，态度明确，措辞准确，依据充分，且篇幅不宜过长。

例文：

××关于××××的批复

××字〔××××〕第××号

××××：

　　你部门×××于××××年××月××日送来《关于××××的请示》，经研究，批复如下：

　　一、×××××；

　　二、×××××；

　　……

　　此复。

××××（印章）

××××年××月××日

　　3. 意见的格式要求与例文

　　意见是对重要问题提出见解和处理办法的公文。按照意见的性质，可分为指导性意见、建议性意见和协商性意见三种。意见的格式一般由标题、主送机关、正文、落款和成文日期四部分组成。

　　（1）标题。标题有两种，一是写明发文机关、事由和文种；二是写明事由和文种。

　　（2）主送机关。意见一般需要写明主送机关，上行、平行意见通常写一个主送机关，下行意见则通常写多个主送机关。

　　（3）正文。正文的结构包括发文缘由、意见事项和结尾。

　　（4）落款和成文日期。标明单位名称及成文时间。

例文：

××关于加强××××工作的意见

××××：

　　为了×××××，现就加强××××工作特提出以下意见：

　　一、×××××；

　　二、×××××；

　　……

　　以上意见请遵照执行。

××××（印章）

××××年××月××日

例文：

关于纠正×××××问题的意见

××××：

×××××问题已经影响到企业的发展，为了×××××，提出如下意见：

一、×××××；

二、×××××；

……

以上意见妥否，请批示。

×××× （印章）

××××年××月××日

4. 函的格式要求与例文

函按性质可分为请批函、批答函和问答函，其中问答函包括询问函、答复函。

请批函与批答函一般由标题、主送机关、正文、落款和成文日期组成。正文由发文缘由、事项和尾语构成。在发文缘由部分，请批函应说明发函的原因、根据或背景等；批答函应有引语，即引述对方函的标题、发文字号，表示已收悉并进行了研究处理。在事项部分，凡请批函均应说明具体事项，即要求主送机关协办的事项，或要求解决的问题等；凡批答函均应回复发函机关的事项，批答其提出的请求。在尾语部分，请批函与批答函各有惯用尾语，如"请审查批准""特此函复"等。请批函与批答函应采用信函式格式。

询问函与答复函一般由标题、主送机关、正文、落款和成文日期组成。询问函与答复函的发文缘由不同，询问函的发文缘由一般是说明发函意义、根据或背景，而答复函的发文则用引语开头，引语须引述对方函的标题、发文字号，表示收悉。在事项上，询问函常说明要求主送机关协办的事项，通报的信息，或要求解决的问题等；答复函则回复发函机关提出的问题。在尾语上，询问函常用"请速回复"，而答复函则用"特此函复"等。询问函与答复函应采用信函式格式。

例文：

××关于×××××的函

××字〔××××〕第××号

××××：

为了×××××，根据×××××，我们拟×××××：

一、×××××；

二、×××××；

......

此上各项，请查照，并希见复。

×××× （印章）

×××× 年 ×× 月 ×× 日

例文：

关于建立各地校友联络组暨筹备 ×× 年校庆有关事宜的函

××× 大学校友：

×××× 年，母校将迎来 ×× 华诞，这是学校发展史上的一件盛事。学校决定举行隆重庆典活动。为搞好母校 ×× 年校庆，请各地、市校友协助开展以下工作：

一、建立各地校友联络组……

二、推荐校友联络组成员……

......

××× 大学校庆办公室

×××× 年 ×× 月 ×× 日

联系人：×××

电话：××××× 传真：×××××

E-mail：×××××

实例六 拟写意向书、经济合同、订货单

问题： 随着公司业务的展开，秘书需要经常拟定某项事务的意向书，为进一步正式签订合同、协议奠定基础。秘书需要掌握的意向书、经济合同的基本格式是什么？办公室需要经常添置办公设备等办公用品，此类订货单应如何拟定？

解决方法： 意向书一般由标题、正文和尾部三部分组成；经济合同一般由标题、合同当事人、正文和结尾四部分组成；订货单样式繁多，但也有基本格式的要求，一般由标题、正文和尾部三部分组成。

1. 意向书的格式要求与例文

意向书是"协议书"或"合同"的先导，多用于经济技术的合作领域。意向书的语言要准确，表达要清楚，且应忠实于洽谈内容。意向书一般由标题、正文和尾部三部分组成。

（1）标题。标题由项目名称和文种组成。

（2）正文。正文由导语、主体和结尾组成。导语应写明合作各方当事人单位的全称，双方接触的简要情况，磋商后达成的意向性意见。主体应分条款写明达成的意向性意见，可参照合同或协议的条款排列。结尾可写明"未尽事宜，在签订正式合同或协议书时再予以补充"一语，以便留有余地。

（3）尾部。正文后应署明意向书签订各方的法定名称、代表人姓名并加盖公章、私章及日期。

例文：

意向书

甲方：×××公司

乙方：×××公司

日期：××××年××月××日

地点：×××大酒店

双方为合作开发××××事宜，签订本意向书。

一、基本构想（略）

二、合作工作实施（略）

三、其他

1. 有效期

从签字生效起两年内有效。

2. 终止

（1）双方缔结了进一步的条约。

（2）超过有效期。

（3）双方表示不再探讨合作。

3. 份数

中文4份，双方各2份。

甲方	乙方
×××公司	×××公司
代表：×××	代表：×××
××××年××月××日	××××年××月××日

2. 经济合同的基本格式与例文

经济合同一般由标题、合同当事人、正文和结尾四部分组成。

（1）标题。标题一般应写明合同的性质和文种两项内容，如"购销合同"。

（2）合同当事人。标题下应写明合同当事人的名称。名称应写全称，为了以下行文的方便和简要，可用"甲方""乙方"或"供方""需方"简称，并在合法当事人名称后用括号标明，合同当事人名称可以并列书写，也可以按行文顺序前后书写。

（3）正文。正文是经济合同的核心部分，一般包括以下内容：①订立合同的目的和依据。②合同的主要条款。《中华人民共和国民法典》第四百七十条规定，合同应具备的主要条款包括当事人的姓名或者名称和住所，标的，数量，质量，价款或者报酬，履行期限、地点和方式，违约责任，解决争议的方法。③合同当事人议定的其他条款，包括产品的包装、验收，危险品、易变质品的保管、运输等条款；合同附件（表格、图纸实样）、合同的有效期限、合同份数及保存等。

（4）结尾。结尾可包括签约单位各方及代表人签章；签约单位的地址、电话，开户银行和账号；签约部门的意见及印章；签约日期。

例文：

××购销合同

甲方（供方）：＿＿＿＿＿＿＿＿＿＿＿＿

乙方（需方）：＿＿＿＿＿＿＿＿＿＿＿＿

签订日期：＿＿＿＿年＿＿月＿＿日

签订地点：＿＿＿＿＿＿＿＿＿＿＿＿＿

甲乙双方经充分协商，签订本合同，共同信守。

一、产品名称、数量、价格

产品名称、牌号或名称	产地或国别	型号、规格或花色、品种	等级	计量单位	数量	单价	折扣	金额

合计金额：（人民币）　佰万　拾万　万　仟　佰　拾　元　角　分

二、质量、技术标准和检验方法、时间及负责期限：＿＿＿＿＿＿＿

＿＿＿＿＿＿＿＿＿＿＿＿＿＿＿＿＿＿＿＿＿＿＿＿＿＿＿＿＿

三、交（提）货日期：＿＿＿＿＿＿＿＿＿＿＿＿＿＿＿＿＿＿＿＿＿

＿＿＿＿＿＿＿＿＿＿＿＿＿＿＿＿＿＿＿＿＿＿＿＿＿＿＿＿＿

四、交（提）货及验收方法、地点、期限：＿＿＿＿＿＿＿＿＿＿

＿＿＿＿＿＿＿＿＿＿＿＿＿＿＿＿＿＿＿＿＿＿＿＿＿＿＿＿＿

五、包装标准、要求及供应、回收、作价方法：＿＿＿＿＿＿＿＿

＿＿＿＿＿＿＿＿＿＿＿＿＿＿＿＿＿＿＿＿＿＿＿＿＿＿＿＿＿

六、运输方式、到达港（站）及运杂费负担：＿＿＿＿＿＿＿＿＿

＿＿＿＿＿＿＿＿＿＿＿＿＿＿＿＿＿＿＿＿＿＿＿＿＿＿＿＿＿

七、配件、备品、工具等的供应方法：＿＿＿＿＿＿＿＿＿＿＿＿

＿＿＿＿＿＿＿＿＿＿＿＿＿＿＿＿＿＿＿＿＿＿＿＿＿＿＿＿＿

八、超欠幅度：交货数量超欠在＿＿＿＿＿%范围内，不做违约论处。

九、合理磅差、自然减（增）量的计算：＿＿＿＿＿＿＿＿＿＿＿＿

＿＿＿＿＿＿＿＿＿＿＿＿＿＿＿＿＿＿＿＿＿＿＿＿＿＿＿＿＿

十、给付定金数额、时间、方法：＿＿＿＿＿＿＿＿＿＿＿＿＿＿＿

＿＿＿＿＿＿＿＿＿＿＿＿＿＿＿＿＿＿＿＿＿＿＿＿＿＿＿＿＿

十一、结算方式及期限：＿＿＿＿＿＿＿＿＿＿＿＿＿＿＿＿＿＿＿

＿＿＿＿＿＿＿＿＿＿＿＿＿＿＿＿＿＿＿＿＿＿＿＿＿＿＿＿＿

十二、保险费：以_____方名义，由_____方按本合同总值_____%投保，保险费由_____方负担。

十三、违约责任：供方不能交货，需中途退货的，向对方偿付不能交货或中途退货货款总值的_____%的违约金。

十四、其他：_____

_____

未尽事宜，均按《中华人民共和国民法典》规定执行。

甲方：   乙方：

代表：×××   代表：×××

×××× 年 ×× 月 ×× 日   ×××× 年 ×× 月 ×× 日

3. 订货单的格式要求与例文

订货单有多种样式，结构灵活多样，一般由标题、正文和尾部三部分组成。

（1）标题。标题可以由货物名称和文种组成，或由单位名称和文种组成，或者只写文种。

（2）正文。正文一般包括买卖双方信息，订货信息，配送方式及配送地点信息，支付方式及银行账户，买方的意见和要求。

（3）尾部。尾部应由经办人签字或加盖公章及成文日期。

制作订货单可注明有效期限；金额巨大的大宗货物交易，不宜用订货单的，可考虑签订订货合同。

例文：

订货单

FROM			TO			
单位名称			名　称			
发货地址			地　址			
联系人		电　话	联系人			
传　真		邮　编	电　话			
结算方式		发票性质	传　真			
要求发送方式			邮　编			
税　号			账　号			
开户行			希望到货时间			
品名规格			单　位	数　量	单　价	金　额
1						
2						
3						
4						
总金额	大写：佰万　拾万　万　仟　佰　拾　元　整（单位：人民币）					

实例七　拟写招标书、投标书、专利申请书

问题：有的秘书为自己不能很好地拟写招标书、投标书及专利申请书而苦恼，其实只要掌握了基本要领就可以应对了。拟写招标书、投标书及专利申请书有哪些要求？

解决方法：招标书分为招标公告、内部招标文件、科技项目招标书。投标书往往采用报表的形式，一般由标题、正文和结尾三部分组成；专利申请书由发明名称、发明人（设计人）姓名和地址、申请人、代理人、代表人、申请文件清单、附加文件清单等主要项目组成。

1. 招标书的格式要求与例文

招标书分为招标公告、内部招标文件、科技项目招标书。

（1）招标公告。招标公告由标题、正文和落款三部分组成。

①标题。标题由招标单位名称及文种构成。

②正文。正文由前言、主体和结尾组成。前言写明招标单位的基本情况和招标目的；主体包括文件编号、招标项目名称、招标范围、招标投标方法、招标时限、招标地点等；结尾写明招标单位的名称、地址、电话号码等。

③落款。落款一般写明拟定招标公告的日期。

（2）内部招标文件。内部招标文件由标题和正文两部分组成。

①标题。标题有四种形式：一是完全性标题，由招标单位、招标性质和内容、招标形式及文体组成；二是不完全性标题，由招标单位、招标形式及文体构成；三是只写文种名称；四是广告性标题，这种标题灵活、醒目。

②正文。正文主要说明招标宗旨，介绍招标的法律依据，招标、投标、开标的要求，招标的方法、时间、程序，投标单位须知，以及招标、投标双方应遵守的原则等。投标单位须知即没有写进招标公告和招标章程而投标单位又必须做到的一些具体问题。此文件用表格表述较为适宜。

（3）科技项目招标书。科技项目招标书一般由招标广告和招标任务书两部分组成。科技招标广告（公告）一般包含招标号（即招标编号）、招标原则、招标项目、招标起止日期。工程项目招标书应写明招标号、建设单位名称及联系人、工程项目建设地点、工程内容、建筑面积、质量要求、建设工期及招标截止日期。

例文：

×××设备采购招标公告
×××采购招标〔××××〕××号

×××采购中心受×××委托，现就×××采购项目进行国内公开招标，欢迎国内合格的供应商前来投标。

1. 招标编号：×××

2. 招标货物名称及数量：×××

3. 售标书日期：××××年××月××日至××日××点至××点（北京时间）

售标书地址：×××

4. 投标地址：×××

投标日期：××××年××月××日××点至××点（北京时间）

5. 开标地址：同投标地址

开标日期：××××年××月××日××点（北京时间）

6. 联系人：×××　×××　×××

联系电话：×××××

传真电话：×××××

联系地址：××××

邮政编码：××××

××××年××月××日

2. 投标书的格式要求与例文

投标书往往采用报表的形式，一般由标题、正文和结尾三部分组成。

（1）标题。在第一页的第一行，居中写明"投标书"字样，表明文种；第二行偏右写清楚投标的日期。

（2）正文。采用横式并列的结构，将投标的项目名称、数量、技术要求、商品价格、商品规格、交货日期等逐项说明。如果内容繁杂，往往需要列表填写。

（3）结尾。写清投标人的名称、地址、电话、电报等，以便招标单位与之联系。

投标书必须对招标的条件和要求做出明确的回答和说明；文字要简洁，数量、价格等数字要清楚无误。

例文：

×××工程施工投标书

××××年××月××日

根据×××××工程施工招标书和设计图的要求，我公司完全具备承包施工条件，决定对此项工程投标，具体说明如下：

一、综合说明：×××

二、标价：×××

三、主要材料耗用指标：×××

四、总标价：×××

五、工期：

开工日期：××××年××月××日；

竣工日期：××××年××月××日；

施工日期天数：××天。

六、工程计划进度：×××

七、质量保证：×××

八、主要施工方法和安全措施：×××

九、对招标单位的要求：

×××

十、坚持勤俭节约原则，杜绝浪费现象。

投标单位：×××工程总公司（公章）

负责人：×××（盖章）

电话：××××

传真：××××

电报：××××

3. 专利申请书的种类

根据《中华人民共和国专利法》的规定，专利的申请主要有发明专利、实用新型专利和外观设计专利申请。申请专利时，应根据国家知识产权局的要求提交相关的文件。申请发明专利应当提交的申请文件包括：发明专利申请书、权利要求书、说明书、说明摘要书，有附图的应同时提交附图及摘要附图。申请实用新型专利应当提交的申请文件包括：实用新型专利请求书、权利要求书、说明书、说明书附图、说明书摘要、摘要附图。申请外观设计专利应当提交的申请文件包括：外观设计专利请求书、外观设计图片或照片，必要时应当提交外观设计简要说明。以上文件由国家专利局制成表格，可在国家知识产权局网站下载。

下面以专利请求书为例做介绍。专利请求书由发明、实用新型、外观设计的名称，发明人（设计人）的姓名和地址，申请人，代理人，申请文件清单，附加文件清单等主要项目组成。

（1）名称。应明确表示申请发明专利或实用新型专利的具体名称，力求简短、准确，一般不超过25个字。外观设计的产品名称应简单、明确、简短，准确地表明请求保护的产品。产品名称以1~10字为宜，一般至多15~20字，并且名称应与说明书等各种文件的名称一致。

（2）发明人（设计人）的姓名和地址。发明人（设计人）应当是人，要填写真实姓名，如果有两个以上的发明人（设计人），应先自左向右、再自上而下依次填写。如果发明人（设计人）请求专利局不公布其姓名，可注明"不公布姓名"。

（3）申请人。申请人可以是人，也可以是单位。当申请人是人时，应当填写本人真实姓名，不得使用笔名或其他非正式的姓名。当申请人是单位时，应填写单位正式全称，并与所使用的公章上的单位名称一致。

（4）代理人。申请人委托代理机构的，必须填写已在国家知识产权局注册的专利代理机构名称并注明注册代码，加盖专利代理机构的公章。专利代理机构指定的代理人不得超过两人，并要注明专利代理人工作证书号码。

（5）申请文件清单。申请文件清单包括请求书、说明书摘要、摘要附图、权利要求书、说明书、说明书附图。

（6）附加文件清单。附加文件清单包括费用减缓请求书、费用减缓请求证明、转让证明、专利代理委托书、在先申请文件副本、原申请文件副本和其他证明文件等。发明专利申请还要求提交提前公开声明、实质审查请求书及参考资料等。

例文：

发明专利申请书

		此框内容由专利局填写	
发明名称		申请号 （发明）	
		分案 提交日	
发明人		申请日	
		费减 审批	
		挂号号码	
申请人	第一申请人	姓名或名称		
		单位代码或个人身份证号		
		国籍或居所地国家或地区		电话
		地址	邮政编码	省、自治区、直辖市名称	市（县）名称
			城区（乡）、街道、门牌号		
	第二申请人	姓名或名称		
		国籍或居所地国家或地区	电话	
		邮政编码	地址	
	第三申请人	姓名或名称		
		国籍或居所地国家或地区	电话	
		邮政编码	地址	
联系人	姓名	电话	
	邮政编码	地址	
确定非第一署名申请人为代表人声明 特声明第_____署名申请人为申请人的代表人			

代理	代理机构	名　　称			代码	
		邮政编码			电话	
		地　　址				
	代理人1	姓　　名		代理人2	姓　　名	
		工作证号			工作证号	
		电　话			电　话	

分案申请	原申请号	针对的分案申请号	原申请日　年　月　日

发明名称	

生物材料样品保藏	保藏单位		地　　址	
	保藏日期　年　月　日		保藏编号	分类命名
	本申请涉及的生物材料样品的保藏信息在说明书第_____页中			

要求优先权声明	在先申请国别或地区	在先申请日	在先申请号	不丧失新颖性宽限期声明	□ 已在中国政府主办或承认的国际展览会上首次展出 □ 已在规定的学术会议或技术会议上首次发表 □ 他人未经申请人同意而泄露其内容
				保密请求	□ 本专利申请可能涉及国家重大利益，请求保密处理 □ 是否已提交保密证明材料

申请文件清单
1. 请求书　　　份　每份　　页
2. 说明书摘要　份　每份　　页
3. 摘要附图　　份　每份　　页
4. 权利要求书　份　每份　　页
5. 说明书　　　份　每份　　页
（其中序列表　份　每份　页）
6. 说明书附图　份　每份　　页

权利要求的数　　项

附加文件清单
□ 费用减缓请求书　　　　　份　每份　　页
□ 费用减缓请求证明　　　　份　每份　　页
□ 提前公开声明　　　　　　份　每份　　页
□ 实质审查请求书　　　　　份　每份　　页
□ 实质审查参考资料　　　　份　每份　　页
□ 转让证明　　　　　　　　份　每份　　页
□ 专利代理委托书　　　　　份　每份　　页
□ 在先申请文件副本　　　　份　每份　　页
□ 在先申请文件副本首页译文　份　每份　　页
□ 原申请文件副本　　　　　份　每份　　页
□ 其他证明文件（注明文件名称）

全体申请人或专利代理机构签章 年　月　日	专利局对文件清单的审核 年　月　日

实例八　拟写调查报告

问题：每个企业都需要定期或不定期地进行市场调查，对企业内部管理状况或企业面对的市场状况等进行现状分析。调查是秘书的一项重要工作，调查结束后要形成有力度的调查报告。那么，拟写调查报告时应注意哪些要求？

解决方法：调查报告要求将调查研究的结果客观、真实、及时地反映出来，调查报告由标题、开头、主体和结尾四部分组成。

1. 标题

标题通常是用简要的语言表达全文的主题或论题。

2. 开头

开头包括调查报告的拟写依据，报告的研究目的或主旨，调查的范围、时间、地点及所采用的调查方法、方式。有的调查报告还在前言中极简要地列出了报告的摘要。

3. 主体

主体是报告的正文，主要包括情况部分、结论或预测部分、建议和决策部分。

（1）情况部分。情况部分是对调查结果的描述与解释说明，可以用文字、图表、数字加以说明；对情况的介绍要详尽而准确，从而为提出结论和对策提供依据。

（2）结论或预测部分。结论或预测部分通过对资料的分析研究，得出针对调查目的产生的结论，或者对市场未来发展、变化趋势的预测。为了条理清楚，该部分往往分为若干条叙述，或列出小标题。

（3）建议和决策部分。建议和决策部分是经过调查资料的分析研究，发现了市场的问题，预测了市场未来的变化趋势后，提出的有关市场的对策、建议或看法。

4. 结尾

结尾应指出规律或得出结论。

例文：

×××调查报告

调查范围：××××××

调查方式：×××派出调查员进入×××通过访谈填答问卷

调查时间：××××年××月至××月

调查统计时间：××××年××月××日

本次调查由××××××组织的×××××执行，这是该课题组于××××年进行的第××次全国×××的抽样调查。

这次调查包括了中国内地31个省、自治区、直辖市，由各地×××派出调查员进入×××企业，通过访谈填答问卷，调查时间为××××年××月至××月，调查统计时间统一规定为××××年××月××日。

××××年年底，全国共有××企业××万户，按××‰比例发出问卷××份，回收有效问卷××份，有效回收率为××％，有效问卷数约占全国××企业总数的××‰。为了对部分××企业进行动态研究，这次问卷调查还对××户在××××年已经调查过的××企业进行跟踪调查。

现将主要调查数据做如下分项分析。

一、××××××

二、××××××

……

课题组负责人：×××

课题组主要成员：×××

课题组各地实施调研负责人：×××

课题方案和问卷设计：×××

数据处理：×××

报告执笔：×××

实例九　拟写会议邀请信、请柬、欢迎词和感谢信

问题：公司定于下月举办会议中心大楼的开业仪式。为答谢各界朋友对公司的支持和厚爱，公司按照计划将在当天举办盛大晚宴，为此总经理要求秘书在一周内将邀请信或请柬发到被邀请人手里，同时拟写好欢迎词和感谢信。感谢信将于开业仪式结束次日在当地晚报上发表。此类文书写作的基本要领是什么？

解决方法：邀请信、请柬一般由标题、称谓、正文、落款和成文日期组成，写好后，通过专人送达或邮寄等方式发到被邀请人手中；欢迎词一般由标题、称谓、正文和结尾组成，写作重点应落在对宾客的热烈欢迎之情上，要体现出迎客的诚意；感谢信一般由标题、称谓、正文、落款和成文日期组成。

1. 邀请信的格式要求与例文

邀请信应语气诚恳热情，文字简洁明了，写清楚活动的时间、地点、内容。邀请信一般由标题、称谓、正文、落款和成文日期组成。

（1）标题。标题或由事由和文种组成，或由会议名称和文种组成，或由文种组成。

（2）称谓。称谓在邀请信的开头，应顶格书写被邀请者的姓名或单位名称。个人姓名后应加职务、职称，或"同志""先生""女士"等相应的称谓。

（3）正文。邀请信的正文一般由信首问候语、主体和信末问候语组成。信首问候语用在邀请信正文的开头，首先是问候语"您好"等；主体说明邀请的原因和活动的内容，介绍活动安排的细节，并提出邀请；信末问候语用在正文结束后，在正文下一行左空格书写。

（4）落款和成文日期。在邀请信末尾右下方的适当位置，应写上邀请单位名称或个人姓名，应在落款下面签上年、月、日。

例文：

邀请信

×××先生（女士）：

本中心新建会议中心大楼预定于××××年××月××日开始正式使用，特于该日上午××点整举行开幕式。特邀请阁下届时亲临指导。

开幕式安排如下：

一、×××××

二、×××××

······

届时阁下能否参加，敬请来函确认并告知抵达时间，以便为阁下安排会晤。阁下在此活动期间的一切费用均由我方支付。

×××敬上

××××年××月××日

2. 请柬的格式要求与例文

请柬一般用红纸或颜色较为鲜艳的彩色纸，封面可用花边、图案等装饰。表意要周全，措辞要简洁、文雅、庄重。请柬不宜滥用，应与会议通知有所区分。企业也可购买现成的请柬填写使用。请柬一般分为封面、封里两部分，又分横式、竖式两种。但无论哪种形式，其内容结构都基本相同，即由标题、称谓、正文、落款和成文日期四部分组成。

（1）标题。在封面或页面上部居中，用大字书写"请柬"二字，如标题在封面，往往要做些图案装饰。有些请柬的标题还要加上事由。

（2）称谓。另起行（或一页）顶格书写被邀请者的姓名或单位名称。姓名之后要加职务、职称，或"同志""先生""女士""小姐"等称谓，称谓后加冒号。

（3）正文。称谓下一行，空两格书写正文。正文应写明活动的时间、地点、内容。如有其他要求也可简要地提出，以便被邀请者事先准备。正文的结尾一般要写"敬请光临""敬请莅临""敬请出席""敬请光临指导"等敬语。

（4）落款和成文日期。在正文右下方，占两行写明落款和成文日期。

例文：

请柬

×××先生（女士）：

兹定于××××年××月××日上午××时在×××举行会议中心大楼开业仪式。敬请光临。

×××公司

××××年××月××日

3. 欢迎词的格式要求与例文

欢迎词一般由标题、称谓、正文和结尾四部分组成。

（1）标题。标题一般由致辞人、活动名称和文种三个要素组成。标题三要素的排列顺序可以有所变动，也可以酌情简化。

（2）称谓。称谓要用全称，在姓名前应加"尊敬的""尊贵的"等修饰语，在姓名后加职衔。

（3）正文。正文开头应对宾客的光临表示欢迎、欢送之情，用词上既要突出主要宾客，也要兼顾陪同人员；接着写主要内容，要从实际出发选择致辞内容，或回顾以往，或畅叙友谊，或交换在一些事务上的原则和立场，或向对方表达真挚的感谢或希望。总之，正文内容既要表明立场，又要热情真挚，措辞力求自然、生动、得体，以创造一种友好的气氛。

（4）结尾。结尾应再次表示欢迎，并向来宾致以良好的祝愿。

例文：

×××公司经理在×××开业仪式上的开幕欢迎词

尊敬的领导、来宾朋友，女士们，先生们：

大家好！

值此×××隆重开业之际，我谨代表×××公司，向今天到场的领导、来宾和所有朋友表示衷心的感谢和热烈的欢迎！

我们×××公司……

我真诚地希望，在新的时期里，社会各界的朋友们，特别是×××的各位领导，能扶持和帮助×××不断发展和成长；同时，也诚挚地渴望，各位业界同人能够和×××互相交流、提携发展，联手共创辉煌的未来！

最后，我预祝×××开业庆典圆满成功，也衷心祝愿×××能够拥有一个灿烂的明天！

谢谢大家！

4. 感谢信的格式要求与例文

感谢信一般由标题、称谓、正文、落款和成文日期四部分组成。

（1）标题。感谢信的标题比较灵活，大致有三种：一是以文种作为标题，即在首行正中书写"感谢信"三字；二是用公文式标题，如由发文机关、事由、文种组成；三是用双标题——正标题和副标题，即先用一个生动、形象的正标题，再用"给×××的感谢信"作为副标题。

（2）称谓。称谓须书写在标题下一行，后面加冒号。对方名称前应加修饰语。

（3）正文。正文在称谓下一行空两格书写，内容通常是简要回顾对方的事迹，说明对方帮助的意义和作用，向对方表示赞美和学习，表达自己的感谢之情。正文结尾应致敬语，表示祝愿、敬意，方式可以灵活多样。

（4）落款和成文日期。标明单位名称及成文时间。

例文：

感谢信

尊敬的×××：

　　×××公司于××××年×月×日在×××隆重举行了开业典礼，此间收到全国各地许多同行、用户，以及国外公司的贺电、贺函和贺礼。上级机关及全国各地单位的领导，国内各地的贵宾、专家亲临庆典，给予我公司极大鼓励，谨此一并致谢，并愿一如既往地与各方加强联系，进行更广泛、友好的合作。

×××公司经理×××

××××年××月××日

实例十　拟写贺信、答谢词

　　问题：值同行某企业十周年庆典之际，公司特发去了贺信，过了几天收到了某企业发来的邀请函，经理与副经理等三人被特邀去参加庆典活动。经理让秘书拟写一篇答谢词。秘书应如何拟写贺信、答谢词？

　　解决方法：贺信一般由标题、称谓、正文、落款和成文日期四部分组成。答谢词的写作重点在于表达出对主人殷勤好客的真挚感谢之情。

　　1. 贺信的格式要求与例文

　　贺信一般由标题、称谓、正文、落款和成文日期组成。

　　（1）标题。贺信的标题多用"贺信"或"祝贺信"标出，多用花边装饰，以示祝贺。标题的字要大一些，应工整、大方。标题有四种写法：一是只写"贺信"二字；二是写谁发出的贺信；三是写给谁的贺信；四是写明谁给谁的贺信。

　　（2）称谓。标题下空一行顶格书写受文单位名称或个人姓名；要写全称，表达要亲切；称呼之后加冒号，表示有话向对方说。如果是祝贺会议，只写会议的名称。

　　（3）正文。贺信正文由开头、主体、结尾组成：开头用简练的语言写出祝贺理由，表示祝贺，经常用"值此……之际，谨代表……向……表示热烈祝贺"之语；对象不同，主体的内容与措辞也应有所区别；结尾写祝愿、鼓励和希望等内容。

　　（4）落款和成文日期。此部分写在正文右下方，占两行，写全名。

例文：

贺信

×××公司：

　　正值电子产业蒸蒸日上之际，贵公司迎来了十周年庆典。在此谨向你们致以热烈的祝贺！

......

衷心祝愿贵公司兴旺发达！

×××公司全体员工

××××年××月××日

2. 答谢词的格式要求与例文

答谢词一般由开头、主体和结尾三部分组成。

（1）开头。开头应先向主人致以感谢。

（2）主体。主体首先用具体的事例，对主人所做的一切安排给予高度评价，对主人的盛情款待表示衷心的感谢，对访问取得的收获给予充分的肯定；然后谈自己的感想和心情，如颂扬主人的成就和贡献，阐发访问成功的意义，讲述对主人的美好印象等。

（3）结尾。结尾主要是再次表示感谢，并对双方关系的进一步发展表示诚挚的祝愿。

例文：

答谢词

尊敬的×××先生，尊敬的×××公司的朋友们：

首先，请允许我代表公司全体员工对×××先生及×××公司对我们的盛情接待表示衷心的感谢。

我们一行三人代表×××公司首次来贵公司参加庆典活动……对此，我们表示衷心的感谢。

其次，贵公司拥有一支庞大的专业技术队伍，技术力量相当雄厚。我们有幸与贵公司建立友好的合作关系，这必将推动我地电子产业发展迈上一个新台阶。

我谨代表×××公司再次向×××公司表示感谢，并祝贵公司迅猛发展，再创奇迹。更希望彼此继续加强合作，共创美好明天。

最后，我提议：

为我们之间正式建立友好合作关系，

为今后我们之间的密切合作，

干杯！

第三节　法律文书拟写

一、知识与技能要求

秘书要能够具体分析起诉状，上诉状，答辩状，撤诉申请书，公证申请书，招标、投标公证书的写作特点，以及掌握各类法律文书的拟写。

1. 起诉状

起诉状是企事业单位、机关团体等法人组织或个人因自己的经济利益受到侵害，或与其他法人组织或个人发生经济纠纷，而向人民法院提起诉讼，请求法院行使国家审判权依法裁判，以保护自己的合法权益，解决纠纷的书状，也称"诉状"。公诉的文件称为起诉书，公民个人或企事业单位、机关团体作为原告向人民法院提起诉讼所使用的文件称为诉状。起诉状分为刑事起诉状、民事起诉状和行政起诉状。起诉状的主要内容包括当事人的基本情况、具体明确的诉讼请求、起诉所依据的事实与理由、证据与证据来源、当事人签名盖章和签署的日期。

2. 上诉状

上诉状是诉讼当事人或有独立请求权的第三人，在不服法院第一审案件的判决或裁定，并在其发生法律效力前，向上一级人民法院提起上诉，请求撤销或变更原审裁判，或请求重新审判而提出的书面诉状。

3. 答辩状

答辩状是在诉讼活动中，被告人或被上诉人对原告或上诉人的起诉状或上诉状中的内容进行答复和辩解的书状。在诉讼活动中，使用答辩状的好处一是有利于人民法院全面审理案件，二是有利于维护当事人的合法权益。

4. 撤诉申请书

撤诉申请书是民事纠纷和刑事自诉案件的原告在案件未审理完毕前，因为与被告庭外和解或者其他原因，向法院呈递的请求撤销起诉的文书。案件一经撤诉，法院将终止审理。对于撤诉申请，法院一般应同意。

5. 公证申请书

公证申请书是公民、法人、非法人团体向国家公证机关提出的书面文书，用以请求其依照法定程序对法律行为及有法律意义的文书或事实的真实性与合法性予以证明。当事人向公证机关申请公证，一般应提交书面申请书，如书写申请书有困难，可请公证员代为书写。

6. 招标、投标公证书

公证书是一种法律文书，是国家公证机关接受当事人的公证申请后，依法制作的具有特殊法律效力的司法证明书。公证处根据招标单位的申请，对招标人和投标人在招标、投标过程中所产生的招标、投标、开标、评标四个环节的活动依法出具公证书，证明其确属真实性和合法性的活动，其产生的文书就是招标、投标公证书。

二、操作技巧实例

实例一　分析处理起诉状、上诉状、答辩状及撤诉申请书

问题：企业在经营过程中常会遇到法律纠纷，为此，秘书要学会分析处理起诉状、上诉状、答辩状及撤诉申请书。拟写、分析这些法律文书时需要注意什么？

解决方法：起诉状是"三部八点"式的结构模式；上诉状由标题、首部、主部和尾部

四部分组成；答辩状由状头、案由、事实与理由、请求事项和状尾五部分组成；撤诉申请书由首部、正文和尾部三部分组成。

1. 起诉状的格式要求与例文

刑事起诉状、民事起诉状和行政起诉状均由三个部分、八个方面组成，可简称为"三部八点"式的结构模式。起诉状由首部、正文和尾部三部分构成。

（1）首部。首部由标题和当事人等内容组成。标题是起诉状的名称，是对诉讼内容的高度概括，有一般式和具体式两种写法。首部要写明当事人的基本情况。

（2）主体。主体要写清事实和理由，包括诉讼请求、案情及诉讼理由等。

（3）尾部。尾部应写明起诉状提交的人民法院的名称、签名盖章、书面诉状时间，以及附项。

例文：

经济纠纷起诉状

原告人：×××厂　　　　　　　地址：××省××市
法定代表人：×××　　　　　　性别 × 年龄 ××岁 职务 ××
诉讼代理人：×××　　　　　　性别 × 年龄 ××岁 职务 ××
被告人：×××　　　　　　　　地址：××省××市
诉讼请求：
××××××××
案情及诉讼理由：
××××××××
……
此致
×××人民法院

具状人：×××厂

（盖章）

××××年××月××日

附项：1. 本状副本×份

2. 书证×份

3. 物证×份

2. 上诉状的格式要求与例文

上诉状由标题、首部、主部和尾部四部分组成。

（1）标题。标题包括案件性质和名称两项内容，一般写为"民事上诉状"或"刑事上诉状"，也可直书"上诉状"。

（2）首部。首部应写明诉讼当事人的基本情况，书写的项目与次序跟起诉状相同。但要注意两点：一是应把当事人在一审中所处的诉讼地位（原告、被告或第三人）用括号予以注明；二是公诉案件若无被上诉人，只写上诉人基本情况即可。

（3）主部。主部是上诉状的基本内容，包括案由、上诉请求和上诉理由。案由，即不服第一审判决或裁定的事由；上诉请求要写明请求第二审人民法院撤销或变更原审判决或裁定，或者重新审理，这是上诉的目的所在，要明确具体请求（有的上诉状也可先写明理由，再写上诉请求）；上诉理由是上诉状的关键所在，请求能否成立就取决于有无上诉理由和上诉理由是否充分。

（4）尾部。与起诉状基本相同，尾部包括提请的人民法院名称、上诉人签名盖章、上诉日期和附项。

例文：

上诉状

上诉人：刘××，男，××岁，汉族，××市人，××市××厂工人，住本市××街××号。

被上诉人：王××，男，××岁，汉族，××市人，个体户，住本市××街××号。

上诉人因王××诉刘××赔偿经济损失一案，不服××市××区人民法院××××年××月××日××经字第××号判决，现提出上诉。上诉的请求和理由如下：

一、××××××

二、××××××

……

综上所述，××××××。

此致

××市中级人民法院

具状上诉人：刘××

××××年××月××日

附项：本上诉状副本×份。

3. 答辩状的格式要求与例文

答辩状一般由状头、案由、事实与理由、请求事项和状尾五部分组成。

（1）状头。状头先在第二行中间，两边空格相等写标题"答辩状"，再写答辩各有关人员情况。如果是单位，要写明单位名称、法定代表人、委托代理人等。其具体内容与起诉状相同。

（2）案由。在此应写明是为何人上告何案件而提出的答辩。

（3）事实与理由。这是答辩状的主体部分，包括用以反驳原告请求的事实与理由，或者针对原告起诉的内容陈述自己掌握的事实与理由。在法院通知被告应诉时，被告也可以提出反诉，并且向人民法院提交反诉状。该部分的具体写法多从承认诉讼请求、反驳诉讼请求两个方面进行。

（4）请求事项。被告应针对原告起诉的事项，提出自己的答辩意见。

（5）状尾。状尾的格式、内容和写法与起诉状尾部相同。

例文：

答辩状

答辩人：×××公司

地址：××区××街××号

法定代表人：夏××，男，××岁，经理

对原告××省××地区×××公司上诉的占用拖欠货款及第三人高××货款一事答辩如下：

一、对××省××地区×××公司诉我方拖欠货款问题的答辩（略）

二、对第三人高××的答辩（略）

此致

××中级人民法院

具状人：×××公司（盖章）

法定代表人：夏××（签章）

××××年××月××日

4. 撤诉申请书的格式要求与例文

撤诉申请书由首部、正文、尾部三部分组成。

（1）首部。首部应写明标题，申请人的姓名、住址等。

（2）正文。因为撤诉意味着双方间纠纷已基本解决，所以写撤诉状就不需要再叙述案件事实、诉讼请求和理由，而只需以简洁的语言明确说明案由、撤诉理由和请求批准三点即可。

（3）尾部。尾部应写明致送机关，并由起诉人在右下方签名、盖章。最后写明申请撤诉时间。

例文：

撤诉申请书

申请人：×××

法定代表人：林××，男，××岁，主任

我单位诉×××拖欠工程垫款人民币××元的纠纷一案，已由你院立案受理。

在此期间，×××要求××市××区人民政府进行调解。

×××年××月××日，由……就上述拖欠工程垫款问题进行了协商，最后双方达成协议，并形成了×××年××月××日会议纪要，结清了上述拖欠工程垫款人民币××元。

根据《中华人民共和国民事诉讼法》的规定，特向你院申请撤诉，请予批准。

此呈

××市××区人民法院

申请人：×××（盖章）

法定代表人：林××

×××年××月××日

实例二　拟写公证申请书，招标、投标公证书

问题： 企业在进行项目招标、投标的过程中，秘书需要拟写公证申请书和招标、投标公证书。这些法律文书的写作应注意哪些事项？

解决方法： 当事人向公证机关申请公证，一般应提交书面申请书。如书写申请书有困难的，可请公证员代为书写。招标、投标公证书的正文部分应力求简明扼要。

1. 公证申请书的格式要求与例文

公证申请书一般由首部、正文和结尾三部分组成。

（1）首部。首部一般由标题、申请人的自然情况组成。

①标题。一般用文种名称作为标题，在首行的中央部分写明"公证申请书"。

②申请人的自然情况。申请人如系个人，应写明姓名、性别、年龄、职业、籍贯、单位、住址、电话等内容，如果委托代理人代为公证的，还应写明代理人的上述自然情况。申请人如果是法人的，应写明单位名称、法定地址、企业性质、开户银行、账号，以及法定代表人的姓名、性别、年龄、职务、籍贯、电话和住址，如果委托代理人代为公证的，还应写明代理人的上述情况。

（2）正文。正文包括申办事项和所提供的证明材料。应写明所办理的公证属于哪种公证，并逐一说明办理公证所需的证明材料的名称，如法人代表证明、委托书等；还应证明经济合同证明文件的副本与原本相符等。如果办理的公证有特殊用途，也应一并注明。

（3）结尾。结尾应首先写明申请人或单位，并签字盖章；然后由法定代表人签字或盖章；最后注明申请时间。

例文：

公证申请书

申请人：×××公司；法定地址：××市××路××号；开户银行：××银行××支行，账号：×××

法定代表人：何××，男，××岁，原籍××市，现任××公司总经理，住××市××

路××号，电话：×××

委托代理人：张××，男，××岁，原籍××省××县，现任×××公司总经理助理，住××市××路××号，电话：××××

申办事项：证明《×××集团总公司和×××公司购销合同》的副本与原本相符。

证明材料：1.《×××集团总公司和×××公司购销合同》原件一份。

2.《×××集团总公司和×××公司购销合同》副本一份。

×××集团总公司（盖章）

法定代表人：何××（签章）

××××年××月××日

2. 招标、投标公证书的格式要求与例文

拟写招标、投标公证书时，正文部分应力求简明扼要，一般应写明"公证员对某工程进行审查""投标单位标书密封完好"等语句。开启后，投标单位的代表宣读的投标书副本上的总标价和总工期与正本相符。对投标后的公证书的制作，在正文部分应写明"某工程开投后，经审议，决标结果为某单位中标"等语句。

例文：

公证书

（　　）××字第××号

兹证明×××（申请单位全称）于××××年××月××日在本市××路××号礼堂举行××工程项目的开标仪式。×××、×××等××个单位的标书在开启前密封完好。标书开启后，上述××个单位代表宣读的投标书副本上的总标价和总工期与正本内容相符。

中华人民共和国××省××市公证处（公章）

公证员（签名）

××××年××月××日

第四章 会务管理与服务

学习目标

1. 掌握会议的构成要素，会议的种类，会议的特征。
2. 掌握会务协调工作对象的分类，领会会务协调工作的基本原则。
3. 掌握会议议题的收集、筛选和处理。
4. 掌握各种会议证件的制作方法，以及制定会议预算的基本要求。
5. 能够做好日常会务的准备工作，包括准备会议所需的各种物品和设备。
6. 掌握会议接待工作的内容，做好会议记录。
7. 做好会务的善后工作，掌握会议文件资料清退和立卷归档的基本要求。

内容提要

本章介绍了秘书会务管理的方法和技巧，力图使学习者能够了解会前、会中、会后管理与服务工作的基本内容与基本程序，掌握会务管理与协调的基本技巧及方法。

第一节 会务协调与信息沟通

会议是谋事、议事、解决事务的场所和形式。秘书应能利用会议处理并协商组织各项事务，会务处理工作是秘书人员的日常工作之一。

会务协调是秘书的一项重要工作，秘书要领会会务协调的基本原则，掌握会务协调的技巧和方法，并在完成协调工作后注意抓好具体工作的落实。

一、知识与技能要求

（一）会议的构成要素与种类

1. 会议时间、会议地点和与会人员

会议时间应根据会议的实际需求来确定；会议地点的选择应以方便与会人员到会、离会为主要原则，并综合考虑各种因素；与会人员一般包括会议执行主席、会议主席团、主持人员、列席人员、秘书人员和服务人员等。

2. 会议议题、会议程序和会议议程

会议议题是构成会议的主要因素。会议程序是根据会议议题而安排的步骤，一般包括准备、开始、进行、结束和贯彻执行几个阶段。会议议程和会议日程、会议程序的功能是不同的：会议议程是以议题内容分解实现为依据的会议文件，会议日程则是以时间单元拆分，支持会议目标推进的计划性文件，会议程序是实现会议管理进程科学化的规则性文件。三者的实施会使会务管理更为有效、科学。学习者应抓准三者的侧重点，并注意把握会议议程表的设计方法。

3. 会议的种类

按照不同标准，会议可分为多种类型。按照规模划分，会议可分为大型会议、中型会议和小型会议；按照形式划分，会议可分为座谈会、总结表彰会、董事会、股东大会、记者招待会和新闻发布会等；按照区域划分，会议可分为国内会议和国际会议。

（二）会议的特征、作用和会务工作的原则

1. 会议的特征

会议具有必要性、适宜性、合法性和可行性等特征。

2. 会议的作用

会议具有民主决策作用、信息交流作用、组织领导作用和推动工作作用。

3. 会务工作的原则

会务工作的原则包括：认真领会领导意图和会议的指导思想；熟悉和掌握会议的组织领导情况；协助领导拟定会议安排；精心组织，周到服务；重视并妥善做好会议的善后工作。

（三）会务工作的总体协调

1. 会务协调工作对象的分类

会务协调工作主要包括：做出和实施决策的协调；政策制定和执行的协调；各种经济关系的协调；社会矛盾和社会问题的协调；起草和制发文件、督促检查各项事项、筹备召开会议等日常事务的协调；领导公务活动的协调。在实际工作中，秘书协调工作对象的分类如图4-1所示。

2. 会务协调工作的原则

会务协调工作的原则包括：依照政策、法律办事原则，实事求是原则，坚持服务的原则，按领导意图办事原则，信息沟通原则，维护领导威信和形象原则，协商解决原则，化解矛盾原则和逐级负责原则。

（四）推进会议协调，加强信息沟通

秘书可通过提议召开会议，沟通部门之间的情况，从而化解矛盾、协调工作，解决实际问题。

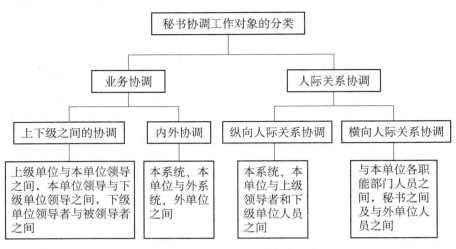

图 4-1　秘书协调工作对象的分类

1. 会务协调

会务协调主要包括建立健全会议制度，协调会议的时间、地点、出席人员、列席人员，协调会议的领导机构、工作人员、经费、后勤、保卫等事项，协调会议议题，协调会议纪要，协调会议决定事项的落实等。

2. 信息沟通

秘书对会议信息的收集、传递和反馈工作应力求全面、真实、及时、适用、重点突出，尤其是在与新闻媒体沟通时，要以礼相待、以诚相待、平等相待，迅速及时，并注意内外有别，严守单位机密。

二、操作技巧实例

实例一　编制会议议程

问题：组织会议是秘书工作的一项重要内容。秘书要对会议所要通过的文件和所要解决的问题进行概略安排，并在会前将其发给与会人员。编制会议议程需要注意哪些问题？会议议程主要包括哪些内容？

解决方法：会议议程与会议日程的安排必须吻合。制定好的会议议程必须经主管领导审核后方可实施。会议议程的主要内容可参照例文。

例文：

××××—××××年度 1 月董事会会议议程

日期：××××年××月××日（星期×）

时间：14：30

地点：公司总部大楼

出席人员：×××××××××××

1. 会长宣布开会

2. 人员缺席情况

3. 通过本次会议议程

4. 通过上次会议记录

5. 会长报告

6. 第一副会长报告

7. 第二副会长报告

8. 秘书报告

9. 财务主管报告

10. 讨论事项

11. 其他事项

12. 下次开会的时间、地点（××××年××月××日14：30，公司总部大楼）

13. 会长宣布散会

编制会议议程时应注意：会议议题所涉事务的顺序宜参照习惯，本公司章程对会议议题顺序有明确规定的，依该规定尽量将同类性质的议题安排在一起；保密性较强的议题一般放在后面。

实例二 确定会议类型

问题：召开会议的目的是做出决策、解决问题、布置工作。熟悉和了解会议的类型是秘书做好会务工作的基础。选择会议类型时应考虑哪些问题？

解决方法： 明确会议的指导思想，根据会议的内容、性质和规模选择会议类型。

会议的召开应根据领导意图，体现会议的指导思想。就某一或某些问题召集有关人员征询和交流意见时宜召开座谈会，会议规模不宜太大；年底或年初总结表彰先进人物宜召开总结表彰会，具体可采用广播、电视、内部网络形式召开；董事会成员讨论并决定本企业或经济组织的重大问题宜召开董事会；发布有关重要工作、热点问题，或重要产品消息而与新闻部门进行沟通宜召开新闻发布会或记者招待会。

实例三 协调工作

问题：秘书进行协调工作是为了解决部门与部门、组织与组织、组织与个人之间的矛盾。秘书做协调工作时应如何化解矛盾？如何才能做好协调工作？

解决方法： 在协调处理事务的过程中，应采取公正的立场，对上下级一视同仁，一切从工作出发，不能用双重标准，搞倾斜政策，要注意兼顾各方心理和利益的平衡。

化解矛盾包括淡化矛盾、调和矛盾和解决矛盾三个层次。在做以下协调工作时可具体参考不同的协调方法。

1. 信息协调——"通气"法

许多矛盾的产生是信息不畅通所致的，信息的研究和调研是信息协调工作的前提和基础。秘书只有做好调查研究，收集、积累大量信息，"眼观六路、耳听八方"，才能为领导层决策提出好建议。

2. 制度协调——规范法

秘书要在调查研究的基础上，建立健全合理的规章制度，制定科学、完整、统一、切合实际的规章制度，从根本上解决矛盾；同时也要争取领导者的理解、信任和支持。

3. 会议协调——交流法

当矛盾涉及面较广，当事人各持己见时，秘书部门（办公室）应协助领导通过召开工作会议、联席会议或专业性座谈会等来协调矛盾，让各方畅谈自己的意见，交流各自的看法，消除较大的分歧，求大同、存小异，最后达成共识，协同完成工作任务。会议协调要提前做好两项工作：一是将中心议题告知各方；二是对关键性部门事先做好疏导工作。

4. 个别协调——疏导法或"牵线搭桥"法

一些人际关系方面的矛盾涉及面小，矛盾本身也不太复杂，可以通过采用疏导法或"牵线搭桥"法获得解决。采用这种方法时，秘书要注意提高自身素质和办事效率，赢得各方的信任，谦逊待人，彼此尊重，使自己成为协调、处理各方事务的有力依托。

5. 计划协调——统一安排工作进程法

计划协调的基本点在于统一筹划、合理安排，用网络的形式反映一项工作的计划和安排，据此进行协调和控制。采用这种方法便于领导把握全局，把一个较大规模的复杂工作项目分解为多个支系，由局部最优达到整体优化。同时，各个部门、各个工作环节的联系与分工也会一目了然，人员职责明确，协调起来也机动、灵便。

6. 非复杂问题协调——中介协调

可根据任务的具体情况，调动各职能部门的积极性和力量，帮助各职能部门明确自身的责任和业务分工，加强相互间的协作。对于具体问题，可由有关方面自行协商解决。

秘书在完成协调工作任务后，要抓好具体工作的落实，督促各部门严格按照协调中达成的协定、意见办事；同时，对协调执行过程中产生的新情况、新问题也应做到及时处理，以保证协调的成果能真正落在实处，使本单位和谐统一、步调一致。

第二节　会前会务工作

一、知识与技能要求

（一）会议计划的制订

会议计划的内容一般包括会议名称、会议内容、指导思想、任务要求、会议地点、出席人员、会议期限、日程安排、会议领导、注意事项等。

（二）会议议题的安排和处理

1. 会议议题的安排原则

会议议题的安排应遵循高效原则、准确性原则、不超出会议职权范围原则等。

2. 议题的收集、筛选和处理

（1）议题的收集与筛选。秘书既要全面了解本地区、本部门、本单位的情况，又要熟悉上级的部署、指示、决定，把上级的精神同本单位的实际情况紧密结合起来。纵向性会议的议题经过审查，应直接提交给会议的领导机关或领导者参考和决定；横向性会议的议题则要通过表决或磋商确定。确定议题后，应将其列为会议议程。

（2）议题的加工和处理。秘书在对各部门报送的议题进行认真审阅、筛选的基础上，对不能确定的议题应分别采取"撤题""转题""缓题""协调"和"深化"的处理方法，以达到提高会议质量和效率的目的。

（3）议题的形式。重要的会议议题应采用书面形式（如议案、议程表、提纲）确定下来；事务性会议或小型会议强调议题的程序性，可事先将议题口头告知与会人员，由会议主持人根据会议的实际进展情况灵活掌握。

（三）会议通知的发送和会议证件的制作

1. 会议通知的发送

会议通知按不同标准可进行不同分类：按照通知的规范程度，可分为正式通知和非正式通知；按照通知的形式，可分为口头通知和书面通知。秘书应掌握会议通知的基本内容和基本样式，以及会议报名表、会议委托书和会议回执的样式，同时还要明确发送会议通知的注意事项。

2. 会议证件的制作

会议证件包括出席证、列席证、旁听证、来宾证、记者证、代表证、工作证、随从证、保安证等。秘书应能设计代表证、工作证。

（四）会议文件资料的发放和会议用品的准备

1. 会议文件资料的发放

常见的会议文件资料主要包括开幕词、闭幕词、领导讲话稿、主题报告、专题报告、会议简报、会议记录、会议纪要、新闻稿、会议通知、日程安排、签到表等。会议文件资料的准备与发放工作的基本内容包括三个方面：起草会议工作报告；组织典型材料；准备议案性的材料。

发放会议文件资料有以下基本方法。

（1）按照与会人员名单，为每人准备一个文件袋，在文件袋上填上与会人员的姓名，并注明"会议文件"等字样。

（2）重要文件一般要经过编号、登记。文件编号通常印在文件首页的左上角，其字体字号应有别于文件正文。具有保密内容的文件，还要注明密级。

（3）对于一些需要在会后退回的征求意见稿或保密性文件，应附文件清退目录。

（4）分发会议资料要适时、适量。

（5）对于内容重要且须事先送达与会人员的文件，可派专人送达或用传真、快递、专递等方式送达。

2. 会议用品和设备的准备

准备会议所需物品要尽量考虑全面，且应遵守统筹节约、经济适用的原则。秘书要了解可以租用会议设备的企业名称、地址和电话号码，了解文具用品和相关设备供应商的名称、地址和电话号码，掌握有关企业内可用音像设施的类型及其存放位置的清单，掌握企业内部紧急维修人员及外部维修单位的名称、地址和电话号码。

（五）会议室的预订和会场的布置

在确定准确的会期之后，应选择与会议类型匹配的会议地点并尽早预订，尽量使用内部会议室；在使用的前一天，一定要再次落实。事先要查看会议议程，了解会议的主持者和演讲者是否需要音像辅助设备；了解各种设备的功能，并事先将各种设备调整到最佳使用状态。

创设与会议主题、性质相适应的会场气氛并进行会场布置。选择会场要结合开会人数和会议内容来综合考虑，大小适中、地点适中、附属设施齐全的会场为最佳，有些会议还要考虑停车场的问题。会场的布置涉及对主席台、会场（包括座位）、附属性设施、装饰性设施（包括会标、标语口号、会徽、旗帜、花卉、字画等）等的设计和布置。会场形式如表4-1所示，会议座次排列如图4-2至图4-12所示。

表4-1 会场形式

会议形式	会场形式
日常工作会议	圆形、椭圆形、长方形、马蹄形、T字形、三字形、六角形、八角形、回字形等
中型会议	而字形、倒山字形、半圆形等
座谈会	半圆形、马蹄形、六角形、八角形等
大型茶话会、团拜会	星点形、众星拱月形等

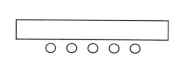

图4-2 长方形会议座次排列

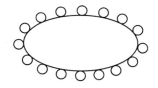

图4-3 椭圆形或圆桌形会议座次排列

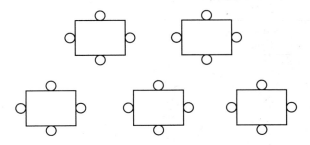

图 4 - 4 工作群体式会议座次排列

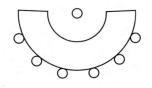

图 4 - 5 U 形会议座次排列

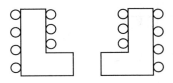

图 4 - 6 天桥式会议座次排列

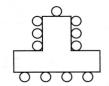

图 4 - 7 T 形会议座次排列

图 4 - 8 方桌形会议座次排列

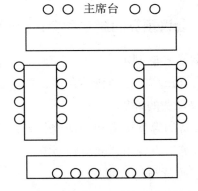

图 4 - 9 口字形会议座次排列

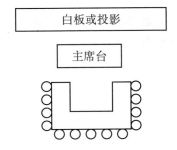

图 4 - 10 Z 字形会议座次排列

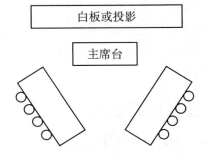

图 4 - 11 V 字形会议座次排列

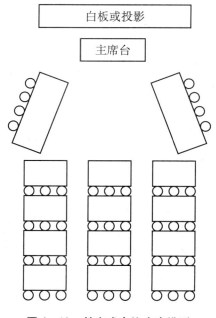

图 4 - 12 教室式会议座次排列

（六）会议预算的制定和会议经费的筹集

1. 会议预算的制定

制定会议预算应遵循科学合理、总量控制、确保重点、精打细算、留有余地等原则。

2. 会议经费的筹集

会议经费的筹集渠道和办法包括行政事业经费划拨，主办者分担，与会人员分担交通费、食宿费等个人费用，社会赞助等。

3. 会议收款与付款的方法

有些会议要由与会人员向主办方支付一些必要的费用（如资料费、培训费、住宿费、餐饮费等）。会议主办单位应在会议通知或预定表格中详细注明收费的标准及与会人员可采用的支付方式（如现金、支票、信用卡等）。如用信用卡交费，主办单位应问清交款人的姓名、卡号、信用卡有效期等信息，开具发票的工作人员也要事先与财务部门确定正确的收费开票程序，不能出现任何差错；对于某些无法开具正式发票的项目，应与会议人员协商，开具收据或证明。

二、操作技巧实例

实例一　安排会议议题的原则

问题： 某公司秘书在组织召开职工代表大会时设定了九项会议议题。面对一大堆会议议题，许多与会人员都感到议题无法深入，结果会议没有达到预期效果。这位秘书的工作哪里出了问题？确定会议议题时应如何操作？

解决方法：一般而言，每次会议安排 2~3 项议题为佳，以便让与会人员讨论得深一些，审议得透一些，落实得好一些。

议题安排的原则主要包括以下三个方面。

（1）高效原则。凡拟提交会议讨论的议题必须是必要的且需要立即讨论的，这样可以保证与会人员把主要精力集中在最重要的问题上，避免分散精力，占用会议时间；应尽可能地将同类性质的议题同时提交会议，并分清议题的主次、轻重；一次会议上安排的议题数量要适量，一般安排一个主要议题和 1~2 个次要议题为宜，要估计每个议题讨论所需的时间；可准备一些后备议题，以利于会议的顺利开展；每次会议议题的选定、安排，均请主管领导审定。

（2）准确性原则。会议议题要表述清楚、准备充分。

（3）会议职权范围原则。会议议题不能超出会议的职权范围。

实例二　会议通知样式

问题：制发会议通知是会议准备工作中的重要环节，了解会议通知的内容，掌握会议通知的基本样式将有效提高工作效率。那么会议通知有哪些常用的样式呢？

解决方法：会议通知的内容应尽可能详尽、明确。书面通知一般应包括会议名称或性质、主办者、会议内容、会议时间、会议地址、参加对象、其他事项（如注意事项、是否备有餐点、是否有停车场、当天应备的资料）及联络信息等。会议通知样式多样，常用的样式有便函式、卡片式、表格式和备忘录式。

1. 便函式会议通知

例文：

会议通知

致：各部门领导

发自：公司总经理秘书刘××

日期：××××年××月××日

主题：分公司领导及部门领导的圆桌会议通知

××××年××月××日 10：00，我公司将在××宾馆会议室举行分公司领导及各部门领导的圆桌会议；12：30 用午餐。如您不能参加，请于××月××日之前拨打电话×××××××告知。

附上一份议事日程。此外，您还将得到一张详尽的会务指导和宾馆停车说明。

欢迎您出席我公司这个重要的计划会议。

附件 1：议事日程

附件 2：会务指导和宾馆停车说明

2. 卡片式会议通知

例文：

部门领导会议通知

目的：讨论公司下一年度工作计划

时间：××××年××月××日9：00

地点：公司第×会议室

如您无法出席，请于××月××日前电话告知王秘书，电话号码为×××××××。

3. 表格式会议通知（见表4-2）

例文：

表4-2　　××公司领导办公会议通知

日期	星期	时间	地点
××××年××月××日	星期×	上午9：00—11：30	公司×楼会议室
出席		列席	
张××	赵××	钱××（人力资源部）	杨××（销售部）
李××	王××	佟××（人事部）	韩××（后勤部）
会议议程	1. 9：00—9：15　董事长讲话 2. 9：15—11：30　参会人员报告		

4. 备忘录式会议通知

例文：

会议通知

×××同志：

兹定于××××年××月××日上午9：00—11：30在四号楼第三会议室举行公司各部门主管领导年度总结会，请做好准备并准时出席。

秘书办公室

××××年××月××日

实例三　会议报名表、会议委托书、会议回执样式

问题：某公司正在积极筹备产品展销会，并将会议报名表、会议委托书和会议回执随同会议通知一起发往有关单位。该三种文件的基本格式要求是什么？

解决方法：部分会议需将会议委托书、会议回执与会议通知一起寄出。会议报名表、会议委托书、会议回执的格式不尽相同，各有其基本要求，样式如下。

1. 会议报名表（见表4-3）

例文：

表4-3 会议报名表

姓名		性别		年龄	
民族		职务		职称	
工作单位				联系电话	
回程车票预订	（请写明回程时间、车次、到站和具体要求）				
备注					
	公章： 填表日期：　年　月　日				

2. 会议委托书

例文：

委托书

兹任命×××和×××作为我的代理人参加××××年××月××日××时在×××举行的×××股东会议。他们均为本公司的高层管理人员或部门领导人。不管此次会议如期或是延期召开，他们都将作为我的全权代表，行使我出席会议时所拥有的全部权力。

生效日期：　年　月　日

签名：_____（股东签字）

地址：_____邮编：_____

E-mail：_____联系电话：_____

3. 会议回执

例文：

×××会议通知回执

×××办公室：

你处发来的《××××会议通知》及会议文件各××份已收到，核实无误。

□我准备参加此次会议。

□我将届时赴会，并带_____宾客来。

□我将延期至_____日_____时到达。

□我不能参加此次会议。

署名＿＿＿＿＿＿

公司＿＿＿＿＿＿

日期＿＿＿＿年＿＿月＿＿日

备注：请于××月××日以前将回执寄回。

实例四　落实会议通知

问题： 某总公司计划会议按期召开，但该公司下属公司的王经理没有到会。秘书打电话询问，得到的答复是他没有收到会议通知，不知道开会一事。秘书随即向王经理确定其能否当日赶到，因为会议要持续两天。王经理表示随后将到会。请分析该秘书可能在哪个工作环节出了问题。

解决方法： 该秘书未进行会议通知发送的确认。会议通知发送后需要及时加以确认。

秘书要明确发送会议通知的注意事项：明确发送对象；落实发送的回复确认环节；对于一些区域性、全国性乃至国际性的会议，需要安排与会人员的食宿和回执，还要在发送会议通知的同时附上会议回执，以便会务人员安排接站和订购车票、机票；对于经常参加某类会议的人员，可用计算机打印出标签或准备多套邮寄标签，以免重复打印，且对于计算机中保存的地址要注意根据实际情况变化不断更新。

实例五　会议证件的设计方法

问题： 某公司经常举办各种类型的会议，秘书的基本任务之一就是根据会议情况设计代表证和工作人员证。制作此类证件有哪些方法？

解决方法： 会议证件的制作不必千篇一律，应根据实际需要选择合适的形式。

会议证件的设计应区分正式代表、列席代表、工作人员、特邀嘉宾等与会人员的不同身份。应根据公司的不同文化理念，设计会议证件或姓名卡片，有的公司强调区分不同职务、地位人员的身份，分别设计；有的公司则强调所有员工平等，采用同一设计。

制作姓名卡片、会议证件的注意事项包括以下五个方面。

（1）内容要包括会议的名称（必须写全称），与会人员姓名、称呼（先生、女士等）、身份（职务、职称等），组织或公司的名称。在证件的用字上，法定性会议通常使用比较严肃的字体，如黑体、宋体等；学术性会议、庆祝会议等非法定性会议则可以使用具有艺术性的字体，如庆祝会议可采用红色或粉色纸张，以体现喜庆的气氛。

（2）重要的大型会议要在证件上贴上本人照片，并加盖印章。姓名卡片可设计为红、蓝、白、黄四种不同的颜色。

（3）要标明证件种类，如"出席证""列席证"等。证件上应采用较大的字号，以便醒目。有特殊要求的会议证件还可以设计一些特殊的标记。

（4）附加证件编号。如果将会议证件与签到证合制，可用一组数码代表与会人员的姓名、性别、身份、来自地区、组别等信息，以便与会人员用自动签到机签到。

（5）会议证件应在会议接待区向与会人员发放，并在主席台等必要地方放置台签式姓名卡片。

实例六　总结表彰会的资料准备和会场布置

问题：某公司每年年底都要召开年终总结表彰会，今年拟在××月××日召开。秘书在会前需要准备哪些会议文件？会场布置上有哪些要点？

解决方法：秘书需要准备的会议文件中，会议通知和领导讲话必不可少。一般情况下宜选择在公司内部礼堂召开。

1. 会议文件的准备

会前，秘书需要以多种方式发送会议通知，拟定会议议程，准备领导讲话稿，汇总典型材料，审定被表彰代表的发言，视不同文件资料性质确定打印份数和发送对象（注意：文件和材料的打印份数要留有余地）。文件资料应装在资料袋里，在与会人员报到时分发。保密性的文件和材料还要进行签收。

2. 会场布置的要点

会场应布置得喜庆、热烈，注意采用装饰性设施。主席台可设在舞台上，但不要在主席台上放置过多的旗帜和花卉，以免使人眼花缭乱，加重视觉负担。各部门领导前排就座，其他与会人员的座位可按部门排列。

实例七　会议预算的制定

问题：某公司承接了电子行业的年会，秘书根据与会人员的回执情况对此次会议制定了经费预算。秘书应如何制定会议预算？

解决方法：制定会议预算应考虑支付人工、场地、物品、设备等各项开支所需的资金。

会议活动是一项消费活动，举行任何会议都要消耗一定的人力、物力、财力，因此，会务工作机构及会务人员应当本着勤俭办会的原则，对会议的经费及各项支出做出预算，并提出筹集会议经费的方法、渠道，报请领导审批。会议经费的构成因素主要包括宣传费、场地费、会场装饰费、设备费、交通费、人工费、茶水食宿费、文具资料费及其他费用。

计算会议成本的方法有两种：

会议成本 ＝ 参加会议人员平均小时工资 × 参加会议人数 × 会议持续小时 × 会议其他费用

会议成本 ＝ 附加价值 × 2 × 开会人数 × 开会时间 × 会议其他费用

第三节　会间会务工作

一、知识与技能要求

（一）会议接待、签到与座位引导

会议因性质、规模不同，其接待的要求、程序和规范也不同。主办单位在组织大中型会议时应做好接站报到工作。

（二）安排发言，分组讨论

组织与会人员分组活动的要求：平衡会议的发言，注意地区平衡、主要领导与基层领导的平衡和主题平衡。

分组讨论时，每个小组都应配备 1~2 名会务工作人员担任各小组的秘书。各小组秘书的主要任务包括以下三个方面。

（1）协助各小组长或小组召集人按会议要求组织与会人员开展活动，保证分组活动有序进行。

（2）协助会议领导把握会议的方向和进度。

（3）协助领导做好会间的协调工作。

（三）会议记录

会议记录包括专用性会议记录和通用性会议记录。会议记录内容的详略、记录手段的选择要视会议的具体情况而定。

（四）会议的后勤服务工作

明确会议后勤服务工作的职能和分工，做好环境布置、会议所需物品的准备、电力服务、值班、保卫等工作。

二、操作技巧实例

实例一 做好接站工作

问题：在某会议接待处，一些与会人员正抱怨出了站没有找到接站人员，只好自己找来。秘书随即与接站人员联系，却得知接站人员仍在机场等候。为避免在接站时出差错，安排接站时应注意哪些问题？

解决方法：热情迎接与会人员。

接站工作的主要步骤包括以下五个方面。

（1）要有统一的指挥调度系统，掌握与会人员的名单、联系方式，以及飞机、火车的班次及抵达的准确时间，将这些信息编制成一目了然的表格。

（2）要备有足够的车辆和接站人员。接站人员要人手一份与会人员抵达的时间表，按分工的时间和线路迎接。

（3）对于自备交通工具的外地与会人员，要事先通过传真或电话等形式告之报到地点的详细路线图。

（4）在车站、机场设置接待站，制作醒目的牌子或横幅，上面要写明"×××公司接待处"的字样。

（5）将预先准备好的文件袋（包括文件、证件、餐券、住宿房间号码、文具等）发放给与会人员。必要时，引导与会人员到其住宿房间，并简单介绍周围的情况和开会的要求。

实例二　会务签到工作

问题：在某会议接待处，与会人员排起了长长的队伍等待办手续，接待人员虽耐心接待并适时做些解释，人群中仍不时有人小声发着牢骚："怎么组织的?！让这么多人排队等着，真差劲！"秘书应如何做好会务签到工作呢？

解决方法：秘书应热情迎接与会人员，并引导与会人员及时签到，尽快就座。

会务接待要提前到岗，热情、主动地迎接与会人员，并按礼仪规范将与会人员引导入场。一般来讲，无论陪伴还是引领，秘书都应站在领导或来宾的左侧。

（1）在报到处周围设立引导牌和标识牌，标明报到的具体位置。准备好签到的登记簿、签字笔等用品，必要时事先准备好嘉宾留言簿，以便签到。与会人员凭会议通知入会；会场较大，与会人员较多时，与会人员进出会场要验票后给证。

（2）选择恰当的签到形式。人数较少的小型会议，可由秘书按照事先确定的与会人员名单，逐一进行签到，来一人便标记一人的名字；大型会议可将签到卡和电子签到机配合使用，与会人员只需要将自己的电子卡插入签到机插口，有关数据即传入会议组织中心。

实例三　会议记录格式

问题：某公司的部门季度总结会正在进行，新任韩秘书认真做了会议记录，同时还录了音。会议结束后，高总秘书汇总会议文件时发现，有些要点记录得过于简单，有的发言人则没有在会议记录上签字。秘书在做会议记录时应注意哪些问题？

解决方法：会议记录要写明会议的名称和届次，开会的时间、地点、议题主持人、列席人、缺席人、记录者的姓名等会议组织情况。

作为秘书，在会议举行期间做好记录和笔记是其主要职责。会议记录务必准确、完整、简洁、条理清楚。做会议记录的技巧，概括起来要掌握四个要领：快、要、省、代，即记得快，摘要而记，正确使用省略法，用简便的写法代替复杂的写法。

记录人、审核人、发言人要在会议记录上签名。此外，法律法规规定的必须由全体与会人员签字的，应严格依照执行。例如，《中华人民共和国公司法》就明确规定，各类公司的股东会、董事会应当对所议事项的决定制作会议记录，出席会议的股东、董事应当在会议记录上签名。

会议结束后，要及时与有关人员核对。如果与会人员指出会议记录中的错误，经会议批准，主席或秘书可以在会议记录中改正这一错误。会议记录一经签名，任何地方都不能再做改动。

会议记录打印前，首先要送会议主持人审查，审查通过后还要精心编排，方可进入打印环节。会议记录原稿应统一编号，以便装订和复制。会议记录原件要由专人负责保管。

下面是两种会议记录的参考格式。

1. 专用性会议记录格式（见表4-4）

例文：

表4-4 ×××公司董事会第（ ）次常务会议记录

时间	年 月 日 时 分至 时 分	
地点		
主持		
出席		
列席		
缺席		共 页
（发言人姓名）	（会议进程记录）	
		记录人：
		审核人：
		审核日期：
		第 页

2. 通用性会议记录格式（见表4-5）

例文：

表4-5 ×××酒店会议记录

会议名称				
主办部门				
时间	年 月 日 时 分		地点	
主持人				
出席				
列席				
缺席				
审核		记录		共 页
发言人	（发言内容及决议）			
				发言人签署：××× ×××
				××× ×××
				××× ×××
				第 页

实例四　会议值班、保卫工作的规范要求

问题：某公司为规范会议后勤服务工作，经理让秘书就现行的会议值班、保卫条例进行修改，并草拟建议方案。秘书应如何完善会议值班、保卫工作的规范要求呢？

解决方法：会议后勤服务工作应保障会议会场的电力、茶水、物资等的供应，并做好值班、保卫工作。

会议的后勤服务工作要热情、细致、周到，给与会人员提供各种方便。后勤服务人员要明确具体分工，做到责任到人，人员到位，积极配合。

除小型会议和时间较短的会议外，会议召开期间都要安排人员值班，以及时解决临时出现的问题，确保会议的顺利进行。

1. 会议值班工作

会议值班制度要健全，人员应坚守岗位，完成会议领导机构和领导交办的事项。尤其是大中型会议，会务秘书要认真值守，随时准备应对各种突发事件，具体而言应做好以下工作。

（1）在会议中人不离岗，协助收集、传递各种信息，保证会议信息的畅通。

（2）限制无关人员出入会场，特别是保密性较强的会议。

（3）备有公司和各部门领导的联络方式，以及设备维修人员、车辆调度人员和食宿等后勤服务部门主管人员的电话通讯录，以便及时与之联络。

（4）做好协调会议期间各项活动与各种矛盾的工作，必要时应建立主管领导带班制度。

（5）要负责督导和协助专职会议服务人员为与会人员做好各项具体服务工作。必要时，应配备必要的医疗急救用品及专业医疗人员。

2. 会议保卫工作

（1）会议保卫应包括与会人员人身安全的保卫，会议重要文件、设备用品、会场和驻地、与会人员私人贵重物品安全的保卫。

（2）防止无关人员进入会场，维持会场秩序；做好会场保密工作；注意防火防盗。

第四节　会务善后工作

完善的会务善后工作是会议取得全面成功的重要保证，必须全力以赴、精心安排。

一、知识与技能要求

（一）返程工作的安排和会场的整理

1. 返程工作的安排

做好与会人员返程工作安排的基本要求：帮助与会人员提前做好返程事宜；对于重要宾

客和不经常见面的远道客人，会务人员应建议和协助组织召开一定范围内的欢送会或送别宴会；提早做好与会人员车票、船票、机票的登记预订工作。

2. 会场的整理

与会人员离开会场后，会务人员应有条理地整理会场：检查有无遗漏物品和文件；检查、归还各种视听设备，将会议室设备整理恢复到备用状态；办理付费等有关事宜。

（二）会议文件资料的管理

1. 会议文件资料的清退

会务人员要掌握清退会议文件资料的程序和方法，确定会议文件资料的收集范围并及时清退。

2. 会议文件资料的立卷归档

会务人员要掌握会议文件资料立卷归档的基本要求和方法。会议文件资料的立卷归档工作应严格遵守档案制度，且应根据会议的类型和材料的多少分别进行，原则上是"一会一卷"，以便日后查找、利用。

3. 会议文件资料的汇编

汇编文件应严格履行文件登记手续，如果出现文件缺件、缺页、缺损的情况，应及时采取补救措施；要注意保密。

汇编会议文件一般有以下两种情况。

（1）将传达、贯彻会议精神用的会议正式文件加以汇编，以起到宣传作用。

（2）将会议所有的文件，包括会议作息时间表、分组名单、会议须知等文件材料收集起来，分门别类或按时间顺序装订成册，以起到保存查证作用。

4. 印发会议纪要和决办通知

会议纪要的印发范围应根据纪要内容确定：绝密级会议纪要只印发与会领导；一般级会议纪要可印发参加会议人员，并视情况加发会议内容、决定所涉及的部门。会议纪要、决办通知要标明密级，分别编号。

（三）会务总结工作

做好会务总结工作，及时撰写会议总结和会议纪要。

会务总结一般以开总结会的形式进行，全体会务工作人员都要参加。对于一些重要会议，如领导有具体要求，就需要在开好总结会的基础上，形成书面的总结报告，上报领导或入卷归档存查。

（四）新闻发布和报道工作

某些重要工作会议需要发布新闻报道。

二、操作技巧实例

实例一 安排好与会人员返程事宜

问题：某公司与北京市老龄工作委员会合作承办的全国首届中老年人选美大赛已接近尾声，但会务秘书仍不敢松懈，因为一些与会人员的返程工作还需要进一步落实。如何才能做好这项工作呢？

解决方法：会议的组织与服务工作切忌虎头蛇尾，应尽早落实与会人员的返程工作。

对于有外部人员参加的会议，会务人员应根据会议的长短、外部与会人数的多少等情况，及早安排与会人员的返程事宜。与会人员的返程工作主要包括以下几点。

1. 帮助与会人员提前准备返程事宜

（1）提醒与会人员及时归还从主办方或会议驻地单位处借用的各种物品。

（2）提醒与会人员及时与会务组结算并办理付费事宜，开好收据发票。会议财务人员要遵守财务管理制度，不符合开支规定的可以拒付。

（3）帮助与会人员检查、清退房间，避免遗忘物品。

（4）准备一些装资料的文件袋和捆东西用的绳子等物品，以备急需。

（5）帮助部分与会人员托运大件物品。

2. 举办欢送会或送别宴会

对于重要宾客和不常见面的远道客人，秘书应建议和协助组织召开一定范围内的欢送会或送别宴会。

3. 提早做好与会人员车票、船票、机票的登记预订工作

（1）应根据会期的长短、外地与会人数的多少等实际情况，及早安排好外地与会人员的返程事宜。应事先了解外地与会人员对时间安排、交通工具的要求，尊重其意愿，并尽力满足其要求。

（2）按先后次序安排返程机票、车票及船票等的预订事宜，掌握交通工具的航班、车次等情况，尽早与民航、铁路、公路、港口等部门沟通联系，提前订好机票、车票、船票等。

（3）应编制与会人员离开的时间表，安排送行车辆，派人将外地与会人员送到机场、车站、港口等，待他们乘坐的交通工具起程后再返回。如有必要，还应安排有关领导为与会人员送行。送站人员应态度热情、语言礼貌、周到细心。所送的客人若是年长者，还需提醒其路上注意身体，一路保重等。

（4）对于尚未离会，还需短时间留住的与会人员的食宿也应妥善给予安排。

实例二 会议文件的清退

问题：某公司会议结束后，王秘书赶紧对会议文件资料进行了清退。过了几天，王秘书翻找文件时发现人力资源部借阅的一份文件还没有还回来。秘书在清退文件时该如何避免这种情况的发生？

解决方法：确定会议文件资料清退的范围，统一制发清退文件资料目录，避免只要求部分与会人员退回文件资料而造成误会，并应注意清退程序和方法。

1. 文件资料的清退程序

（1）向会议主席团或主持人汇报发文情况，提出收退文件资料的建议。

（2）待主席团或会议主持人批准后，下发清退文件资料目录，并做必要的解释工作。

（3）会议结束后进行清退，清退文件时要逐份清点、登记，发现丢失的，应查清原因，及时向领导报告。

2. 文件资料的清退方法

小型内部会议文件资料的清退方法：由会议主持人在宣布会议结束的同时，请与会人员将文件放在桌上，由秘书统一收集；由秘书在会议室门口收集；由秘书单独向个别已领取文件而未到会的人员收集。

大中型会议文件资料的清退方法：提前发出清退文件资料目录，先由与会人员个人清理，再统一交给会议秘书处；运用收集文件的不同方法（如对会议工作人员，可采取下发收集目录，限时清退的方法）。

实例三　会议文件资料的立卷归档

问题：某次大型会议结束后，新任秘书面对一大堆需要立卷归档的文件资料不知从何下手。大型会议的文件很多，应怎样做好立卷归档工作呢？

解决方法：会议文件资料的立卷归档要严格遵守档案制度。

会议文件资料的立卷归档原则上应"一会一卷"，以便日后查找、利用。立卷归档的方法应该根据会议的类型和材料的多少而定。

会议文件较多的大中型会议的文件立卷归档方法：先区分文件类别，然后按问题、时间立卷归档。同一文件的不同修改稿应按修改的时间顺序排列，但要注意把定稿放在前面。

工作会议的文件立卷归档方法：通常按工作顺序排列，即按照领导关于开会的批示、会议通知、会议议题、会议议程、会议记事表、会议决定事项等项目分别立卷归档。有些决定事项无会议文件，应在卷内注明。一次会议决定几个事项的，立卷归档应按决定事项的重要程度排列。

无论哪类会议，立卷归档后的卷内文件都要有编目，每份文件都要盖编目章，填写卷内目录。立卷归档工作完成后，即可归档。

实例四　撰写会议工作总结

问题：王秘书知道会议结束后要就会议的基本情况撰写会议总结，但他无法确定是否每次会议后都要做这项工作，只好赶紧查找资料，又向公司总秘书请教。撰写会议工作总结有哪些要求呢？

解决方法：秘书应遵循及时性原则，会后立即着手撰写会议总结或会议纪要。

会议总结的形式因会议种类的不同而有所不同。大中型会议一般都有专门的会议总结，而且会议总结是会议的一项重要议程，是会议正式文件之一；小型会议上，会议主持人的结论性建议就是会议总结；一些比较隆重的大型会议上，闭幕词就可代替会议总结。

会议总结的内容包括会议名称、时间、地点、规模、与会代表人数、主要议题，参加会议的上级领导人，会议的主持者，领导人报告或讲话的要点，对会议的基本评价和要求，会议的决议情况及今后的工作任务布置等。会议总结写好后，一般较大型或较重要的会议要按照一定程序修改定稿，然后印发，并作为大会的文件资料，连同会议记录、会议简报、会议文件等一并归入档案。

实例五　发布会务新闻

问题： 拟定会务方案时，秘书提出邀请新闻记者参加并得到了领导的同意。秘书为新闻单位准备了较丰富的材料，从而有效引导了本次会务的新闻报道。该事例对我们进行会务新闻报道有何种启示？

解决方法： 对于某些需要发布新闻报道的重要工作会议，应根据领导意图，或发综合消息，或发典型报道，有的还要配以必要的言论，协助新闻单位做好会议的报道工作。

除机密性较强的会议外，一般会议都可做新闻报道，以扩大影响，使会议上的重要信息为公众所知。会议的报道方法有三种：一是邀请新闻记者到会，由新闻记者直接报道；二是召开记者招待会；三是会议秘书部门自己撰写新闻稿件，为新闻记者提供丰富而具体的资料、数据，准确反映会议精神，并在报经有关领导审定后，交由报社、通讯社、电台、电视台报道。会议的报道方法取决于会议的重要性及开放程度。

新闻机构发布和报道的稿件，事前应送请领导审定，以免出现偏差和错误。要注意新闻报道的时效性，做到快写快送、及时见报。

第五章　秘书日常交际活动

📖 **学习目标**

1. 掌握介绍、握手、使用名片的基本要求。
2. 在工作中会使用正确站姿、坐姿、走姿，懂得着装技巧。
3. 能够制订接待计划。
4. 掌握下行沟通和上行沟通的表现形式、作用，以及上行沟通的策略。

🍎 **内容提要**

　　本章主要介绍了秘书在社会交往场合应知应会的常识，力图使秘书在工作中注意利用着装和体态语体现自身的涵养与气质，并能在接待活动中及时了解来访者和灵活运用接待方式，开展有效的日常交际活动。

第一节　商务礼仪

　　礼仪是一门综合性较强的行为科学，它是指人际交往中自始至终地以某种约定俗成的程序或方式来表现的律己、敬人的完整行为。由于地区文化和历史传统不同，各地区、各民族对于礼仪的认识也各有不同。礼仪既是一种内在修养，又是一种行为规范，更是一个人、一个组织、一个民族和一个国家精神风貌的展现。知书达理、礼尚往来是秘书必备的职业素质，关系着组织的整体形象，可以说是组织的无形资产。

　　对个人而言，礼仪体现了人的教养、风度和魅力，以及一个人对社会的认知水准，个人学识、修养和价值。秘书在商务交往中要对礼仪掌握得准确、有度，因此进行有关礼仪的学习和训练就十分必要。

一、知识与技能要求

　　广义的礼仪包括礼貌、礼节等。礼貌是礼仪的基础，礼节是礼仪的基本组成部分，礼仪在层次上要高于礼貌、礼节，其内涵更加深广。三者都是礼的具体表现形式，都要求对人的尊重、理解、敬意与友善。

（一）礼貌与礼节

1. 礼貌

礼貌是人们在交往中用谦虚、恭敬的仪态表示敬重和友好的行为规范。礼貌是一个人在待人接物时的外在表现，既包括仪容仪表的修饰，也包括交往的态度和意愿的表达方式。它侧重于表现人的内在气质与素养，会体现一个人的文化层次和文明程度。

礼貌包括礼貌语言和礼貌行为。礼貌语言是一种有声的行动，如一声"您好"会使交流从愉悦开始，一句"祝您旅途愉快"会让人感到旅途充满了阳光；礼貌行为是一种无声的行为，一个微笑、一个鞠躬都是礼貌行为的具体体现。商务交往中的谦恭有礼不仅会为自己赢得更多的朋友，也会有助于事业的成功。

2. 礼节

礼节是人们在日常活动，特别是交际活动中，表达敬意、问候、致意、祝愿、慰问等惯用的规则。礼是敬意的通称，是人们在社会生活中处理人际关系并约束自己行为以示尊重他人的准则。

"礼"在现代社会既可以表示敬意或隆重举行的仪式，也可以泛指社会交往活动中的礼貌要求。

"节"有节制、适度、分寸的意思，它要求人们在交往活动中不仅要互尊、互敬，还要约束自己，行为做派要适度、有分寸。

礼节在广义上可以与礼仪通用。讲究礼节的本质是引导人们养成良好的行为举止习惯，创造和谐、宽松的交往环境。

3. 礼貌与礼节应该遵循的原则

（1）真诚尊重原则。真诚尊重原则是礼仪的首要原则。真诚是一种实事求是的态度，是真心实意待人的表现。人际交往只有从真诚开始，才能赢得尊重与理解。

（2）平等适度原则。平等是人际交往的感情基础。适度是在平等交往的基础上把握礼仪分寸，根据交往的具体情况、具体情景使用相应的礼仪。在商务交往中，既要彬彬有礼，又不能低三下四；既要热情大方，又不能轻浮谄媚，注重平等也是自重的表现。

（3）自信自律原则。自信是社交场合中可贵的心理素质，人只有具备充分的自信，才能在交往中不卑不亢、落落大方，在面对窘境能及时化解，面对困难能应对自如。自律是一种自我约束，它要求交际双方都要遵循一定的社会道德信念和行为修养准则，以此约束自己的行为，自觉按礼仪规范去做，并无须别人的监督。

（4）信用宽容原则。商务活动尤其讲究守时守约，不能失信于人。只有守信用才能赢得客户的尊重和信任。宽容的原则就是要持与人为善的态度与他人交流，它要求交往双方善于理解对方、体谅他人、换位思考。

4. 重视开启商务交际的技能

商务交际中礼貌与礼节的要求、形式与表现是从待人接物开始的，这主要包括致意、介绍、握手、寒暄几个阶段。

（1）致意。致意是商务交际中较简单和较常用的礼节，意在和对方打招呼。多数致意都不需要发出声音，因此规范而礼貌的致意能够起到"无声胜有声"的效果。致意分为微笑致意、起立致意、举手致意、点头致意和脱帽致意。

①微笑致意适用于彼此距离较近但不适宜交谈的场合，微笑要真诚，会心会意。

②起立致意适用于对长者、尊者的到来和离开表示敬意，应注意在对方来到近身前起立，在目送其走后再落座。

③举手致意适用于向离自己较远的熟人打招呼。其具体方法是右臂举起、伸直，手心向对方轻摆两下，对方看到即可。

④点头致意适用于不能或不必交谈的场合，如会谈时、餐饮时，或一天已与对方见面多次的情况下。点头致意时要平视对方面部，同时微微点头。

⑤脱帽致意适用于熟人、朋友在彼此距离较远或擦肩而过时打招呼。戴着无檐帽时可以不脱帽，但应该欠身；戴有檐帽时要脱帽或者轻掀帽子，做出致意的表示。

致意的习惯要求是按顺序，先致意者应是男士、下级、年轻人、学生；同时与多人打招呼时应遵照先女后男、先长后幼、先疏后亲的顺序。

（2）介绍。介绍既是商务交际中双方互相了解的方式，也是深入沟通的基础。

按照不同标准，介绍有多种形式，如表5-1所示。

表5-1　介绍的形式

标准	形式1	形式2	形式3
交际场合正式与否	正式介绍	非正式介绍	—
被介绍者的人数	集体介绍	个人介绍	—
介绍者所处地位	自我介绍	他人介绍	为他人介绍
被介绍者的身份、地位和层次	重点介绍	一般介绍	—
被介绍者的性质，介绍的内容和目的	商业性介绍	社交性介绍	家庭成员介绍

介绍的礼仪要求包括以下五点。

①自我介绍的要领。自我介绍时应举止庄重大方，表现自信，态度要亲切、友善，语气自然，语音清晰；应注意把握时机、场合、内容、分寸，最好事先了解一些对方的情况，这样便于展开后续的话题；尽量先递名片，再介绍；要简单明了，时间一般在1分钟之内，内容规范，先介绍自己的姓名然后按场合的需要把该说的说出来即可。

②为他人介绍时要注意的顺序。这些顺序包括：将男士介绍给女士；将年轻者介绍给年长者；将职位低者介绍给职位高者；将客人介绍给主人；将晚到者介绍给早到者；将与自己关系密切者介绍给关系稍疏远者；将非官方人士介绍给官方人士。

③介绍他人的要领。首先，应确定谁当介绍人，介绍人不同，给客人的待遇也不一样。

介绍人一般包括三种：专职接待人员，如秘书、办公室主任、接待员；双方的熟人；贵宾，多为主人一方的职务最高者。其次，介绍顺序包括尊者居后、男先女后、轻先老后、主先客后、下先上后，如果双方各有很多人，要先从主人方的职位最高者开始介绍。在正式的公务场合，应以身份地位为主，即先介绍职位高的，后介绍职位低的。介绍时应该使用尊称和姓氏来称呼被介绍人，注意避免直呼其名，除非别人要求这样或确信可以直呼其名时才可以。"女士"通常是对妇女的尊称，在没有把握时，不要直呼其名。

④介绍时应提供适当的信息。在介绍别人时，应对其个人情况做出客观、积极的评价，这反映了介绍人对被介绍人的评价和看法。当介绍出现失误时，应沉着寻找补救的机会。不知道或忘了被介绍者的姓名应立即承认。介绍属于商务交往的重要内容，其中有两点要注意：一是要把握时机，即对方想了解和对方有空闲的时机（在销售礼仪中有一个零干扰原则，即在向客人介绍产品时，要在客人想知道或感兴趣的时候介绍，不能强迫服务，破坏对方的心情）；二是要把握内容分寸，该说什么、不该说什么都要清楚（业务介绍就要把握三个重点，第一是人无我有，即别人没有同类技术产品；第二是人有我优，即我有质量和信誉的保证；第三是人优我新）。这样的介绍不仅有效率，而且会给对方留下深刻印象。

⑤介绍中的忌讳。在自我介绍和介绍别人时都应该注意不要刻意表现自己；不要打断别人的交谈；不要吞吞吐吐、词不达意；不要为取悦对方而夸大某些情节或内容；不要旁若无人地口若悬河；不要做出容易引人产生误解的举动。

（3）握手。握手是一切商务场合较常用，使用范围较广的见面通用礼节。握手时应注意以下五个方面。

①握手的顺序。握手应遵循"尊者决定"的原则，即由身份尊贵的人决定双方有无握手的必要。握手的顺序一般是：上级、长辈、女士、已婚者、职位高者先伸出手来，之后，下级、晚辈、男士、未婚者、职位低者伸出手与之相握。宾主之间，客人来访时，主人先伸手；告辞时，客人先伸手。一人与多人握手时，先后次序是"由尊而卑"，即先上级，后下级；先长辈，后晚辈；先主人，后客人；先女士、后男士。在商务场合握手时，伸手的先后次序主要取决于职位、身份，而在社交、休闲场合，次序则主要取决于年龄、性别和婚否。

②握手的要领。握手的姿态为：两人相距一步，两足立正，上身稍向前倾，伸出右手，四指并拢，拇指张开，双方的手掌与地面垂直，握住后微微上下摇动一两下。握手时应面带微笑，注视对方，并伴随简单的问候与寒暄，如"见到你很高兴""幸会"等；表情应自然、热情、友好、诚恳。

③握手的时间。握手的时间要掌握适当，一般持续 2～3 秒。但若遇到老友或敬慕已久的客人时，为表示特别亲切，握手时间可以稍长一些。握手时用力应不轻不重，恰到好处。过于用力，会让人产生粗鲁无理之感；过于无力，则会让人感到敷衍和缺乏热情。

④握手的主要方式。握手主要有平等式、手扣手式和拍肩式三种方式。平等式握手即单手握，这是较为普通的握手方式。握手时双方同时伸出手，手心向着左方，这种方式适用于商务场合中初次见面或交往不深的人。手扣手式握手即主动握手者用右手握住对

方的右手，再用其左手握住对方右手的手背，这种方式在西方国家被称为"政治家的握手"。拍肩式握手即右手相握，左手扶对方右臂，这种方式适用于情投意合或感情极为深厚的人。

⑤握手应注意的禁忌。握手有六大禁忌：一是用左手握手。握手一定要用右手，用左手相握是严重失礼的行为。二是握手时三心二意。握手时目光不能左顾右盼，漫不经心。三是戴手套、戴墨镜握手。握手时一般不能戴手套，但女士若身着礼服、礼帽，与他人握手时也可以不摘手套，因为手套属于礼服的一部分。四是与女士握手时间过久。五是交叉握手。当两人握手时，应避免与另外两人相握的手形成十字交叉式，西方人认为这样是不吉利的。六是不平等握手。有多人在场时却只同一人握手，是对其他人视而不见的表现，是极为失礼的行为。

（4）寒暄。寒暄既是礼仪的要求，又是交流的工具。寒暄主要由称呼、问候和简单的客套话构成，表达了交际双方的相互关注、关心，有联络感情的作用。

有关称呼的选择，在一般工作环境中，应尽可能地使用职务、职称、职级或加以姓氏的称呼（如张部长、李处长、赵总经理、刘工程师、王教授）；在休闲娱乐性的交际环境中，可以直呼姓名或加职务、职业称呼，不知道职务、职称或职级的，也可以用泛称来寒暄，如"先生""女士""老师""师傅"等。

秘书应该记住以下常用敬语，以方便沟通：相见问候说"您好"；了解姓氏问"贵姓"；初次相见说"久仰"；长久未见说"久违"；问询住址称"府上"；询情问事说"请问"；请人协助说"劳驾"；请人帮忙说"费心"；托请办事说"拜托"；等候客人说"恭候"；客人来到说"光临"；看望友人称"拜访"；起身离去说"告辞"；中途离开说"失陪"；请人勿送说"留步"；陪伴朋友说"奉陪"；请人评说称"请教"；请人指教说"赐教"；请人指正说"雅正"；赠送书文说"斧正"；对方来信称"惠书"；向人祝贺说"恭喜"；麻烦别人说"打扰"；求人方便用"借光"；物归原主称"奉还"；请人原谅称"包涵"。

（二）礼仪的基本内容

礼仪是各类组织的交际工作人员在各类活动中，为了塑造个人和组织的良好形象而应遵循的尊重他人，讲究礼节，注重仪表、仪态、仪容、仪式的行为规范和程序。

礼仪包含的内容很多。从广义上看，礼仪包括生活中的礼仪、职场中的礼仪和一些特殊领域（如军事、海事、宗教）的礼仪。具体来看，生活中的礼仪又包括家庭礼仪、校园礼仪、社交礼仪等；职场中的礼仪包括商务礼仪、政务礼仪等。秘书在日常工作（如接听电话、洽谈业务）中要符合相应的规范礼仪要求。

在商务活动中，我们应该恪守的礼仪原则可以概括为：尊重上级是一种天职，尊重下级是一种美德，尊重同事是一种本分，尊重客户是一种常识，尊重所有人是一种教养。这五个方面涉及商务活动、人际交往的方方面面，在这些方面的表现可以体现一个人的综合素质。

礼仪基本内容包括仪容、仪表、仪姿、仪态和气质风度。

1. 仪容

仪容是个人仪表的重要组成部分，包括发型、面容、肢体等人体所有未被服饰遮掩的肌肤部分。仪容美在人的仪表美中占有举足轻重的地位，因为仪容包括了最容易受他人注意的人体部位。整洁、自然、美观的仪容，不仅会体现商务人员的个人素养与品位，也是在向交往对象传达自身态度等重要信息。

商务人际交往对仪容的基本要求：鼻毛常修剪不外露，头发清洁，无怪异发型；男士头发尽量前不遮盖额头、侧不掩耳、后不及领、面不留须，女士避免任意披发，长发最好挽束或扎起来，头饰宜庄重素雅；颜面清爽，没有汗渍和油污；口气清新；手部和肢体外露部分应保持清洁，不使用颜色醒目的指甲油；身体无异味。

为了在商务活动中展现良好的精神风貌，提倡以规范的化妆来修饰自己的仪容。但注意不要在公共场所当众化妆修饰，且装扮要协调、自然，符合职业角色要求，最好淡妆上岗。

2. 仪表

仪表指人的外表，包括人的容貌、姿态、服饰和个人卫生等方面，它是人的精神面貌的外在体现。仪表在人际交往的最初阶段往往最能给对方留下第一印象。人在人际交往中主要会传递三种信号，加利福尼亚大学洛杉矶学院的阿尔伯特·马哈宾博士称之为"3V"：视觉信号（Visual）、声音信号（Voice）和语言信号（Vocal）。这三者共同构成了职业形象的要素，也就是我们通常所说的仪表。视觉信号是指我们能看得见的东西，如衣服、形体语言、面部表情等；声音信号是指人对其声音的运用；语言信号是指遣词造句。服装、服饰是人的形体的外延，包括衣、裤、裙、帽、袜、鞋、手套及各类饰物。它们不仅起着遮体御寒、美化形象的作用，同时又是在用无声的语言昭示着一个人的个性、身份、涵养及心理状态。正如莎士比亚所说，"服饰往往可以表现人格"，一个人穿戴什么样的服饰会直接影响他人对这个人形象的评价。事实证明，服饰只有与穿戴者的气质、个性、身份、年龄、职业及穿戴的环境、时间协调一致，才能真正起到修饰形象的作用。因此商务人员在公务活动中应掌握必要的服饰礼仪知识。着装的原则是穿着打扮要兼顾时间、地点和场合三个要素，这是国际通行的基本准则。相应地，秘书在商务场合的着装应做到以下四个协调。

（1）与环境协调。服饰的选择要与穿戴者所处的环境相协调，不同环境、不同场合下应该穿戴不同的服饰，所穿戴的服饰应与工作环境相协调：公务场合应以套装、制服为主要选择；社交应酬中的着装不要过于保守，可以选择礼服、时装，有民族特色的服饰也不失为可行的选择；休闲场所则以休闲便装或者运动装为主要选择。

（2）与社会角色协调。服饰的选择要与穿戴者的社会角色相协调。也就是说，穿戴的服饰应该与所从事的工作和单位形象相吻合。选择一套适合自身角色的服饰来装扮自己，会为自己增强信心，更会令旁人对自己多几分好感。要根据性别、职级、职业、岗位来选择自己的服装服饰。公务场合着装的忌讳：形式杂乱，色泽鲜艳，过于露、透，服装过于短、小、紧。

（3）与自身条件协调。服饰的选择要与穿戴者的自身条件相协调。在了解服饰本身的诸多因素的同时，必须充分了解自身的特点。例如：身材高大的人就不要穿过于短小而亮丽的服装，因为那样会显得可笑而张扬；身材矮小的女士也不宜选择深颜色的长款裙装，因为那样只能使自己显得更加矮小。只有当服饰的形式和色泽等均适合自己的身材，也适合工作角色时，服饰才能发挥扬己之长、避己之短的效果。

（4）与时节协调。服饰的选择要与穿戴的时节相协调。仅仅注重环境、场合、社会角色和自身条件而不顾时节变化的服饰穿戴也是不可取的。要知道，时髦和流行不适用于一切场合，正规并不违背时尚。例如：盛夏时节穿着短款套裙配上长靴就显得不伦不类；数九寒天身着薄、露的服装也只能给人以美丽"冻"人的感觉而已。当然，还应特别注意保持服饰的清洁与整齐，整洁是服饰美、仪表美的根本。

3. 仪姿、仪态

仪姿、仪态是指人的举止行为和表情。通常所说的"站有站相，坐有坐相""站如松，坐如钟，行如风"就是对仪姿、仪态的一般要求。温文尔雅、从容大方、彬彬有礼已成为现代人的一种文明标准，也是一个人的教养、风度的体现。商务活动中的优雅仪态会为自己赢得更多的朋友与信任。

标准的站姿要求头正、身直、肩平、正视、臂垂、胸挺、腿并。头正，要求脖颈挺直，微收下颌，面带微笑，平视前方；身直，要求挺胸，后背挺直，收腹，提臀；肩平，要求臂垂，双肩放松平正，手臂自然下垂，虎口向前，手指自然弯曲，中指贴于裤线；腿并，要求两腿并拢直立，脚跟靠拢，脚尖分开约45度。站立时要避免弓背、斜肩、探头、歪脖；面对他人交谈要避免双手抱胸或插进衣袋，身体不应倚靠或晃动。

标准的坐姿要求入座要轻缓，落座要稳重，离座要慢。女士着裙装落座时要先把裙子向前拢一下，坐稳后再挺直上身，两手自然交叉，放在近小腹前的两腿中间；小腿自然垂于地面，两脚保持小丁字步。男士除要保持上身正直挺胸外，还要注意双肩平正，双手可放在大腿或椅子扶手上，小腿垂直落在地面，两脚尖分开的角度不大于45度。无论哪种坐姿都要注意不要弯腰驼背。女士坐下后不要叉开双腿，起立时可一只脚向后收半步，而后站起。

标准的走路姿势要求目光平视，头正颈直，挺胸收腹，两臂自然下垂，前后自然摆动。秘书走路姿态应该优雅、自然，同时要保持身体挺直，不摇晃。穿裤装时，宜走成直线，步幅可稍微加大，以显活泼、潇洒；走路忌走八字步；不要多人并排行走或勾肩搭背行走。在狭窄的通道，如遇领导、尊者、贵宾、女士，应主动站立一旁，以手示意，让其先走；上下楼梯时，不要弯腰弓背，手撑大腿，也不要一步踏两三级楼梯。若遇尊者，应主动将扶手的一边让给尊者。走路的步伐要坚定有力。

从容、自然的表情是心理成熟的标志。表情是人的思想、情感及心理变化的外在面部表现，不论在任何情况下都应保持从容、自然的表情。在人际交往中应保持表情大方、友善、自然、专注，热情诚恳，积极交流互动。表达情感要适度控制，不事张扬，不卑不亢；不做作，善用微笑来融洽关系；避免行为举止中的不良姿态。

4. 气质风度

气质是一个人素质的外在表现。气质不仅和与生俱来的容貌、体质、体型等有关，更受到后天环境变化、文化教养、审美情趣、价值观念和心理状态的影响。秘书要不断用各种知识充实自己，为人处事要自尊自律，这是提升自身气质的必要途径。

风度是美姿的展示，也是气质的显现。一般来说，风度与气质相应，气质欠佳者也难有好的风度；风度也取决于气质。人要有风度需先有自知之明，不自卑，也不夸张。有风度的人必定知道礼仪的重要性，即便气质粗犷、冷峻的人也不会择取无理粗鲁的自我形象。彬彬有礼、落落大方是秘书应有的风度。风度离不开经验，因为经验会使人稳重而不浮躁，但这需要较长时间的历练和体会。

仪表端庄、穿戴整齐者比不修边幅者显得更有教养，也更懂得尊敬别人——这已经成了一般人的思维定式。因此，职场人士对于着装技巧应该有所了解。

（三）女士着装技巧

1. 女士服装选择技巧

女士着装应该选择最能体现自己个性和品位的风格。职业女装一般有三种基本类型：西服套裙，夹克衫，连衣裙或两件套裙。

西服套裙是职业女性的标准着装，可塑造出强有力的职业形象。单排扣上衣可不系扣，双排扣的则应系好（包括内侧的纽扣）。穿单色的套裙能使身材显得高瘦一些。

轻便的夹克衫可以与裙子搭配，用于不太正式的场合。夹克衫建议选择与套裙相同的颜色，如黑色、藏青色、灰褐色、灰色和暗红色等。

连衣裙和两件套裙都可以单独穿或者与上衣搭配在一起穿。尽管它们在某些场合很合适，但看上去不如西装套裙显得有力度。一排纽扣到底的大衣式裙子，比衬衫配裙子看起来更有力度，更显职业化。随着服装服饰的创新，新面料的使用，毛织套装、旗袍裙也是可以选择的。

2. 女士配饰选择技巧

女士配饰主要包括首饰、腰带、围巾、袜子、鞋、眼镜等，它们各有不同的选择标准。

（1）首饰的样式要尽量简单大方，不要戴晃来晃去或叮当作响的首饰，也不要戴太多的首饰，每只手只戴一枚戒指。

（2）尽量使用皮制腰带，或选择合成材质；皮带扣要简洁。皮带应与鞋的颜色、质地相配。

（3）选择围巾时要注意围巾颜色中应包含套裙的颜色。如果要将围巾打结或系起来，最好采用丝绸面料的围巾。

（4）丝袜一般用来衬托裙装，颜色以与肤色相近或较深，尤其是肉色为宜。穿丝袜时切记裙摆与袜口之间不能露出腿部。

（5）皮鞋是常见的职业用鞋，穿着舒适，美观大方。选择皮鞋时应以中跟为宜，鞋跟高度过高会使行走摇晃不稳。不要穿露脚趾凉鞋、松糕鞋或后跟用带系住的鞋。鞋的颜色应与衣服下摆一致或比衣服深一些。

（6）眼镜可以使人显得更加成熟、自信。由于眼镜一般都从早到晚佩戴，所以应该选择较为职业化的眼镜，不要戴有色和半透明的眼镜，因为它们不仅会遮住双眼，而且会显得对人不敬。

（四）男士着装技巧

男士在服装上的选择通常要比女士少，但这并不意味着他们就不用考虑着装问题。事实上，对男士来说，着装上细微的变化会对其整体外形产生很大的影响。商务人员尤其可以通过自己适当的着装树立反映其个性特点和独特品位的个人形象。

1. 男士服装选择技巧

男士的职业服装一般有两种类型：两件套西装和运动式夹克配长裤。

（1）两件套西装。西服是一种国际性服装。一套合体的西服可以使着装者显得潇洒、精神、风度翩翩。人们常说"西服七分在做，三分在穿"，那么，怎样穿西服才算得体呢？简单来说，穿西服有以下六个要点。

①讲究规格。西服有两件套、三件套之分。正式场合应穿同质、同色的深色毛料套装。穿两件套西服时，在正式场合不能脱下外衣。一般来说，西服里面不要加毛背心或毛衣。

②选好衬衫。衬衫通常为单色，领子要挺括，不能有污垢、油渍。衬衫下摆要放在裤腰里，系好领扣和袖扣。衬衫衣袖要稍长于西装衣袖 0.5~2 cm，领子要高出西装领子 1~1.5 cm，以显示衣着的层次。

③系好领带。西装脖领间的"V"字区最为显眼，领带应处在这个部位的中心。领带的领结要饱满，与衬衫领口的吻合要紧凑；领带的长度以系好后领带下端正好触及腰上皮带扣上端处为宜。领带夹一般以夹在衬衫第三粒与第四粒扣子间为宜。西装系好纽扣后，领带夹不能外露。

④用好衣袋。西服上衣两侧的口袋只作装饰用，不可装物品，否则会使西服上衣变形。西服上衣左胸部的衣袋只可放装饰手帕。有些物品，如票夹、名片盒可放在上衣内侧衣袋里，裤袋也不能装物品，以求臀位合适，裤形美观。

⑤系好纽扣。双排扣的西服要把纽扣全部系上，以示庄重；单排两粒扣的西服，只扣上面一粒纽扣即可，三粒扣的西服则可只扣中间一粒，以便坐下时解开。单排扣的西服也可以全部不扣。

⑥选好皮鞋。穿西服一定要配皮鞋，而且裤子要盖住皮鞋鞋面。不能穿旅游鞋、布鞋、露脚趾的凉鞋，也不能穿白色袜子和色彩鲜艳的花袜子。男士宜着深色线织中筒袜，切忌穿半透明的尼龙或涤纶丝袜。

（2）运动式夹克配长裤。运动式夹克和长裤的颜色应形成一定的对比，以保持它们较随意的风格。格子花呢夹克对商务场合来说有些过于随意。

2. 男士配饰选择技巧

男士配饰主要包括首饰、手表、皮带和皮鞋，各自选择标准有以下几个方面。

（1）每只手只戴一枚戒指。

（2）可以戴纯银、金质或不锈钢等合金材质的优质美观的手表。

（3）皮带尽量应是真皮制成，或选择合成材质。颜色应为黑色、棕色，应与鞋相配，皮带扣要简洁。

（4）尽量选择系带或不带扣皮鞋。鞋的颜色不应浅于裤子。

总之，秘书职业着装有三个原则，分别是 T（tidy，整齐的）、O（occasional，适合特殊场合的）、P（pleasant，舒适愉快的）。它们加起来就是"TOP"，即最好的、顶尖的。

（五）商务人士着装关键

（1）制服和便装不可混穿。

（2）西装与服饰配色不要超过三种，袖口商标要拿掉。

（3）男士的皮鞋、皮带、公文包颜色要一致。

（4）不要穿白袜、尼龙丝袜和花袜子。

（5）女士裙装配色要一致，忌穿黑色短款皮裙，裙、鞋、袜（丝袜）的颜色应搭配好。

（6）女士佩戴饰物要与身份、服饰的颜色和款式相协调。

（7）应尽量选择纯棉、毛、真丝等面料的服饰。

需要注意的是，职场服饰的基本要求是正装风格。有些服装的材质，如牛仔服、皮革之类，就算成套搭配穿得很好看，也不适合职场穿着。衣服料子和款式都以选择正统为宜。另外，如果平时穿制服上班，最好每一季都准备一套正装，这样到了紧急时刻就不会在衣橱前手足无措了。

（六）使用名片的技巧

1. 名片的设计和接递方法

（1）名片的设计方法。在网络通信（如微信、微博）流行的今天，名片仍不失为让新结识的朋友记住自己的姓名、地址和电话号码等重要信息的一种有效的媒介，也是一种可被对方收存的资料。当自己被介绍给别人，彼此握手并简单交谈后，就可以出示名片。名片不仅能向未来客户介绍自己和公司，还能说明自己的职位及职称，因此要精心设计。

名片一般长 9 cm，宽 5.5 cm。形状奇特的名片虽然能引人注目，但很多钱包或名片夹都装不下，因而不易保存。双面名片对于经常出国做生意的人会很有帮助，如一面用中文，另一面用英文。名片上的字体可横排也可竖排。一张形象、效果俱佳的名片通常包括公司标志或徽记、名称、地址及个人姓名、职务、电话号码等。若有必要，也可印上其他办事处的地址。

（2）名片交换的时机。第一次见面时，最好赠送对方一张自己的名片。出示名片本身就表明你有与对方继续保持联络的意向。

例如在展销会开始时，销售经理与客户之间互换名片是一种传统，表示非正式的业务往来已经开始。同样，刚来到的客人也会向接待员出示名片，以便被介绍或被引见给有关人员，之后见到主人时还应再递上一张名片。在这种场合，商务名片实质上起到了社交名片的作用，因为递送名片既表明了自身的身份和到来，也表示了与对方进行业务往来的主动意向。

在宾客较多的场合，一开始就交换名片有助于及早了解来客的身份。一般在会议开始前就应向他人索要名片，然后可采用日本人的习惯，即把名片摆放在桌上当座位图使用。

拜访某人时，如果主人没有出示名片，客人可在道别时索要。如果主人的名片就放在桌上的名片盒中，应首先征求主人同意，然后再取出。名片一般会索要两张，一张存放在自己的名片夹里便于交往，另一张存在客户卷宗里作为资料保存。

用餐时，应等到用餐结束时出示名片。在私人宴会上，除非有人索要，否则不要散发，因为那样会混淆商务与社交的界限。

在参加社交活动时，应随身携带名片。如果本人不能亲自前往，可以托人送上自己的名片来表达自己的沟通意向。

（3）名片接递的方法。递名片时，应用双手食指和拇指执名片的两角，以文字正向对方，一边自我介绍，一边递过名片；接受对方递过来的名片时，应该用双手接过，以示尊重。如果双方同时递名片，自己的应从对方的稍下方递过去，同时以左手接过对方的名片。接过名片后，要看上几秒钟或小声拜读以示尊敬。对方人较多时，应从领导开始交换名片。收到名片后不要立即将其放到包里，应放在面前的桌上，这样名片就可以在交谈时起到提示的作用。

交换名片时要使用适当语言进行沟通，如"很高兴和您相识""这是我的名片，希望保持联系"等。

2. 使用名片的注意事项

（1）出示名片的礼仪与握手相似。通常是年长者或职位偏高者主动出示，如果其没有这样做，自己应先出示名片，然后再向对方询问、索要。

（2）名片应放在伸手可及的地方，以便随时取出，如放在口袋或公文包里。

（3）看到名片上姓名等要素后，如有疑问之处，要在第一时间问明白，因为此时人们都会很乐意解答与自己有关的提问。

（4）面对一群陌生人，如无特别目的，不要随意散发名片，散发应有所选择。

（5）参加会议时，应在恰当的时机与不认识的人交换名片，通常应选择在会议开始前或结束时。如果要做发言或介绍，可以顺势依次递出名片给身边的人，这样大家都会知道要发言的人是谁。

在互加微信时，以上的提示仍然可以作为参考。未得到对方的应允，贸然提出互加微信也是不礼貌的。

二、操作技巧实例

实例一　服装也是一种信息表达

一位刚毕业的女大学生终于等到了她心仪已久的公司的面试通知。面试前，她专门到商场为自己采购了一套价格不菲的"行头"，并在精心化妆之后，以靓丽的造型和全身的名牌装扮出现在面试考场上。面试结束后，一位现场招聘人员说："这位小姐的着装令我们很难接受她。她美丽活泼，衣着奇特而昂贵，我认为她更适合去做演员或模特，而不是在我们这儿做整理文件和档案的工作。"

问题：这位女大学生的服饰传达了什么信息？

解决方法：一个人的外在仪表往往是决定别人对其第一印象的重要因素，而正是通过第一印象，别人才会了解一个人对待工作的态度。

这位女生穿着打扮的错误在于，她只考虑如何表现自己的容貌，却忘记了 TOP 原则和工作的要求及特点。职场服饰所要表现的不是流行时尚，而是职业工作。这一点，职场中的人应作为常识时刻牢记。

实例二　商务活动中女士着装的忌讳

一位年轻的女秘书准备和领导前去参加一个商务会谈。当她应约来到乘车地点时，领导已经等候在那里。领导打量着女秘书的装扮，犹豫了一下说："你今天就先不要去了，这条裙子不太合适。"女士看着自己新买的短款黑皮裙，不解地说："颜色虽然暗了些，但是真皮的呢！"领导摇摇头，径直上车离去。

问题：有关商务活动中的着装习惯与忌讳，你了解哪些？

解决方法：秘书的打扮可以说是公司形象的代表。陪同领导出访，应了解并牢记着装的忌讳，随时保持得体的美丽形象，不要怕比领导穿得庄重。每个领导的穿着品位不同，心态却是一致的：希望自己的秘书外表典雅庄重，这样自己在外人面前也会很有面子。所以说，秘书无论工作怎么紧张，行程怎么匆忙，穿着也要从容利落。秘书的抽屉里可以放些简单的化妆品，梳子与镜子，以备不时之需。本例中女秘书的打扮犯了大忌：短款黑色皮裙在西方国家是夜晚街女的装束，这也就难怪领导临时改变了决定。

实例三　了解职业便装

职业便装是职业服装中的一种，常用于会议、公司组织的野餐、高尔夫球赛或办公室的"非正式着装日"等场合。虽然将其称为"便装"，但实际上，它完全不同于纯粹的便装和休闲服。尽管这种着装比标准的职业服装显得随意，但这种服装仍然可以反映穿着人的形象和职业素质。

问题：穿着职业便装有何要求？

解决方法：职业便装的穿着也应符合传统职业服装的一般标准：优美、干净合体并且熨烫平整。

对于女士而言，职业便装包括衬衫、裙子、套裙、长裤、衬衫配夹克衫等。一般情况下，女士应穿平底鞋，不要穿运动鞋或凉鞋，除非要去参加体育活动。

对于男士而言，职业便装包括长裤配衬衫、有领的棉 T 恤衫或毛衣、牛仔裤。男士穿着牛仔裤时应注意不要穿破洞牛仔裤，而且要保证它在特定的环境中能为人接受。在这种情况下，可以配穿平底便鞋或不带扣的便鞋。

实例四　自己不能亲自前往沟通时名片的使用

问题：在对外联系时，秘书原本应亲自前往，却因临时有事由他人代替前往。为了方便以后沟通，这位秘书该怎么办？

解决方法：在托别人送交材料时可附上一张便笺和一张名片，或在邮寄商业信函时附上一张名片，以便日后继续联络。

实例五　索要、接受和赠送名片或互加微信

问题：索要和赠送名片，或希望加对方微信时应如何进行沟通？

解决方法：向别人索要名片时可以直接问"您能给我一张名片吗？"或"我们交换一下名片好吗？""方便加一下微信吗？"

赠送或出示名片时可以说："这是我的名片，如果有别的问题请打电话给我。"或者说："寄信请用上面的地址，希望能尽快听到您的消息。"

给长期客户赠送名片时可以说："您有我的名片吗？"或者说："我一直想给您一张名片。"

职位或通信方式有变化时可以说"这是我的新名片"。

拒绝别人索要名片时可以说"对不起，我的名片都用光了"或"对不起，我忘带了"。

接受名片时要说"谢谢"，并注视几眼，同时轻读内容后再放好。还可以边看边稍加评论，如"你们公司总部在大连，那真是个美丽的城市"。

得到对方应允同意互加微信时，应及时表示感谢，并告知对方自己不会轻易打扰。在工作中使用的微信称谓要正式，以便对方识认。

实例六　改掉不良行为习惯

不少人都有一些下意识的行为习惯，而人们自己有时却很难发现这些不良的习惯动作。人们的动作习惯也在传达某种信息：如交谈时双手交叉抱胸表达的是警惕，不停地揉搓手指则是在告诉对方自己内心的紧张与不安。不好的行为习惯会给人留下不良的印象甚至造成误会。

问题：你在社交场合是否有过下列行为？例如，当众梳头或玩弄头发；手指不自觉地敲击桌面，脚轻轻抖动；玩弄手指，当众化妆或涂指甲油；坐立不安，打呵欠；嚼口香糖；不停地左顾右盼；距离交往对象过近或过远；挤占他人的空间；搓脸、揉鼻子；贸然拿出手机要求扫对方的微信二维码。

解决方法：时时提醒自己不要做这些影响秘书职业形象的不良习惯动作。

第二节　接　　待

　　秘书部门的接待工作不同于一般部门的接待工作，它是指对来自上级、平级、下级和其他相关组织的来宾的接洽与招待，是一种具有公共关系沟通职能的活动。秘书部门是组织的窗口和门面，秘书工作包括大量的人际往来活动，而有往来就有接待。秘书人员在日常接待工作中讲究礼仪，对于加强领导与群众的联系，密切组织与公众的关系，树立良好的组织形象十分重要。

　　一项接待活动通常包括五个要素：一是来访者，即接待对象，可以是一人、数人，也可以是一个代表团；二是来访意图，即来访者企望达到的目的；三是接待者，即对来访者进行接洽、招待的秘书或接待人员；四是接待任务，即根据来访者的情况而确定的接待方针和安排，多在接待计划中体现；五是接待方式，即接待的规格、程序和方法等。

一、知识与技能要求

（一）确定接待规格

1. 接待规格分类

接待规格有三种：高规格接待，对等接待，低规格接待。

（1）高规格接待，即主要陪同人员比主要来宾的职位高的接待。这种接待规格表明了对被接待一方的重视和友好。

（2）对等接待，即主要陪同人员与主要来宾的职位相当的接待。这是较常用的接待规格。

（3）低规格接待，即主要陪同人员比主要来宾的职位低的接待。这种接待规格常用于基层单位。

确定接待规格一定要考虑多方面因素，并不是规格越高越好。经常采用高规格接待会影响领导的工作。

2. 影响接待规格的因素

秘书首先要了解客人的身份，据此确定由谁出面接待最为合适。此外，影响接待规格的因素还包括以下几个方面。

（1）对方与我方的关系。当对方的来访事关重大或我方非常希望发展与对方的关系时，可以采用高规格接待。

（2）一些突发状况会影响既定的接待规格，如在领导生病或临时出差的情况下，只能让他人代替接待。遇到这类情况，必须向客人解释清楚并向客人道歉。

（3）对以前接待过的客人，接待规格最好参照上一次的标准。

（二）制订接待计划

秘书人员接到来客通知后，首先，要了解来客的所属单位、姓名、性别、民族、职业、级别及来客人数等信息。如果有可能，还应了解来客的文化程度、兴趣爱好、性格、健康状况等。秘书对来客的基本情况了解得越多，接待工作的成功率就越高。其次，要掌握客人的意图，了解客人的目的和要求及其在住宿和回程安排方面的打算。来访者的意图通常有三种：礼节性来访，如参观访问、学习、回访等；工作性来访，如业务洽谈、支援合作等；反馈性来访，如给组织领导人提出批评、建议和要求，反映重要情况等。秘书人员可通过在接待前阅读有关资料，倾听接待开始时的初步交谈及在接待过程中的深入接触，逐步将所需要的信息收集完整。对有可能再次来访的人员还应建立接待档案。最后，要了解客人到达的日期，所乘车次或航班班次及其到达时间，然后将上述情况及时向主管人员汇报，并通知有关部门和人员做好接待的各项准备工作。

1. 接待计划

接待来访者，特别是接待来访团体的第一项工作，就是制订接待计划。

接待计划的主要内容包括三项：确定接待规格，预定日程安排，提供经费开支。

接待规格决定了日程安排及经费开支，具体包括谁到机场、车站迎接和送别，谁全程陪同，宴请的规格、地点，住宿的等级、房间标准等。以上内容都要在计划中写清楚，具体涉及的内容有：主要陪同人员；主要工作人员；住宿地点、标准，房间数量；宴请时间、地点、标准、人数；会见、会谈的时间、地点，参与人员。

2. 有效管理接待环节

为了让所有有关人员都能准确了解自己在接待活动中的任务，提前安排自己的时间，保证接待工作的顺利进行，可制作并填写表5-2、表5-3和表5-4，印发各有关人员。

表5-2 接待活动人员安排

人员安排	时间	地点	事项	联系电话
主要人员				
陪同人员				

表5-3 接待活动日程安排

××活动日程安排

日期：
时间：
活动内容：
地点：
陪同人员：

表5-4　接待经费列支

接待经费列支
1. 工作经费（租借会议室、打印资料等费用） 2. 住宿费用 3. 餐饮费用 4. 劳务费（讲课、演讲、加班等费用） 5. 交通费 6. 参观、游览、娱乐等费用 7. 纪念品费用 8. 宣传、公关费用 9. 其他费用

如果客人的住宿费用、交通费用和参观娱乐费用等须由客人一方支付，就应把所需费用数目与日程安排表一起提前提交给对方。

接待费用从何而出也是要落实的问题。特别是当两个以上的单位联合接待时，应从一开始就筹划经费来源。

除以上工作内容外，秘书还应该熟记接待工作的原则。

（三）接待工作的原则

1. 热诚大方，注重实效

对于任何来访的客人，秘书人员都要热情、诚恳，以礼相待。来访者中不管是上级机关，还是下级单位，也不管其身份、职位、资历、国籍如何，都应平等相待，诚恳热情，不卑不亢，落落大方。对于来访者的合理要求，能满足的应尽量予以满足，不能满足的也要说明情况和理由。总之，要设身处地为来客着想，处处给予其方便。

2. 认真负责，细致周到

秘书人员要认真对待每次接待活动，对每位来访的客人负责。一次接待活动常常会涉及许多部门和人员，秘书人员要协调好各种关系，考虑各个细节，如来宾的衣食住行及各项活动可能会牵涉的人和物等。秘书人员要善于换位思考，处处替来宾着想，提前检查有无漏洞，为来宾提供全方位的服务，使双方都不留下任何遗憾。要做到这些，秘书人员在工作中必须开动脑筋，综合考虑，面面俱到，把工作做得细致入微。

3. 确保安全，内外有别

在接待过程中，要确保每位来宾的安全，包括住地安全、交通安全、饮食安全、财物安全、信息安全等。如属保密性的接待，则要注意会谈保密、文件保密、通信保密及活动安排保密等。在接待中，对系统内外、党内外、国内外的来宾在礼仪上和规格上应有所区别，既要遵守纪律，按规定办事，又要热情周到，文明接待。

4. 勤俭节约，讲究礼仪

接待工作在某种意义上也是一项消费活动，需要人力、物力、财力的投入，因此秘书人员应厉行节约，精打细算，勤俭务实。

以礼待人体现了秘书人员较高的礼貌素养。讲究礼仪是个人修养的自然流露和体现，这同虚情假意、矫揉造作截然不同。

（四）接待工作的礼仪要求

接待是秘书人员的日常工作之一，接待礼仪的表现将直接影响来客对组织的信任和组织在来客心目中的形象。热情而有礼貌地做好接待工作，能够给来客留下良好的第一印象，为组织与来客进行信息沟通、感情联络奠定良好的基础。要做到这些，秘书人员必须掌握一定的接待礼仪。

1. 面带微笑，和蔼可亲

接待工作中的一个重要问题就是秘书人员的工作态度。初次与组织交往的来客会对秘书人员的态度特别敏感：如果接待人员态度诚恳，被接待的来客就会感觉到自己得到了尊重，会觉得组织是一个温暖的集体，因此容易接受组织传播的信息和倡导的价值观念；反之，势必会造成组织与来客的沟通障碍，影响组织与来客进行联系与沟通。

接待工作的礼仪要求是面带微笑，和蔼可亲。作为组织的接待人员，要有饱满的精神状态，不管是在严肃的会见中，还是参加轻松的娱乐活动时，都要随时面带微笑，保持关心他人的态度。例如，如果每当客人光临，秘书都说"欢迎光临，我们经理正在等候，请跟我来"，那么相信在场的客人，不论是熟悉的还是陌生的，只要见到她面带微笑的样子，都会倍感亲切，从而增进组织和来客彼此的信任感。

真诚的微笑源自秘书人员的敬业精神及对组织的认同感，这样的微笑配以亲切的招呼和得体的仪态，将十分有利于树立组织的信誉。

2. 情真意挚，亲切问候

组织接待工作要求秘书人员在接待来客时不仅要情真意挚，而且要做到朴实自然、举止大方，既注重基本礼仪，又不至于做作；既不失现代人的洒脱风度，又讲究端庄大方，从而赢得来客的好感。如果秘书人员矫揉造作，举止不近常态，一方面会造成来客的紧张情绪，不利于营造人际交往的良好气氛，另一方面也会引起公众的不信任甚至产生猜疑心理。

要做到情真意挚、举止大方，秘书人员必须经常参加接待活动，在实际工作中提高自身的接待水平。秘书人员对待来客要一视同仁，无论是熟人还是陌生人，都是客人，要把他们看成组织的知心朋友。秘书人员有了这种真挚的感情，接待工作才会做得热情、周到，举止也会显得随和、自然，从而有利于组织接待工作的顺利进行。

3. 热情周到，礼貌服务

在接待工作中，秘书人员作为组织的代表直接与来客接触，他们的一举一动都会影响来客对组织的看法和评价。因此，秘书人员一定要做到文明礼貌、热情周到。尤其是对远道而来的宾客，秘书人员更应关怀备至，问寒问暖，切实帮助他们解决实际困难，消除来客对组织的陌生感和恐惧心理，形成一种良好的交往气氛，让来客感受到宾至如归的温暖，给来客留下良好的第一印象。

接待来客要周到，应尽量提前到达接待处；来客到来时，秘书应在门外迎候，使来客感到秘书人员早就有恭候其到来的准备；假如客人按约前来赴会，而组织的秘书人员迟迟不来，客人就会感到未被尊重。

4. 讲究信誉，遵守诺言

待人接物要讲究信誉。不可轻易违背组织许下的诺言，因为不遵守诺言易使来客产生一种上当受骗的感觉，认为组织正在故意设圈套蒙蔽来客，来客会因为未得到应有的尊重而对组织产生排斥情绪，这就等于组织给自己设置了交往的障碍，人为地在组织与来客之间竖立起一道难以跨越的高墙。讲究信誉，遵守诺言，能够缩短组织与来客的心理距离，为组织以后的公共关系活动奠定良好的心理基础。

要做到讲究信誉，遵守诺言，秘书人员应持有尊重公众的态度，把公众当成社会组织的衣食父母，树立"顾客就是上帝"的观念。一般来讲，在接待工作中，失约现象是不应发生的。如果组织因客观情况发生变化，不能守时守约，必须事先通知或事后向来客解释清楚，以真诚的方式向来客致歉并认真检讨，以赢得来客的谅解。

5. 真实坦诚，记住对方

接待工作也是主客双方交往的过程。接待人员只有主动向来客接近，引起来客的关注，才能将自己的形象印刻在来客的心里，因此每个秘书人员都必须从以下几个方面努力提高自己的接待能力。

（1）表露自己，吸引注意。秘书人员在与来客交往的过程中，只有主动地表露自己，坦然地介绍自己的身份、职责、观点和看法，让来客从自己开放的言谈中逐步了解自己，才能使其产生信任，进而与自己沟通思想。自我表露要讲究一个"真"字，切不可自我吹捧或自我贬低，要本着实事求是的原则来表露自己，在来客心目中建立自己真实的形象。

（2）记住对方，取得好感。无论在哪种社交场合，如果人们的名字被他人记住，特别是被初次交往的人记住，人们往往就会产生一种被尊重、被重视的感觉。秘书人员在交谈之初就记住来客的名字，会为融洽的谈判打下基础。美国人际关系学者卡耐基就高度推崇美国前任总统罗斯福，因为罗斯福知道一种最简单、最明显、最重要的得到他人好感的方法，就是记住姓名，使人感到受到重视。记住公众的姓名，是秘书人员应当具备的能力。

（3）态度诚恳，耐心细致。接待工作中的许多细节不是预先设计安排好的，而是秘书人员通过主动应变创造出来的。例如，在接待投诉的客人时，如果接待对象的心情比较激动，秘书人员可以有礼貌地招呼其坐下，倒上一杯热开水，以诚恳的态度听取意见，中间提问和插话时也尽量使用惋惜、劝慰的言辞。这样，来访人员尽管心中有气，但在接待人员的耐心劝说下，也会很快消除紧张的情绪。这种满足公众心理需求的礼貌接待方式是颇能取得公众好感的。

6. 行为文明，讲究礼貌

秘书人员不仅要善于表达自己的意思，而且要注意倾听客人的讲话。接待人员不要讲个不停，而要给客人更多的谈话机会，并认真倾听。

7. 办事利落，树立形象

秘书人员要给来客留下深刻印象，除了要在仪表和言谈等方面下功夫之外，更重要的还是要提高办事效率和能力。为了树立良好的组织形象，秘书人员应养成雷厉风行的习惯，对于客人交办的事情，要迅速、及时地办理，不能拖沓，更不能延误。如果到时实在无法办妥，应及时回复客人，并讲明原因，以取得客人的谅解。

（五）做好接待工作应注意的问题

（1）了解来客到站的确切时间，并提前到达接站处，绝对不能迟到，否则会使来客产生一种不信任感，事后无论怎样解释，都很难改变组织在来客心中失礼的印象。

（2）为了便于来客识别，应事先准备一块牌子，写上"欢迎您，××同志/先生/女士"或"欢迎××单位代表团"等字样。字牌书写要工整、醒目，以便来客到站时可以迅速接上关系。

（3）接到来客后，秘书人员应迎上前去，主动打招呼、问候，并真诚地表示欢迎，同时做自我介绍；若有名片，应双手递上，礼貌地与对方交换名片。必要时，应让来客检验一下自己的身份证和工作证，以打消客人的疑虑。

（4）主动帮助来客提取行李，但最好不要拿来客的公文包或手提包，因为里面可能装有贵重物品，如介绍信、钱款等。如果接待残疾来客，还应事先准备好车辆，注意扶持。

（5）陪同来客乘坐事先安排好的交通车辆，一同前往接待的住宿处，并帮助客人妥善办理住宿事宜。到达住宿处后不宜久留，以免打扰客人休息。与客人分手时应定好下次见面的时间、地点与联系方法。

（6）在迎接陪同的过程中，应热情回答来客的提问，如会议的日程安排、往返车票或机票等的登记等情况，并主动询问来客是否有私人活动安排，是否需要帮其代办事情等。为了活跃气氛，也可主动介绍一些本地的风土人情、气候、旅游胜地、特产，单位的地址、方位、周边环境等。

（7）如果来客所乘的车、船、飞机未能准时到达，应主动询问推迟到达的时间，并耐心等候，不能擅自离去。如果来客因故改期，也应主动与其联系，问清原因，并对接待工作做出相应的调整。

二、操作技巧实例

实例一　正确的称谓、清晰的表达，体现的是尊重

一位男秘书在别人向他介绍一位被接待的女士时，没有听清女士的姓名，他不好意思再问，于是每当要与对方交谈时，他都以"这位女士"相称。临别，女士调侃道："你没记住

我，可是我记住了你，因为今天起我又多了一个名字。"

问题：第三者给你介绍某人而你又没有听清他的名字时，你应当怎么办？

解决方法：应当立即直接向对方问清楚并记住。这种认真的态度会引起对方的好感，因为一般人对于告诉他人自己的名字这类事情是不会厌烦的。但是，在向女士打听其姓名时，就应注意对方是否愿意告知姓名，如果对方不大愿意，则不必强求，但可以用问清字面的方法记住对方的姓，如"是立早'章'还是弓长'张'？"，或"是耳东'陈'吗？"

在接待工作中，要使来客对秘书人员产生兴趣和好感，秘书人员还得牢记被接待来客的容貌、声音、名字或说话的神态，把所能看到、听到、感觉到的一切特征全部记下来，以便下次再遇到时能立即向他打招呼。这虽然是一件小事，却能取悦来客，使人有一见如故之感。另外，要培养组织与来客亲如一家的思想，而不是人为地在组织与来客之间架起高墙，制造陌生感。

实例二　接待时要注意双向的信息沟通

一位经理在听取秘书的接待汇报时，二人发生了如下对话。

经理：我们的情况客人都了解了？

秘书：对，都了解了。

经理：你怎么知道客人都了解了？

秘书：我介绍得非常详细。

经理：客人说什么没有？

秘书：客人一直在听，没说什么。

经理：客人如果没有听进去，又怎么能说了解呢？

问题：秘书怎样才能有效地达到接待目标？

解决方法：接待人员在简明扼要地进行自我介绍之后，关键就在于仔细倾听对方的要求。在倾听时，接待人员要鼓励、引导来客说下去，不要轻易打断来客的谈话；不要过早地下结论；要全神贯注，不要心不在焉；要抓住来客所要表达的实质内容，不要被其言谈技巧所误；对于自己没听懂的，要随时询问，不要不懂装懂；避免出现沉默的场面。

第三节　沟　　通

一、知识与技能要求

能够进行顺畅的沟通是对秘书工作的基本要求。沟通不仅要求秘书要善解人意，能够准确表达，还要求秘书有良好的心态，耐心、宽厚、容忍、开朗。秘书所要面临的沟通形式主要包括纵向沟通和横向沟通。

（一）纵向沟通

1. 纵向沟通的类型和形式

纵向沟通包括自上而下的下行沟通和自下而上的上行沟通。在纵向沟通中，自上而下的下行沟通是纵向沟通的主体，而自下而上的上行沟通是纵向沟通的关键。

（1）下行沟通。

①下行沟通及其表现形式。下行沟通是指上级作为信息发布者对下属进行的一种沟通。下行沟通一直是纵向沟通的主体。公司管理层所涉及的种种功能、活动，如计划实施、控制授权和激励，基本上都要依赖下行沟通去实现。通过上情下达传递的信息多种多样，如命令、指示、政策、措施等，下行沟通传播信息可以使公司正常运转。同时，下行沟通本身还传递着另一条信息：公司不是老板的公司，而是全体员工的。下行沟通营造的工作氛围可以帮助员工更好地接受和配合执行领导下达的指令和政策，并引导员工深入理解公司的政策、战略发展及经营变化。

②下行沟通的特点。秘书在进行下行沟通时，应注意自己的工作特点：一是非权力支配性——不能超越领导授权的范围；二是非职责限定性——协调沟通的范围不是被职责完全限定的；三是认同疏导性——利用自身能力使各方面服从疏导，取得结果认同。

③下行沟通的作用。下行沟通的作用主要有以下几点：一是让员工知晓企业的重大活动，如扩大再生产、市场兼并、劳资关系、利润状况、销售状况、市场份额、新产品计划、技术革新等；二是显示企业对员工的创造力、努力和忠诚度的重视；三是明确员工在企业里的职责、成就和地位；四是掌握员工所享受的各种福利待遇；五是了解有关社会活动、政府活动和政治事件对企业的影响；六是了解企业对社会福利、社会文化发展和教育进步所做出的贡献；七是让员工的家属了解企业，营造凝聚力；八是让新来的员工看到企业发展的轨迹；九是让员工了解不同部门发生的各种活动；十是建立外界了解企业发展的窗口。

④下行沟通的载体形式。下行沟通的载体形式通常包括备忘录、指令、政策、命令、布告、面试、会议和演示等。具体而言，根据下行沟通采用的介质，可以将其分为以下三类：一是书面类，包括指南、声明、公司政策、公告、报告、信函、备忘录等；二是面谈类，包括口头指示、谈话、电话指示、广播、各种会议（评估会、通知性会议、咨询会、批评会）、小组演示等；三是电子类，包括闭路电视系统、新闻广播、电话会议、传真、电子信箱等。

（2）上行沟通。

①上行沟通及其表现形式。上行沟通是指自下而上由下属主动发送信息而由领导作为接收者进行的一种沟通。

②上行沟通的目的。上行沟通的目的就是开辟一条让管理人员听取员工意见、想法和建议的通路。同时，上行沟通可以达到管理控制的目的，上层管理部门可以通过这种沟通了解生产业绩、市场营销信息、财务数据，以及基层员工在做什么、想什么，以便及时对政策做出调整。

③上行沟通的作用。上行沟通的作用包括：一是为员工提供参与管理的机会；二是减少员工因不能理解下达的信息而造成的失误；三是营造民主式的管理文化，提高企业创新能力；四是缓解员工的工作压力。

④上行沟通的载体形式。有效的上行沟通尽管有很多途径，如意见箱、小组会议、反馈表等，但这些途径能真正发挥作用的关键还在于在组织中营造上下级良好的信赖关系。秘书应明白：有效的上行沟通与组织环境、氛围直接相关，而营造这种氛围正是秘书工作的重要内容。

（3）上行沟通的策略。上行沟通的策略主要包括以下三点。

①建立互信。上级应对下属充满信任，对下属采取的行动有把握；同时，秘书也应建议管理者投入时间、资源，建立持续信任，包括对员工进行维护领导形象与权威的教育；正确对员工进行上行沟通的培训。

②适时采用走动管理，安排非正式的上行沟通。非正式沟通多采用社交活动形式，如一起喝茶、进餐、参加晚会、郊游、进行文体活动等。这与正式沟通相比，来自信息接收方的障碍要低得多，沟通效果也更好。

③维护领导层内部的一致性，请示、汇报工作严格按照职责分工进行。

2. 纵向沟通的障碍

（1）接收者沟通技能上的障碍。对员工来讲，沟通技能之一便是理解力。由于员工进入组织的时间不同，员工自身的理解能力等也存在差异，因此如对新员工采用简单的命令式进行沟通，可能会造成员工误解信息或对信息一知半解，致使沟通失败。

（2）由沟通各方心理活动引起的障碍。例如，下行沟通中就容易出现信息膨胀或扭曲。

（3）不善聆听。普遍的情况是，在组织中，员工和经理都急于表达自己，不断解释，难以真正倾听对方的声音。

（4）草率评判。信息接收方在与对方进行谈话时，不是试图去理解对方的意思，而是企图进行评判，或进行推论和引申，并在没有充分理解的情况下就妄下结论。

（5）语义表达和理解方面的歧义。在管理沟通中，因为语言歧义引起的误解和沟通失败的例子比比皆是。

3. 纵向沟通的策略

为了保证沟通通道的畅通，管理者有必要掌握一定的沟通策略。下行沟通的策略主要包括以下六点。

（1）制定沟通政策。为了保证领导能够及时有效地下传信息，必须制定相应的沟通政策，明确沟通目标。这些政策可以涵盖以下内容：一是必须就相关事宜及时通知有关各方，如员工、社团成员、客户、供应商；二是必须将公司计划、指令和目标告知员工；三是必须鼓励、培育和建立一个稳定的双向沟通渠道；四是必须就有关重要事件的信息及时与员工沟通；五是划拨足够的资金和工作时间，实施公司的沟通政策；六是制定具体的细则来规范具体沟通活动，如组织面谈、开会和发行出版物等。

优秀的秘书人员应及时有效地对可以下达的信息进行筛选，促进沟通。

（2）减少沟通环节。组织应力求用简单的机构和精练的系统来回应扩张和发展所带来的障碍，具体措施包括：通过分权来抑制管理队伍的扩充；减少整个管理的中间层次，使信息能够直达某些重要部门。

（3）去繁从简，减轻沟通任务。在沟通中，秘书应重视控制信息流，这会极大地提高沟通的效率。可采用排队原则和关键时间原则。排队原则即按轻重缓急来处理信息，如对于不很重要的会议、约见、信件、电话和报告，可以滞后或改期；关键时间原则即在恰当的时间传递信息，如不要在三个月前向他人通知某个会议，这会让员工觉得会议并不重要，而且员工也容易忘记。

（4）提倡简约的沟通。沟通时应力求避免含糊其词。除其他不当沟通会引起误解之外，信息本身也会产生歧义。如果沟通的信息本身就模糊不清，接收者就会无法理解。秘书应采用简单、直接，且与对方理解层次相符的措辞。

（5）启用反馈机制。鼓励接受者对信息进行评价，即反馈，可以帮助管理人员判断信息沟通的效果。秘书人员应该尽可能采用面对面的沟通方式进行沟通，这比书面沟通在获得反馈方面更具优势。

（6）实行多介质组合。要增强下行沟通的效率，最主要和最简单易行的方法就是采用多种沟通介质和增加沟通频率。

（二）横向沟通

1. 横向沟通的定义

横向沟通又称为平行沟通。良好的横向沟通是组织打造团队精神的重要保证。秘书在横向沟通中应更多发挥信息枢纽作用，同时宜采用协调手段，构建和谐的部门关系和员工关系。

2. 横向沟通作用

横向沟通的存在是为了增强部门间的合作，减少部门间的摩擦，并最终实现组织的总体目标。横向沟通具有以下作用。

（1）保证组织总目标的实现。横向沟通有利于使本部门增强对其他部门的了解，便于本部门从宏观层次上认识本职工作，并自觉协同其他部门进行操作，最终实现公司的总体目标。

（2）弥补纵向沟通的不足。无论组织多么致力于建设上行沟通、下行沟通渠道，限于沟通场合、时间性等因素，组织仍不可避免地产生沟通误解、信息遗漏、信息曲解等失误。从某种程度上讲，员工间相互传送信息和沟通的氛围较纵向沟通更为轻松，也更利于员工达成共识。因此，横向沟通可以起到确认信息，强化纵向沟通效果的作用。

3. 横向沟通的类型

横向沟通包括部门经理之间的沟通，部门内部员工之间的沟通，部门经理与其他部门员工之间的沟通，某部门员工与另一部门员工之间的沟通。

4. 横向沟通的形式

跨部门的横向沟通通常采用会议、备忘录、报告等形式，其中会议是较经常采用的沟通形式。跨部门会议根据目的不同，可以分为不同性质的会议：决策性的会议、咨询性的会议和通知性的会议。秘书操办会务就含有横向沟通的要求。

对于部门内员工的横向沟通，应更多采用面谈、备忘录的形式。由于沟通主体相互熟知，并且有着同样的业务背景，沟通效果通常会比较理想。

对于本部门员工与其他部门的经理或员工的沟通，采用面谈、信函和备忘录等就显得更为合适。

5. 横向沟通的障碍

横向沟通多表现为跨部门沟通，由部门经理或办公室主任、主要负责人、秘书等负责。横向沟通的障碍具体包括以下几个方面。

（1）部门"本位主义"和员工短视倾向。

（2）对公司组织结构存有偏见，"一叶障目"。

（3）性格冲突。导致跨部门经理间沟通失败的一个主要原因就是沟通各方的性格及其思维习惯的冲突。缺乏对沟通对象特定沟通方式的了解，就容易导致沟通失败。

（4）猜疑。猜疑是缺乏信任的表现，有时也与个人的性格有关。

6. 横向沟通的策略

针对横向沟通中经常出现的问题和存在的障碍，秘书可以通过引导各方调整沟通思路来解决深层次的问题。

（1）建议树立"内部顾客"的理念。"内部顾客"理念认为：工作服务的下一个环节面对的就是本职工作最终服务的顾客，要用对待外部顾客、最终顾客的态度、思想和热情去服务内部顾客。

（2）建议各方耐心倾听。在横向交流会谈中，各个部门的参加者最擅长的就是描述本部门的困难和麻烦，同时指责他部门的不合拍。当沟通各方仅仅关注如何组织发言来阐述、强调本部门、本岗位遇到的困难时，对于别人的发言他们就不会去耐心倾听。

（3）建议各方进行换位思考。试着采用他人的思维方式，设身处地地替他人着想，体会他人的看法。了解他人认识事物的方式有助于找到合适的沟通方式，并进行有效的沟通。

二、操作技巧实例

实例一　负面信息的传达技巧

在下行沟通中，最令秘书头痛的莫过于向下属传递负面信息，或者与员工沟通一些他们不希望接纳的信息。例如，员工工作出现差错，必须给予明确批评；训诫下属，以杜绝不良现象；出现经济危机时向某些岗位传达薪资下调信息等。在进行此类信息沟通时，员工容易产生抵触情绪或对领导产生怨恨。

问题：秘书应如何减少抵触，降低怨恨，同时准确传递信息？

解决方法：秘书应按照减少抵触的沟通五原则，协助领导传达此类信息。

（1）调查研究，掌握事实。秘书在与员工进行正面交谈之前，要尽可能多地了解事实情况，反馈越具体、越准确、越及时，就越有利于沟通的成功。

（2）协助领导了解当事人的想法，让当事人有时间和机会仔细说明当时的经过。这样不仅可以缓和气氛，而且可以了解当事人对问题的看法及对问题的认识程度，以便双方在已有政策的基础上达成共识。

（3）建议领导私下处罚员工。当众批评、指正或训斥员工是很难让人接受的，此类沟通应选择在私下场合进行。

（4）建议尽量与员工就事论事，不要触及个性问题，只说明组织对其行为改变的具体期待即可。

（5）提醒领导不要意气用事。

实例二　双方都要做到有备而来

组织在解决问题的会议或对话中，经常会出现员工和经理都急于表现自己，难以侧耳聆听的情况。有时，一些听众甚至会粗暴地用毫不相干的话题打断谈话，干扰沟通。

问题：如何尽快达到沟通的目标和效果？

解决方法：要让与会人员要做到有备而来，信息的主要传达者应备有多个应对方案，认真聆听；主持人或信息传达者要做到自我克制，全神贯注，及时引导参会者围绕主题进行讨论，避免谈话的随意性。

实例三　多介质沟通与检查督导并用

有时自上而下布置的工作实现起来效率不高，并不是因为这项工作不重要，而是因为督促和检查工作不到位，员工在多项重要工作同时进行时显得忙乱无章。

问题：选择何种办法能够简单易行地解决问题？

解决方法：增强下行沟通的效率，最主要和最简单易行的方法就是采用多种沟通介质并重复沟通。例如，在书面请求之后采用备忘录跟进，或者在报告之后采用电话跟进。甚至在一个信息里面，也可以结合多种方式进行沟通。例如，在向一些人员进行沟通时，可以在开场白里陈述主要观点，然后举例解释说明主要观点，最后在结论中重复观点。还可以分阶段公布检查监督的结果，促使工作顺利推进。

实例四　设立专职协调机构，遵循协调程序

公司的横向沟通中经常出现部门之间对某些问题互相推诿的情况，以致会议讨论裹足不前，而马拉松式的调解会议又常常使部门管理者怨气冲天。

问题：如何才能减少部门互相推诿的情况，提高沟通效率？

解决方法：应该设立专门的员工或部门，由其承担召集和协调部门或员工间沟通的工作，这种方式尤其适合跨部门性质的沟通。负责该工作的员工或部门（如秘书或秘书处）负责定期组织召开部门间的沟通会议，或要求各部门的员工定期互相提交报告，从而让不同

部门的人员了解其他人正在进行的工作，并鼓励大家提出有建设性的建议。

专职协调部门要始终把自己的角色定位在从属和参谋的位置上，工作应坚持依法、平等、尊重、协商和分级负责的原则。

在进行沟通时，应遵循以下程序。

（1）通过调查研究，确定要解决的问题。

（2）分析问题，收集相关信息。

（3）了解每个可能接触到的人。

（4）形成自己的想法和观点。

（5）草拟解决计划与方案。

（6）逐一评价并选择最佳方案。

（7）设想可能遇到的难题和相应的解决方法。

（8）着手进行沟通。

实例五　运用化解冲突的智慧

在公司中，由于各部门、员工利益关系的不同，常会有不同意见产生。秘书的职责决定了他不能一遇到这样的场面，就像其他人一样加快脚步，远离现场。然而，在处理不同意见时，如果处理不当，反而会使对立双方的情绪更加激动，怒气更加高涨，以致破坏企业内团结合作的气氛。

问题：面对不同的声音时，如何以沟通为武器化解冲突？

解决方法：为使意见和冲突顺利地得到化解，应遵循一套系统化的程序：为冲突定位—确定沟通方式—实施沟通过程并反馈。

解决冲突的程序包括事前诊断，澄清具有争议性的话题，选定冲突沟通策略。

1. 事前诊断

在冲突发生之前，应事先诊断、了解情况、提早防范，做好沟通的充分准备。秘书要考虑或请示领导自己要介入到什么程度，可以选择什么妥善的策略，以使冲突不至于扩大。

2. 澄清具有争议性的话题

秘书应明确自己的想法是否与其他"关系人"的想法一致。要想达到双向沟通、听到不同意见的效果，必须遵循三个原则，一是制造开诚布公的气氛，由自己带头，鼓励员工踊跃发表观点；二是广纳百言，当别人说出自己不爱听的话时，不要给予惩罚；三是说明自己征求意见的意图和目标。

3. 选定冲突沟通策略

分析冲突的可能来源，选定冲突沟通策略。

第六章　秘书商务活动实务

🕮 学习目标

1. 能够安排会见、会谈，组织开放参观活动、宴请活动。
2. 能够制订商务旅行计划，完成出差旅行的一般准备工作。
3. 掌握办理出国申请、护照、签证的基本程序及相关手续的办理要求。
4. 能够积极有序地筹备商务谈判。

🌱 内容提要

本章主要介绍了秘书处理商务活动的方法和技巧，介绍了秘书对商务会谈、商务旅行活动的准备要求，商务旅行计划的制订，商务谈判的基本原则和准备工作，力图使学习者能够合理安排会见、会谈、开放参观活动、宴请活动的相关事宜，为商务旅行、商务谈判做好准备。

第一节　商务活动

秘书在日常事务管理工作中，经常要根据公司的业务需要安排会见、会谈，组织开放参观及宴请活动，因此了解此类商务活动的基本要求并能够合理安排好相关商务活动对秘书来说十分必要。

一、知识与技能要求

（一）会见与会谈

1. 会见与会谈的定义

会见是指双方见面、交换意见，又称会晤。会见可以起到沟通信息、交换立场、联络情感的作用。凡身份较高的人士会见身份较低者，或是主人会见客人，一般都称为会见；凡身份较低的人士会见身份较高者，或是客人会见主人，一般称为拜会或拜见。会见和拜见后的回访称为回拜。

会谈是指双方或多方以平等的身份就实质性问题交换意见，进行讨论，阐述各自立场，以期取得共识，或为达成某项具体协议而进行正式磋商。会谈的内容既可以是重大的政治、经济、外交、军事、文化问题，也可以是具体的业务性或技术性问题。有时会谈也可以称为谈判。谈判是一种正式的会谈，具有以下四个特点：旨在就某一特定问题达成协议；谈判的过程是一个"讨价还价"和"有予有取"的漫长、艰难和反复的过程；达成的协议必须对各方具有约束力，并通常需要以某种书面形式予以正式确认；主谈人必须是双方的全权代表，是"说话算数的人"。

2. 会见与会谈的类型

会见与会谈的类型，如表 6-1 所示。

表 6-1　会见与会谈的类型

商务活动	类型	特点
会见	礼节性会见	持续时间较短，通常为半小时左右，话题较为广泛，形式也比较随便
	政治性会见	一般是国家或国际组织的领导人或特使之间就双边关系、国际局势等重大问题交换意见，话题较为严肃，形式较为正规
	事务性会见	涉及一般外交交涉、业务洽谈和经贸、科技、文化交流等内容，有较强的专业性，持续时间较长，也较为严肃，商务组织中以此种会见为主
	公关性会见	一般是组织为加强与公众的联系，发布信息、澄清事实、树立良好的社会形象而进行的与各种新闻媒体或公众代表的会见
	慰问性会见	一般是为了慰问、鼓励、褒奖有关人员而进行的会见
会谈	按会谈目的可分为解决争议的会谈和发展关系的会谈	解决争议的会谈的目的是"化干戈为玉帛"，或者化对抗为对话，以谈判的方式来解决政治、军事、经济、贸易等领域的争端，企业之间多为解决索赔或理赔等进行的谈判
		发展关系的会谈的目的是谋求发展关系和促进友好合作，政府合作、民间合作都可以运用会谈的方式达成意向、签署协议
		许多会谈都是两种目的兼而有之，既为解决争端，又为发展关系、促进合作
	按会谈内容的多少可分为综合性会谈和专题性会谈	综合性会谈，即把涉及双边关系的一些相互关联的问题拿到谈判桌上来讨论，以期达到全面解决争端或全面发展关系的目的，有时又称为"一揽子会谈"
		专题性会谈，即为解决某一专门性问题而解决的会谈，涉及的问题较为单一，一般易达成共识
	按会谈性质可分为预备性会谈和正式会谈	预备性会谈，即在某些涉及重要或敏感问题的正式会谈之前就会谈的议题或程序进行的磋商。此种会谈可以在较低级别的官员之间进行
		正式会谈，即由双方具有全权资格的代表举行的对等会谈，有时也可以组织正式代表团进行谈判

3. 会见与会谈的联系和区别

（1）会见与会谈的联系。

会见与会谈往往相辅相成：双方领导人之间的会见，往往会为双方的正式会谈定下基调或创造条件，且在会见中双方领导人之间达成的原则性共识往往要通过具体而细致的会谈加以系统化、条文化；会谈则可以为领导人之间的高峰会见做先期准备。如果说谈判、讨论、磋商、会晤、会谈等属于交涉或对话的不同方式或阶段，那么谈判就是最正式的方式和最后的阶段。

为了给双方的交涉留有回旋的余地，主要领导人一般都不直接参加实质性的会谈，只是处在第二线，在必要时才露面，通过会见"定调子"，真正的"讨价还价"往往都是由低一级的官员和专家在会谈上完成的。

（2）会见与会谈的区别。

①身份要求不同。会见时，双方的身份高低可以不同；会谈时，除特殊情况外，双方的身份或规格通常应当对等。

②目的不同。会见的目的可以是交换意见，也可以是联络感情；议题也可以较为广泛，可以是政治性、事务性的，也可以是礼节性、慰问性的，不要求达成书面协议。会谈的目的是正式交换意见，须达成书面协议并正式签署协议。

③约束力不同。会见一般以口头方式达成谅解或共识，且无严格约束力；会谈达成的书面协议只要合法（包括国际法），就具有严格的约束力，并受法律保护。

4. 会见与会谈的基本程序

秘书要在整个会见与会谈的过程中，做好有关会见、会谈人员的食宿、交通、参观访问等一切事宜的服务工作，并掌握会见与会谈各自的工作程序。

（1）会见的工作程序。

①明确目的和议题。会见是目的性十分明确的活动，具体的会见对象不同，会见的目的就应有所不同：政治性会见和事务性会见的目标一般是互通情况，沟通立场，消除分歧，确定谈判的原则等；礼节性会见和慰问性会见的目标一般是结交朋友，联络感情，鼓舞士气。会见的议题要根据会见的性质来确定：政治性会见和事务性会见应当有比较明确的议题，即使是礼节性和慰问性会见也应当事先准备好哪些该谈，哪些不该谈，以及哪些先谈，哪些后谈。

②确定会见的规格。确定会见的规格即确定安排何种身份的领导人出面会见客人。确定会见规格是一件十分慎重的事情，关系到双方的关系，有时甚至会带来一定的政治影响，应当认真对待。

③确定会见时的陪同人员。除特殊情况下领导人需要单独会见客人外，一般应安排会见的陪同人员。安排陪同人员时一要考虑所安排的人员是否与会见时讨论的议题有关，尽可能安排有关专家或主管部门人员参加；二要考虑所安排的人员与来访者的关系，如果陪同会见的人员中有对方熟悉的人员，会见的气氛会更加亲切、和谐；三要注意陪同人员人数不宜过多。

④挑选记录员和翻译人员。记录员的职责是真实、完整地把会见时的情况和谈话内容记录下来，以备整理或日后查考。涉外会见还要安排翻译人员。翻译人员的确定要同客方磋商，可以由主方派出，也可以由客方派出，有时宾主双方会同时派出翻译人员。记录员和翻译人员是涉外会见和会谈不可缺少的工作人员，其作用十分重要。挑选的具体要求是：精通外语，熟悉业务，反应敏捷，忠于职守。

⑤确定会见时间。确定会见时间一般要考虑以下几点：一是主方出面会见的领导人的工作日程，不能影响领导人的其他重要公务。二是客人来访活动的日程。会见活动常常是接待客人来访的一种方式，因此，应尽可能在事先商定的客人访问日程中安排领导人会见，尽量避免出现因推迟安排领导人会见而延误客人的访问日程。三是会见的性质。礼节性的会见一般应安排在客人到达后的当天、第二天或宴请之前，其他会见则可根据需要确定具体时间。四是如果主方安排几位领导人分别会见，还要事先安排好会见的先后顺序。

⑥确定会见地点。会见地点要根据会见的性质来选择，要先考虑在什么地方举行会见最合适，然后再确定具体场所。

⑦求见与通知。求见对方应先打电话征得对方同意，并告知对方参加会见的自己一方的主要成员及人数。接受求见的一方如果同意，要及时用电话等方式通知对方，并将会见的名单、地点、时间告知对方。客人访问活动中的会见安排一般应写在接待日程中，并事先谈妥。临时安排的会见可以用电话联系。

⑧现场布置。一是座位安排。会见的座位安排包括确定座位的形状和座次的排列。涉外会见，应当按"主左客右"的惯例安排座位；国内兄弟单位领导人之间的会见，主人和主宾居中而坐，一般不分左右（也可以按国际上"主左客右"的惯例安排座位），宾主双方的其他人员各坐一边，按身份高低排列座位。二是国旗悬挂。在涉外会见时，如果双方身份相同，为了显示会见的庄重性，可在宾主双方就座的两侧放置两国国旗。国旗可以用落地旗架悬挂，也可以用小旗架放置在主人与主宾之间的茶几上。涉外召见应当悬挂主方的国旗。三是扩音设备安装。会见人数较多，会客厅较大时，宜安装扩音设备，供主人和主宾讲话时使用。四是茶水配备。会见时，为客人斟上茶水是一种礼节，因此适当准备茶水和茶具是必要的。五是鲜花摆放。会见现场摆放一些鲜花能使气氛更加亲切。

⑨迎候。会见客人时，主人应提前到达会见场所，并在门前迎候客人。对于一般的客人，主人可在会客厅或会客室门口迎候；对于重要的客人，主人可在大门口迎候。如果主人不到大门口迎候，应由工作人员在大门口迎候客人，并将其引入会客厅、会客室。客人到达时，迎接人员应迎上前去自我介绍，并主动同客人握手以示欢迎。会见的客人较多时，主方人员一般应在前厅或门口列队迎接客人，并按身份高低与之一一握手。接见会议代表、先进人物时，领导人不必迎接，而应先由工作人员将接见对象按合影图排好位置，然后领导人出场接见。

⑩介绍。双方如果是初次见面，可以由秘书或翻译人员进行介绍。通常先向主宾介绍主方人员中身份最高者，然后介绍主宾。宾主双方身份最高者相互介绍后，再按先主后宾的

顺序介绍双方其他人员。有时也可以由主方身份最高者出面介绍。

⑪合影。会见后可安排宾主双方合影，以进一步表示友好，照片亦可留作纪念。合影要事先设计好合影图，即参加合影人员的位置图。合影时由工作人员引导宾主双方按预定位置站好。接见下级代表时的合影，可事先在领导人的座位上标明姓名。合影图的设计要考虑以下几点因素：第一，主人居中，主宾居主人之右，第二主宾或主宾夫人居主人之左。如合影人数为双数，则主人居左，主宾居右。第二，宾主双方其他人员按身份高低相间排列。第三，两端由主方人员把边。如果宾主双方交叉排列时出现客方人员把边的情况，应当将两端宾主双方人员的位置对换，以确保由主方人员把边；合影人数较少时，则不必如此。第四，合影人数较多时，应准备阶梯形合影架，使后排高于前排。第五，接见下级人员时的合影，领导人坐前排，身份最高者居中，其他领导人先左后右向两边排开。合影人员位置安排可参考图6-1。

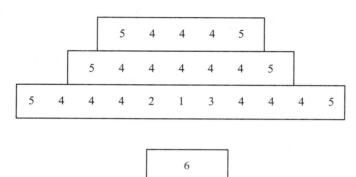

1—主人；2—主宾；3—第二主宾；4—客方人员（或主客插排）；5—主方人员；6—摄影师。

图6-1　合影人员位置安排

⑫送别。会见结束后，主人应视情况将客人送至会客厅、会客室门口或车前，并握手道别，目送客人离去。

⑬整理会见文件。会见一般不产生正式文件，但会见记录必须归档，同时会见现场的照片及合影照片也应一并归档。

（2）会谈的工作程序。

①确定议题。相比会见来说，会谈的议题应当更加明确。会谈的议题往往需要双方事先通过磋商来确定，否则可能会因双方提出的议题差距太大而无法启动谈判。

②明确目标。会谈是目的性十分明确的活动，明确目标是举行会谈的前提。总的来说，会谈的目标都是达成某项协议，但针对特定的谈判而言，目标应当具体。会谈是一项互惠互利的活动，常常需要双方做出妥协和让步，因此，会谈的目标应当根据有利有弊、利大于弊的原则及对方的实际情况确定。会谈的目标包括最高目标和最低目标（谈判的底线）。在企业商务谈判中，最低目标主要是指价格底线。

③收集和分析信息。凡会谈（涉外会谈和国内会谈）都必须事先进行认真和充分的准

备，包括进行仔细的调查研究和探索摸底，准备不充分就不宜进入会谈。有时还需要通过会谈以外的对话渠道为最后举行会谈做好准备，以便通过最后摊牌，达到"水到渠成"的效果。从某种意义上说，会谈是一种信息的交流和竞争。谁掌握的信息更准确、充分，谁就能掌握主动权。

④统一口径。在会谈中，内部口径的统一非常重要。内部口径不统一，各说各的，既易造成负面的政治影响，也可能被对方钻空子，导致自己陷入被动。因此，会谈的目标一旦确定，就应当统一口径。

⑤确定参加人员。由于参加会谈的各方常常以代表团的形式出现，因此会谈的人员配备十分重要，这直接关系到谈判的成功与否。参加会谈的人员包括主谈人（多由谈判的负责人担任）、专业人员、翻译人员、秘书（兼记录员）。主谈人的确定要考虑以下几个方面的因素：一是主谈人的全权代表资格。会谈都是法定组织之间正式交换意见，因此，无论是外交和涉外谈判，还是国内谈判，都必须明确授予主谈人全权代表资格，这一点极其重要。按国际惯例，在外交或涉外谈判中，除国家元首是国家的当然代表外，其他官员进入谈判或签署条约都必须持全权证书，政府首脑和外交部长也不例外。当然，以法律形式明确授权的代表无须出具全权证书，如《中华人民共和国缔结条约程序法》就规定，国务院总理和外交部长"谈判、签署条约、协定，无须出具全权证书"。二是主谈人的级别。主谈人的级别要视会谈的内容和具体议题而定，身份应与对方主谈人的身份大致相当。三是主谈人的素质。主谈人对于谈判起主导作用，故应慎重选择，一般应由熟悉情况、擅长业务、老练稳重、机智敏捷、善于言辞和交际的人员担任。谈判人员的群体知识、能力、性格结构，以及内部分工应当合理，如商务谈判一般应当安排律师、会计师和工程师参加。参加会谈的人数可根据会谈的需要而定。记录工作对于形成会谈最后文件和记载会谈过程具有极为重要的意义，因此任何一次会谈都应当配备记录员。涉外会谈根据情况还应配备翻译人员。

⑥确定会谈时间。安排会谈时间应先征求对方的意见。有时双方可以先就会谈的时间和议程安排进行磋商，达成一致。任何一方如要变动时间，应事先通知对方。

⑦确定会谈地点。国际性会谈的地点有时是个比较敏感的问题，其选择很有讲究，如没有建立外交关系的或处于战争状态的国家举行会谈，地点往往选择在第三国。一般会谈的地点，可选择客人所住的宾馆会议室，以方便客人；也可以将会谈地点的安排与拜会和回拜的地点综合起来考虑。

⑧通知对方。会谈的名单、地点和时间应当通过事先磋商确定，一旦确定便不宜随便更改。一方如确实需要更改，应及时以电话、网络或书面方式通知对方。

⑨会谈现场安排。一是座位安排。双方会谈一般将谈判桌排成长方形或椭圆形，双方各坐一边，主方位于背门一侧，或进门的左侧。涉外会谈的双方主谈人位于中央，其他人员按"右高左低"的惯例排列；翻译人员可安排在主谈人右边位置，以方便双方的交流；记录员则应安排在两端或后面。桌上应放置中外文席卡。多边会谈的座位可摆成圆形、方形、T字形、多边形等。二是国旗悬挂。在涉外会谈时，为了显示会谈的庄重性，可在会谈桌上

交叉或并排放置两国的国旗，也可以用落地旗架将国旗悬挂于两侧。三是扩音设备安装。参加会谈的人数较多时，或是公开举行会谈，允许记者采访或旁听时，宜安装扩音设备，供主人和主宾讲话时使用。四是茶水配备。由于会谈往往会持续较长时间，所以应当准备足够的茶水，夏天还可以增加饮料，中途不再斟茶。时间特别长的会谈，可适当斟茶。斟茶须在发言间歇进行，并从主宾开始。

⑩迎候和送别。会谈时的迎候和送别是非常重要的礼节，应当予以重视。迎候和送别的具体要求与会见时的迎候和送别相同。

⑪合影。合影一般应安排在会谈开始之前，会谈合影的安排可参照会见时的合影安排。

⑫新闻发布。较为重要的会谈通常需要以某种方式发布消息，如接受记者采访，举行新闻发布会或记者招待会等。至于以何种方式接受采访或发布消息，应当在会谈的准备阶段拿出方案，报请领导审批，并与会谈的对方进行协商。会谈开始之前，可安排几分钟记者采访和摄影。非公开性会谈正式开始后，除特别安排的电视采访外，其他采访人员一律退场。会谈结束后，可根据情况由双方同时会见记者或分别举行记者招待会。

⑬整理会谈文件。会谈如果成功，往往会产生合同、协议书、议定书、条约、意向书、备忘录、会谈纪要、声明、宣言、公报等文件。这些文件都是由秘书人员在会谈记录的基础上整理、起草后，提交各方讨论、磋商并达成的。最后，双方还要履行签字程序，使这些文件生效。签字后的文件及原始记录应当一起整理后归档。

（二）开放参观活动

1. 开放参观活动的组织

开放参观活动是指将组织内部有关场所和作业程序对外开放的活动。开放参观活动就是敞开门户，欢迎社会公众对组织的工作场地进行实地观光、考察，以事实说服公众。例如，1986年，苏联切尔诺贝利核电站发生事故后，香港各界曾纷纷表示忧虑，担心广东大亚湾核电站不安全，一时闹得满城风雨、人心惶惶。为此，政府专门组织香港选民代表参观了大亚湾核电站，这些代表现场了解了核电站的安全情况后，风波很快平息。这就是开放参观活动带来的实际效益。近年来，开放参观活动已越来越受到企业的重视。例如，国内某汽车工厂采取了全透明化参观和无阻拦式游览的方式，得到社会公众的关注。为增强社会公众全透明式的参观效果、了解汽车的装配流程，该企业在建造车间之初就在流水线上方设计了玻璃通道，参观者既感受到了企业的实力也提升了对企业的信赖感。

一般来讲，开放参观可分为游览参观和组织参观两类。游览参观，可以进一步了解合作对象；组织参观，可以扩大组织的社会知名度。

组织开放参观活动时应注意以下问题：有明确的目的，即为什么要举行这次活动；围绕目的确定主题，即要达到怎样的效果；成立专门机构，做好宣传和接待工作；确定、了解邀请对象，即明确所面对的是松散性公众还是集聚性公众；选定参观时机、项目和路线；确定参观程序。

2．开放参观活动的主题和被邀请对象的确定

（1）确定主题。开放参观活动的主题，即组织要通过这一活动达到的目的和希望取得的效果。整个开放参观活动都要围绕所确定的主题进行策划和组织。常见的开放参观活动的主题有：扩大组织的知名度，提高组织的美誉度；促进组织的业务拓展；和谐组织与社区的关系；增强员工及其家属的自豪感。

（2）确定邀请对象。一般性的开放参观活动常邀请员工家属或一般市民等；特殊性的开放参观活动常邀请与本组织有特殊利害关系的团体和公众，如行政主管部门官员、同行业领导和专家、媒体记者等。

3．开放参观活动时机和参观路线的选择

（1）选择时机。开放参观活动应选择在春末或秋初时节举行，不宜选择雨天、酷暑或寒冬季节。最好安排在有纪念意义的特殊日子，如周年纪念日、重大节假日、开业庆典、社区节日等。

（2）选择路线。参观路线的选择要求做到：能引起参观者的兴趣，能保证参观者的安全，对组织正常工作干扰小。规定好参观路线，选择好参观地点，处理好公开与保密的关系，尽量做到既给公众留下坦诚的印象，又不使组织机密外泄。

4．开放参观活动的操作流程

总体来说，开放参观活动的主要流程是：举行欢迎仪式—介绍组织历史与现状—发放参观说明书—说明参观路线与注意事项—由接待人员带队参观—举行联欢或座谈—安排照相，发放纪念品。具体而言，在此过程中要注意做好以下事项。

（1）准备宣传册。宣传册应以简明、通俗的语言，介绍参观的内容，尽量图文并茂；少用深奥的专业术语，考虑一般社会公众的文化水平和接受能力。秘书应在参观开始前将宣传册发给参观者，使参观者对参观内容有大致的了解，可以有针对性地参观，免去记录的麻烦。宣传册还可供日后查考使用。

（2）放映视听材料。可在观摩实物前放映有关录像片、幻灯片或电视片，并做简要介绍。

（3）观看模型。秘书可利用事先制作的组织全景模型，向参观者介绍组织的全貌，这样参观者便可择要参观，既省时，又省力。

（4）引导实物观摩。秘书可引导参观者沿一定路线参观，并对重要实物给予讲解。讲解要简明扼要，避免长篇大论。实物观摩分为两种：一是现场观摩，即让参观者参观现场，如参观生产设备和工艺流程，厂区环境或营业大厅，员工教育和培训设施，科技开发（实验）中心，组织的服务、娱乐、福利、卫生等设施。二是实物展览，即参观组织的成果展览室，展览室中可以陈列资料、模型、样品等实物。此外，参观活动内容的确定还要考虑参观者的需要和兴趣。

（5）中途休息服务。应准备好休息室，备足茶水，供参观者中途小憩。

（6）赠送纪念品。纪念品最好由组织自己制造或刻印有本组织名称，以达到宣传组织的效果。

（7）征求意见。可以在出口处设置公众留言簿或意见簿，或者在实物观摩后组织参观者座谈，请他们说观后感、提建议，以便改进工作。

5. 秘书在开放参观活动中的职责

秘书在组织开放参观活动时，应对策划、组织到结束的全过程中的每个细节做到周密考虑，并精心做好场景布置、物品陈列、资料和纪念品发放、人员接待和陪同等工作。秘书的主要职责是做好准备与接待工作。

准备工作的内容包括：寄发请柬；设立接待服务处；准备介绍材料；准备特殊的参观用品，如卫生服、安全帽等；准备茶水饮料；准备要赠送的礼品和纪念品。

接待工作的要求主要是：组成接待班子，具体负责开放参观活动事宜。工作中要做到：来宾到达后热情引导、接待；放映视听资料时认真解说；参观过程中为来宾做好向导；做好招待来宾的餐饮服务；耐心解答来宾提出的各种问题；做好欢送工作。

（三）宴请活动

宴请的形式有正式宴会、便宴、酒会、冷餐会、茶会、工作餐等，应掌握安排宴请活动的方法与要求。

宴请作为经常性的商务活动，通常是由秘书按照领导的要求来安排落实的。无论是普通便饭，还是规模浩大的宴会，宴请都有着十分明显的商业目的，也反映着秘书的礼仪水准和组织能力。

1. 宴请活动安排

组织要认真筹划宴请工作。举行宴会必须"师出有名"，或欢迎贵宾，或庆祝重要节日，或祝贺开工、竣工、开张、谈判成功等。根据宴请的目的、出席人员的身份和人数的多少，宴请的形式可分为正式宴会、便宴、酒会、冷餐会、茶会、工作餐等。正式宴会或正式宴请大都需要向宾客发出正式请柬，事先口头约定或电话通知的也要补发请柬，这是礼节上的要求。宴请活动具体安排要求有以下几个方面。

（1）确定宴会的规格。秘书应根据宴请的目的、宴请对象的身份、宾主之间的关系，与领导确认被邀请的宾客名单，确定宴会的规格，发出正式请柬。宴会的规格主要由三方面条件决定：一是出席宴会的宾主双方的身份，身份越高，规格越高；二是宴会的等级，包括饭店的星级，服务的水平，掌勺厨师的级别，酒水、菜肴的档次等；三是宴会的形式，其中国宴规格最高，酒会、冷餐会等形式则次之。

（2）确定宴请的时间和地点。一般应不选择在重大节日、假日举行宴请，涉外宴请还要照顾到客人的习俗，注意避开对方的禁忌日。应根据宴会的规格和宴请对象的身份，确定宴请场所，规格高的应安排在高级饭店或酒店。

（3）确定宴会的主持人和致辞人。宴会主持人又称司仪，应由有一定身份的人士担任。致辞人的安排有以下几种方式：一是由主办方的领导人致辞，由其对客人表示欢迎或欢送，或对活动的成功举行表示祝贺，或对有关方面的支持表示感谢等。二是主人和主宾都致辞，如主人致欢迎词，客人致答谢词。双方致辞人的身份要一致。讲话稿要事先交换，一般先由主方主动提供给客方。三是其他代表致辞，如举行庆祝某项工程胜利竣工的宴会，可安排参加工程建设的单位代表致辞，这些代表可以是合作单位人员也可以是有突出贡献的建设者。四是上级领导致辞，如果邀请上级领导赴宴，可请其致辞，但必须事先提出请求，让其做好准备，不要搞"突然袭击"。致辞如需翻译，应事先确定翻译人员。宾主双方致辞都要翻译的，翻译人员一般事先商定。

（4）确定菜单。拟定菜单应结合宴请的形式、档次、时间和季节，并事前了解主宾的年龄、健康状况、喜好和禁忌等，以作为拟定菜单时的参考。应做到特殊对象特殊安排。当然，还应考虑开支的标准，应做到丰俭得当。拟定菜单既要注意常规，又要照顾地方特色。菜肴安排应有冷有热、有荤有素、有主有次。除备主菜显示宴请的档次，还要略备些家常菜，以调剂客人的口味。菜单应以营养丰富、味道多样为原则。宴会的菜式比较正规，突出主菜，冷热荤素兼顾，规格较高；自助餐、酒会的菜式相对要简单一些；晚宴比午宴、早宴都要隆重，所以菜品种类也应丰富一些。

（5）排定座次。宴会一般都要事先安排好桌次和座次，使参加宴会的人能各就其位。席位的安排也应体现出对客人的尊重。秘书人员应提前到现场布置并检查组织工作的落实情况，并事先将座位卡及菜单摆好。席位的通知除应在请柬上注明外，还可在宴会厅陈列宴会简图，标出全体出席者的位置；也可用卡片写好出席者的姓名及其所在席次，发给本人。

排定桌次时应注意：桌次地位的高低，以距主桌位置的远近为基准，近高远低；以主桌本身为基准，右高左低。

排定座位的顺序时应注意：一是以主人的座位为中心，如果女主人参加，则以主人和女主人为基准，近高远低，右高左低，依次排列；二是把主宾安排在最尊贵的位置，即主人的右手位置，而将主宾夫人安排在女主人右手位置；三是主人方面的陪同人员应尽可能安排与客人交叉，这样不仅便于交谈，更可避免主方自己人坐在一起，冷落客人；四是翻译人员应安排在主宾右侧；五是座次确定后，分别将座位卡和桌次卡放在桌前方及桌中间。

2. 宴请程序

（1）迎候。主人一般应在宴会厅或休息室门口迎接客人。客人抵达时，主人应主动与其握手表示欢迎，然后将客人引入休息室休息，宾主双方寒暄。休息室要紧靠宴会厅，以便客人可以直接进入宴会厅。休息室要摆放鲜花、茶水和水果。大型宴会中，主人只需迎候主要客人，其他客人则由第二主人或工作人员迎候。国内单位内部举行庆祝、慰问宴会时，可由本单位领导率领工作人员在宴会厅门口迎接。

（2）入场。宴会客人到齐后，可在主人陪同下进入宴会厅。参加大型宴会的一般客人应提前进入宴会厅，主要客人到齐后，再由主人陪同，按礼宾次序，先后进入宴会厅。这时全场应起立，鼓掌表示欢迎。主人与主宾入席后，其他人方能落座，宴会即开始。如有讲话，双方通常应事先交换讲稿，交换时应由主人提供。答谢宴会一般由客方先提供。翻译人员也应事先选定。

（3）介绍主要来宾。由司仪向全场介绍主要来宾。每介绍一位，全场均应鼓掌表示欢迎。

（4）致辞。我国举办的宴会，致辞一般都安排在宴会开始，即先致辞，后用餐。致辞时先由主持人介绍致辞人的身份，然后开始致辞。有些西方国家举办宴会时，致辞一般安排在热菜之后、甜食之前。欢迎或欢送宴会，宾主双方都要致辞，顺序为先主后宾。应注意，这里所讲的"主"是举行宴会的主人，而不是东道主。例如，中国总理举行欢迎宴会，中国总理是主人，外国总理为客人；而外国总理在中国举行答谢宴会，则外国总理为主人，中国总理为客人。冷餐会和酒会的致辞时机则比较灵活。

（5）祝酒。入席后，主人应招呼客人进餐，并率先给客人祝酒。祝酒时可依序逐一祝遍全席，不分地位、身份高低。宴会中，宾主双方应相互祝酒，表达美好的祝愿，同时使宴会的气氛达到高潮。

（6）交谈。席间主人要引导客人参与交谈，并巧妙选择话题，使席间充满和谐、愉快的气氛。

（7）散宴和送别。宴会时间以 1～2 小时为宜，不宜过长或过短。宴会程序基本结束时，主人要掌握时机，适时结束宴会。如果是小型宴会，吃完水果，宴会自然结束，主要客人起身告辞，主人送至门口或车前；大型宴会可以由主持人在发表一番热情洋溢的祝词之后，宣布宴会结束，先请主要客人和领导退席，原迎宾人员顺序排列，与其他客人握手告别。

二、操作技巧实例

实例一　精心安排领导会见或会谈

问题：一段时间以来，公司与从事经贸业务的某贸易股份有限公司之间时常发生一些往来摩擦。为此，经理让秘书约请该贸易股份有限公司的王总前来一叙，并让秘书精心安排此事。秘书应怎样安排此类性质的会见或会谈？

解决方法：做好会见与会谈前的充分准备，以确保会见与会谈的成功。

（1）会见的组织与准备包括：明确目的和议题；确定会见的规格；确定会见时的陪同人员；挑选记录员和翻译人员；确定会见时间和地点；求见与通知；现场布置；迎候与介绍；合影；送别；整理会见文件。

（2）会谈的工作程序除应满足与会见相同的要求外，还应做好以下工作：收集和分析信息；统一口径；新闻发布。

实例二　确定会见规格时须考虑的因素

问题：会见与会谈是企业中常见的商务活动。近日，公司有关部门领导与同行业的某公司人员经过两次会见，就有关问题达成了共识。某日，公司秘书又接到对方电话，对方电话约请公司领导在近期方便时与对方领导进一步面谈合作事宜。为达到预期成果，秘书在安排会见和会谈时需要考虑哪些因素？

解决方法：秘书无论安排会见还是会谈，都要首先确定其规格，并根据规格确定参加人员。

1. 确定规格

在规格的确定过程中，应当考虑以下几点。

（1）来访人员的身份。一般来讲，出面会见的领导的身份应同来访人员身份相当或高于对方。

（2）对方来访的目的。如对方是为解决某些专业问题来访，可由分管领导出面会见。

（3）双方的关系。双方关系是决定由谁出面会见的重要依据。双方关系密切的，可以派身份较高的领导出面会见；双方关系紧张时，则可以低规格会见对方。

（4）对方的会见要求。对方提出会见要求的，如无特别原因，应尽量满足对方要求；对方没提出会见要求的，出于某种需要，也可以安排身份较高的领导主动会见对方。

2. 确定会谈参加人员

会谈的人员配备直接关系谈判的成功与否。参加会谈的人员包括主谈人（多由谈判的负责人担任）、专业人员、翻译人员、秘书（兼记录员）。

（1）确定主谈人。确定主谈人时要考虑主谈人的全权代表资格、级别及素质等方面的问题。

（2）确定其他谈判人员。谈判人员在群体知识、能力、性格等方面的结构及内部分工应当合理。参加会谈的人数可以根据会谈的需要而定。

（3）记录员和翻译人员的挑选。任何一次会谈都应当配备一定的记录员，涉外会谈根据情况还应配备翻译人员。

实例三　如何确定会见的地点

问题：秘书常为不能合理安排会见地点而苦恼。选择会见地点时应考虑哪些因素？

解决方法：会见的地点要根据会见的性质来选择。

根据会见的性质确定会见的地点包括以下几个要点。

（1）一般情况下，政治性会见和工作性会见宜安排在主人的办公地点举行，如主人的会客厅、办公室等；比较重要的会见也可以先同客方磋商具体会见地点，必要时可以选择在第三地举行。

（2）召见必须安排在主人的办公室或会客室，以体现召见的性质。

（3）如果是礼节性会见或回拜，则应安排在客人的住所进行。

（4）接见下属的地点比较灵活，可根据实际情况而定。

实例四　如何进行会见、会谈现场的布置

问题：会见与会谈中的座位安排既是一种礼仪要求，又是会见与会谈准备性工作中的一项重要内容。秘书应如何布置会见与会谈的现场？

解决方法：会见与会谈的现场布置主要包括座位的安排、国旗的悬挂、扩音设备的安装、茶水的配备及鲜花的摆放等。这里主要介绍座位的安排和国旗的悬挂。

1. 座位的安排

（1）会见的座位安排。会见的座位安排应考虑座位的形状及座次的排列。

座位的形状有半圆形、马蹄形、直角形、T字形和长方形等，可根据会见的性质、参加的人数和会客室或会客厅的设施条件而定。

涉外会见应当按"主左客右"的惯例安排座位，即客人坐在主人的右边，宾主双方其他人员各坐一边，按身份高低排列座位，如图6-2所示。国内同行单位领导之间的会见，主人和主宾居中而坐，一般不分左右（也可以按国际上"主左客右"的惯例安排座位），宾主双方的其他人员各坐一边，按身份高低排列座位，如图6-3所示。

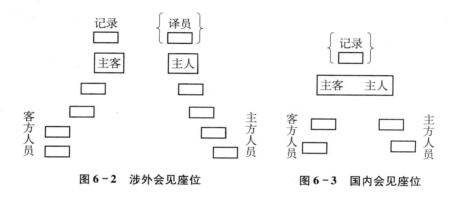

图6-2 涉外会见座位　　　　　　图6-3 国内会见座位

（2）会谈的座位安排。双边会谈一般将谈判桌摆成长方形或椭圆形，双方各坐一边，主方位于背门一侧（见图6-4），或进门的左侧（见图6-5）。涉外会谈的双方主谈人位于中央，其他人员按"右高左低"的惯例排列；翻译人员可安排在主谈人右边位置，以方便双方的交流；记录员则应安排在两端或后面。桌上应放置中外文席卡。多边会谈的座位可摆成圆形、方形、T字形、多边形等。

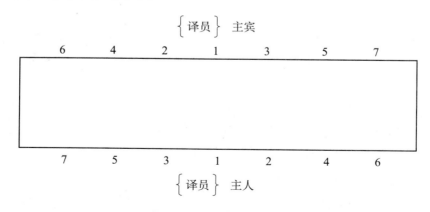

图6-4 会谈座位（一）

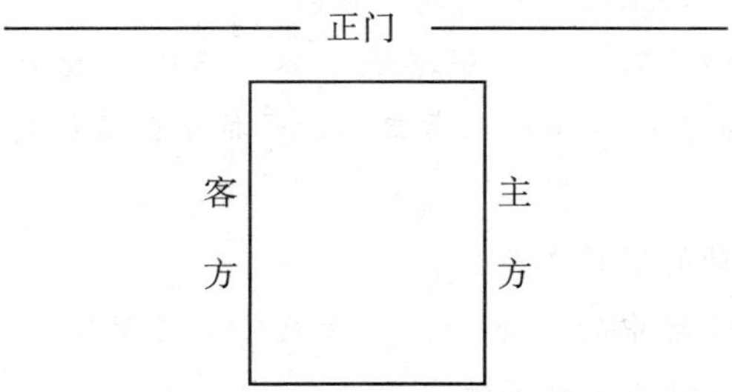

图6-5　会谈座位（二）

2. 国旗的悬挂

在涉外会见时，如果双方身份相同，为了显示会见的庄重性，可在宾主双方就座的两侧放置两国国旗。国旗可以用落地旗架悬挂，也可以用小旗架放置在主人与主宾之间的茶几上。涉外召见应当悬挂主方的国旗。

在涉外会谈时，为了显示会谈的庄重性，可在会谈桌上交叉或并排放置两国的国旗，也可以用落地旗架将国旗悬挂于两侧。

实例五　如何收集会谈信息

问题：决定会谈成败的一个重要内容就是对信息的掌握。为使某次会谈取得预期成果，经理要求秘书将对方的一些信息加以收集，三天后交给他过目。秘书在会谈的信息收集工作中应注意哪些？

解决方法：秘书应多方收集并充分、准确地掌握对方的信息及与会谈相关的信息，以获得会谈的主动权。

1. 对方的信息

秘书人员应在会谈之前，通过各种渠道了解并分析对方（国家、国际组织、公司等）的性质、权限、状况（如公司的营运和资信状况）、对方求见或邀请谈判的意图和背景、对方参加会谈的人员组成情况、对方的谈判底线和可能提出的条件、对方的谈判策略等，从而为制定我方的目标和策略提供可靠的依据。

2. 相关信息

相关信息也十分重要，如商务谈判中，秘书就必须收集有关货物名称、规格、保险、检验、价格、付款方式及市场、技术、金融等方面的信息。

实例六　如何组织开放参观活动

问题：近年来，开放参观活动带来的实际效益正不断显现，开放参观活动已越来越受到企业的重视，但也有一些企业在组织此类活动时颇感吃力。如何才能组织好开放参观活动呢？

解决方法：明确参观目的，确定参观主题，安排好基本参观程序。

组织对外参观活动应注意以下问题。

（1）明确对外开放参观活动的目的。

（2）确定开放参观活动的主题和被邀请对象。

（3）选择开放参观活动的时机和参观路线。参观路线的选择要求做到：能引起参观者的兴趣；能保证参观者的安全；对组织正常工作的干扰小；既给公众留下坦诚的印象，又不使组织机密外泄。

（4）确定开放参观活动的操作流程。

（5）秘书在开放参观活动中的职责。组织开放参观活动时，秘书的主要职责就是做好准备与接待工作，以及参观中的危机事件应对。

实例七　安排宴请活动

问题： 为期五天的会议顺利结束了，秘书立即着手进行会务总结工作。为答谢上级有关部门的支持及同行的关爱，公司特意在半个月后邀请与会务有关的人员参加一场答谢宴会。为组织好本次答谢活动，秘书需要做好哪些工作？

解决方法： 秘书应当按照领导的要求，拟定方案，并在征得领导的应允后安排落实。

1. 宴请方案

该宴会属于正式宴请，故应向宾客发出正式请柬，其他人则可采用电话邀请的形式；应确定宴会的规格、宴请时间、宴会主持人和致辞人（主人致欢迎词，客人致答谢词）；应确定菜单，排定桌次、座位。考虑到宾客的熟悉程度，宴会地点可选在原开会地点处下设的宴会厅，同时还可以安排娱乐节目和抽奖活动。

2. 宴请的基本程序

宴请的基本程序：迎候→入场→介绍主要来宾→致辞→祝酒→交谈→散宴和送别。

第二节　商务旅行

秘书理论中的商务旅行主要是指与秘书直接相关的下列情况：领导个人参加的商业活动、秘书全程或部分陪同领导共同参加的商务旅行、秘书个人出公差。常见的商务旅行包括洽谈业务、参观访问、出席会议、签订合同、实地考察等。无论何种情况，其程序都是一样的，即旅行准备、旅行过程、旅行善后，三者的基本要求也大致相同。秘书要为领导的商务旅行提供优质服务，无论领导在与不在仍保持正常工作。

一、知识与技能要求

（一）商务旅行的一般性准备工作

1. 制订商务旅行计划和旅程表

秘书应掌握商务旅行计划安排的基本内容，能够按照领导意图或原定旅行计划制订合理的旅行日程表（简称旅程表），使领导能在有限的时间内有条不紊地、高效率地完成预定任务。

在制订商务旅行计划前，秘书要了解领导对交通工具、食宿的要求及行程的主要安排，明了公司对差旅费、交通、食宿等标准的有关规定及操作流程。

2. 安排交通工具

根据商务旅行的内容与要求，选择合适的交通工具，选择时应从时间和费用上加以权衡。

3. 安排订票、订房

秘书通常应提前进行网上订票。选择入住的宾馆应考虑领导的级别、习惯等。

4. 准备必备用品

秘书需要提前准备行李箱、便携包等装备，以及介绍信、有关证件、多功能转换插头等物品，必要时准备雨伞、医药包等。

5. 预支差旅费

秘书要填写申请，预支差旅费。差旅费可采用网上支付的方式，必要时携带现金、信用卡或旅行支票等。

秘书为领导在开有账户的银行或其他银行购买旅行支票时，要填写申请表，并由领导当着银行代表的面在支票上签字。

6. 处理公司事务

安排并启动组织的缺位应变程序，提醒领导用授权或遥控方式进行管理，使组织的运作一如既往，正常进行。

（二）出国商务旅行的准备工作

除国内商务旅行的准备性工作外，准备出国或出境旅行时，秘书还必须办理各种必要的出国手续。秘书应掌握办理出国申请、护照、签证的基本程序，了解办理"黄皮书"（国际预防接种证书）、海关检查、保险、免疫及相应手续的具体要求，为领导出国做好准备。

出国旅行的手续准备主要包括六项：撰写出国申请；办理护照；办理签证；办理"黄皮书"；办理出境登记卡；订购机票、车船票。

为领导及出国人员收集所到国的背景资料，准备外语名片、外币等。

（三）发挥旅行社的服务作用

秘书应在平时了解不同旅行社所能提供的业务服务，并在需要时正确地选择旅行社。

（四）领导旅行期间秘书的工作处理

领导外出旅行时，秘书要做到工作照常进行，而且要干得更好。同时，秘书应负责处理领导商务旅行的善后工作，使领导商务旅行的成效在日后的工作中凸显出来，还应做好领导商务旅行结束后秘书应做的完善工作。

二、操作技巧实例

实例一　商务旅行前的准备工作

问题：公司韩经理一行打算今年下半年出国，秘书近期的工作之一就是做好这次商务旅行的各项准备。在领导进行商务旅行前，秘书需要做好哪些准备工作？

解决方法：根据活动安排，做好一切准备工作。

商务旅行前的准备工作包括以下内容。

（1）制订商务旅行计划和旅程表。

（2）安排交通工具。

（3）安排订票、订房。

（4）准备必备的用品。

（5）预支差旅费。

（6）撰写出国申请，办理公务护照及相关出国手续。

（7）处理公司事务。

实例二　制订商务旅行计划

问题：韩经理让杨秘书和田秘书制订商务旅行计划。接到任务当天，两位秘书即拟定了几个商务活动计划方案，呈请领导过目。韩经理看后让秘书根据计划尽快收集相关信息。如何制订商务旅行计划？

解决方法：根据领导意向和活动安排制订商务旅行计划。

制订商务旅行计划时应按照领导意图或原定的旅行计划，了解领导对交通工具及食宿的要求，明了公司对此类活动的规定及相关程序等。具体而言，制订商务旅行计划应注意以下几项内容。

（1）出差的目的地和时间，包括中途需停留或中转的地点与抵离时间，以及接站安排。

（2）出差的路线，途经地区和住宿安排。

（3）每段行程所用的交通工具和行程所需时间。要列明飞机客舱种类及停留地的交通安排，国际旅行时还要注意时差问题。

（4）行程安排，包括约见、会议计划，会晤人员的名单背景，会晤主题，有关部门备注与提醒、联络方式，领导或接待人员的特别要求，应安排充足时间，以便领导或秘书参加临时增加的各种应酬或处理私人事务。

（5）需要携带的文件、合同、样品及其他资料，如相关的商务信息，国家文化传统及社会结构信息，有关会晤人员的资料等，且最好准备一份旅行目的地的交通图。通过网络获得最新的时刻表、旅行区域的天气状况等其他旅行信息。

（6）其他必备的旅行用品，包括公司的营业执照（原件或复印件）、公章、法人代表证明书、法人授权委托书、公司简介、公司介绍信、领导或秘书本人的名片及手机、录音机、数码相机或摄影机；护照、身份证、信用卡等个人旅行证件，如需签证，还应提前办妥申请手续。

（7）安排差旅费。提前兑换外币，办理旅行支票。可事先向公司暂支部分现金，从而减少旅行过程中支付费用的麻烦。

旅行计划要按时间顺序编排，应做到简单明了；要考虑领导的身体状况，在时间上留有余地。制订好差旅计划后要向领导报告，并依其指示决定旅程，应多拟定几个旅行方案供领导参考，最后选定最佳方案。

实例三　制订商务旅程表

问题：当安排完韩经理出国旅行的订房、订票工作后，杨秘书着手制订旅程表。商务旅程表应包括哪些内容？

解决方法：掌握制订商务旅程表的内容。

制订商务旅程表时，应向有关服务部门或向旅行目的地声誉较好的旅游机构索取旅行有关资料，了解当地交通工具的运行情况，旅行路线，旅馆环境情况，目的地的货币、外汇管理规则及有关护照、签证、健康规定等常识；需要中转的，应尽量选择衔接时间在 4 小时以内的班机，将时间的浪费降至最低。

一份周密的商务旅程表主要包括以下六项内容。

（1）日期，即某月、某日、星期几。

（2）时间，即出发及返回的时间，包括抵离目的地的时间和中转时间、开展各项活动的时间、就餐及休息的时间等。

（3）地点，即领导本次出差的目的地（包括中转地点），旅行过程中各项活动的地点及食宿地点等。

（4）交通工具，即出发、返回时使用的交通工具，停留地的交通安排等。

（5）具体事项，即访问、洽谈、会议、宴请、娱乐活动及私人事务活动等商务活动内容。

（6）备注，即需提醒领导注意的事项，如抵达目的地前需要中转的中转站或中转机场，休息时间、飞机起飞时间，某国家为旅客提供的特殊服务及在当地需要注意的一些风俗习惯和礼仪等。

商务旅程表中除行动计划外，还应包括入住的旅馆名、所在地、电话号码，当地联系人的姓名、地址、电话号码，会晤者姓名、企业名称、企业所在地及电话号码。国外出差时还应包括当地中国大使馆的所在地及其电话号码等。

商务旅程表至少应一式三份，一份存档，一份给领导及其家属，秘书存留一份。

实例四　旅行前必备用品的准备

问题：在安排商务旅行时，还应考虑准备一些必备物品。杨秘书将用品清单呈送给经理，经理看后很满意。秘书应如何为领导准备商务旅行的必备物品？

解决方法：将旅行物品按公、私分为两大类。

临行前，秘书要将旅行用品按公、私两类分别列出清单，请领导过目以避免遗漏。差旅用品主要包括如下类别。

(1) 护照、签证等。

(2) 信纸、信封（包括普通信封、公司信封、大号信封）、邮票、文件夹、钢笔、回形针、剪刀等。

(3) 地址目录，电话、传真等号码。

(4) 日程表、约会安排表、时间表和计划表。

(5) 日历卡、世界各地时间表、国际电话号码表。

(6) 商业名片、图章和印泥盒。

(7) 手机、手提计算机、软盘、微型录音机或掌上计算机等。

(8) 现金、私人与商业支票簿、私人与商业信用卡。

(9) 相关档案、声像资料、旅行指南和地图册、旅行目的地的风土人情介绍。

(10) 急救药盒。

实例五　撰写出国申请

问题：前不久，公司接到美国一家公司的邀请函。经提请董事会讨论，公司决定接受邀请，并于今年年底出访。公司拟组成××人的代表团，由董事长亲自带队前往。经理让杨秘书拟写一份出国申请书。出国申请书的主要内容有哪些？

解决方法：出国申请书应写明出国事由、基本人员等情况，并附邀请函。

出国申请书的内容一般包括：出国事由、出国团组的人数、出国路线（外国公司所在国名称）、出国日程安排（出国时间、在国外活动时间、地点、回国时间）等。申请文书后要附出国人员名单（包括人员的姓名、年龄、性别、职务、职称）及外国公司所发的邀请函（副单）。

实例六　如何为出国人员办理出国手续

问题：董事会会议后，杨秘书即着手办理出国人员的出国手续。在办理过程中应注意哪些相关问题？

解决方法：应注意申办相关证件并进行有效核对。

出国或出境旅行的手续准备主要包括六项：撰写出国申请；办理护照；办理签证；办理"黄皮书"；办理出境登记卡；订购机票、车船票。

(1) 撰写出国申请。该项内容已在实例五中详细介绍。

(2) 办理护照。秘书在办理护照时应注意几个问题。一是携带有关证件，包括主管部门的出国任务批件、出国人员政审批件、所去国有关公司的邀请书等；正面免冠半身照片等。二是认真填写有关卡片和申请表。三是拿到护照后，再认真检查核对每位出国人员的姓名、籍贯、出生日期和地点；检查护照上的照片是否与姓名一致，有无授权发照人的签字和发照机关的盖章；发照日期和有效期有无问题。使用旧护照再次出国者更应注意其有效期，若已过期，必须申请延长。

护照一旦遗失,应立即向当地公安局挂失查找,若查找无获,则应立即申请补办。

(3) 办理签证。取得签证后,秘书要注意两点:注意签证的有效期及证明机关是否签字盖章;若签证已过期失效,应在国内重新申办延长,或在国外通过我国驻外使馆或驻在国有关当局办理延长手续。

(4) 办理"黄皮书"。拿到"黄皮书"后,秘书应该认真查验。查验内容包括:填写的内容是否符合本人情况(姓名、出生日期和性别),医生的签字、检疫机关的盖章是否清晰,应该接种的项目是否已填写。

(5) 办理出境登记卡。办妥上述各项手续后,秘书应携带出国人员的护照、户口簿、居民身份证办理临时出国登记手续。

(6) 订购机票、车船票。取得机票后,应仔细核对。机票不能涂改,如售票处开票时写错,应请求重开,否则应在涂改处盖上公章,并注说明。

如果所到之处对方有接待,可发出通知(最好是书面形式)。通知内容包括:航班、航船号或火车车次,启程地点,到达口岸名称,到达时间及前往的人数。

(7) 办理保险。做好医疗保障、意外伤害保障、紧急救援保障等。

实例七　领导外出旅行时秘书的工作处理

问题: 在有些公司,经理外出期间,秘书便放松日常事务处理,有的甚至会因为擅作主张而出现工作差错。此类问题说明,领导外出期间,规范秘书的工作非常重要。秘书在领导外出时应如何工作?

解决方法: 领导外出旅行时,秘书要做到工作照常进行,而且要干得更好。

领导外出旅行时秘书的工作一是确定临时负责人,与代理领导一起处理公司事务;二是处理好日常事务,把领导的电话及来访者的确切情况记录下来,以便领导回来后及时传达与反馈;三是要与在外地的领导保持联系,及时处理领导传回的指示;四是领导回来时,应准备好接站的车辆,若有可能,秘书要亲往迎接。

实例八　领导商务旅行结束后秘书的工作处理

问题: 经理为期三周的商务旅行结束了,杨秘书亲自前往机场迎接。秘书在领导外出时应如何工作?

解决方法: 秘书的工作处理应根据是否随领导外出旅行而定。

1. 未随领导外出时秘书的工作处理

在未随领导外出的情况下,领导商务旅行回来后,秘书要立即向领导汇报领导外出期间的工作,并应立即与有关人员联系。

2. 随领导外出时秘书的工作处理

在随领导外出的情况下,领导商务旅行回来后,秘书要做的工作包括以下内容。

(1) 把领导旅行中获得的材料,按轻重缓急的顺序进行整理,写成工作报告,尽快转交给领导。

（2）用电话、电子邮件、传真或书信方式，向旅行过程中帮助过领导或给领导留下深刻印象的人写感谢信，并尽快发出。

（3）差旅费应按规定尽快报销。核销旅行前的预支现金，应做到一次一清。

（4）协助领导组织并召开相关的部门会议，落实旅行成果。

（5）收回授权，对被授权人的代理工作表示感谢，移交并接受旅行期间被授权人的工作记录。

（6）恢复正常的工作和生活状态，继续旅行前未完成或暂停的工作。

（7）将旅行中结识并建立的社会关系整理并录入公司的资源库，以便日后使用。

第三节　商务谈判

商务谈判是现代社会中无时无处不存在的现象，也是现代企业无法回避的一种商务活动。为实现商务谈判的目标，使双方达成一致，促使企业获得谈判利益，秘书需要精心准备商务谈判。

一、知识与技能要求

（一）商务谈判的准备工作

商务谈判实质上是一种在双方都致力于说服对方接受其要求时运用的交换意见的技能，是人们为改变相互关系而进行的一种积极行为，其最终目的是达成对双方都相对有利的协议。

参加商务谈判前，从收集双方的基本信息，制订谈判计划，到选择谈判地点、时间、场所及其所需文件，都需要提前准备妥当。

（二）商务谈判的特征与基本流程

1. 商务谈判的特征

没有利益就没有谈判，商务谈判具有共同性和目的性的特征；谈判本身是相容与合作的，但也要从分歧、冲突与矛盾中找出各方的利益合作点，因此谈判也具有排斥性与合作性的特征；商务谈判是融说服与拒绝于一体的一种行为方式，具有差异性与竞争性的特征；公共关系谈判是施与受兼而有之的互动过程，呈现出互惠性和均等性的特征；商务谈判的结果受多种因素的影响与制约，具有多变性与随机性的特征。

2. 商务谈判的基本流程

从程序上来看，商务谈判通常包括导入阶段、概说阶段、明示阶段、交锋阶段、妥协阶段和协议阶段。其中，导入阶段又称开局阶段，是谈判的前奏和"序幕"，是通过介绍和被介绍使参与谈判的双方相互认识的过程；概说阶段又称探测阶段，是投石问路的阶段；明示阶段是谈判各方明确表达不同立场和意见，充分暴露分歧点并初步展开讨论的阶段；交锋阶段是双方为了获取利益、争夺优势而处于对立状态的阶段；妥协阶段是谈判的关键阶段，善于打破僵局是谈判成功的一个不可忽视的环节；最后是双方的协议阶段。

（三）商务谈判的原则与策略

1. 商务谈判的原则

遵守商务谈判的原则是谈判取得成功的基础。事实表明，商务谈判应建立在不损害国家、企业利益的基础上，遵循互惠互利原则，求同存异原则，以理服人、平等相待原则，开诚布公原则，冷静和蔼原则，实事求是原则等。

2. 商务谈判的策略

商务谈判既是一门科学，又是一门艺术，需要掌握多种技巧与策略。商务谈判的策略主要有"后发制人"策略、有限权力策略、"私下接触"策略、争取主动策略、"以动应变"策略、"启发—共鸣"策略、"寻求依据"策略、最佳替代方案策略、时机性策略、争取战术时间策略、树立形象策略、"最后通牒"策略等。整个谈判的过程就是彼此"斗智斗勇"的过程。

谈判者在谈判一开始就要注意留心倾听并观察分析对方的陈述，从中捕捉对方语言中透露出的信息，掌握对方的谈话内容，领会其真正意图，并从对方的谈话中寻找向对方发问的线索，以掌握对方话语中的"弦外之音"，并据此发现问题，提出相应的观点。谈判者应沉着应战，以寻找有利时机，向对方发起进攻，掌握谈判的主动权。

（四）商务谈判中的文化差异与语言技巧

不同文化背景的人会对谈判有不同的理解，由此产生不同的商务谈判方式。了解各国的文化背景及由各国文化背景产生的谈判方式，有利于做好国际交往中的商务谈判工作。

商务谈判有赖于信息交换，而信息交换离不开语言这一媒介。谈判各方立场或利益的冲突、纷争，不仅表现为谈判者智慧和意志力的较量，而且往往直接反映为谈判桌上"唇枪舌剑"的斗争。有成就的谈判者，往往也是能够成功驾驭语言、谙熟语言技巧的艺术大师。

二、操作技巧实例

实例一　商务谈判的准备工作

问题： 某公司近期业务萧条，为尽快摆脱窘境，公司将于下月中旬与某国集团公司进行谈判。王秘书虽然没有直接参加过谈判，但就商务谈判的准备工作还是基本熟悉的。王秘书深知这次谈判的成功与否对公司意味着什么，她不敢有稍许懈怠，开始精细准备这次谈判。那么，王秘书需要做好哪些谈判前的准备工作呢？

解决方法：应知己知彼，了解本公司和对方的基本情况，做好与谈判直接相关的一切准备工作。

准备工作主要包括以下几点内容。

（1）收集信息、资料。

（2）制订谈判计划。

（3）组织人员。

（4）安排、布置谈判场地。

（5）其他物质准备工作。

实例二　商务谈判相关信息的准备

问题：经广泛了解市场和本行业的基本情况，公司决定与某国集团公司进行合作。为保证谈判的顺利进行，公司总经理特别强调了谈判筹备工作的重要性。秘书需要收集哪些商务谈判信息呢？

解决方法：应掌握客观环境情况、市场行情、谈判双方的基本情况。

（1）对谈判可能产生影响的客观环境，如政治、经济、文化背景等。

（2）市场动态和市场行情。

（3）对方谈判的意向。

（4）对方谈判人员的所有信息，包括谈判团队的人员组成及其各自特点等。

实例三　拟定商务谈判方案

问题：公司为在未来获得更大的发展空间，公司董事会决定寻找理想合作伙伴，并马上成立谈判筹备小组着手准备。为完成公司与商业集团的谈判活动，秘书在拟定谈判方案时需要安排哪些具体谈判内容，做好哪些具体工作？

解决方法：周密拟订谈判方案是成功取得谈判的必要条件。

拟订谈判方案应考虑以下问题。

1. 目标定位

应确定商务谈判的具体目标，具体包括期望目标、临界目标、过程目标等。

2. 拟定议程

应确定商务谈判的议事日程并通盘考虑谈判进度。

3. 环境与物质准备

应选定谈判地点，布置会场，安装通信设备，准备谈判礼品等。

4. 模拟谈判

为确保谈判的顺利进行，通常可根据实际谈判的目标、内容等，进行模拟谈判演练。

实例四　商务谈判的原则

问题：某公司与某商业集团就产品共同开发问题已进行了多次磋商，整个谈判进行得很不顺利，双方为各自利益争执不下。商业集团曾就出资购买设备问题做出一定的妥协让步，但公司的谈判人员认为仍有较大的获利空间，于是一直采取强硬的策略。谈判最终无果而终。为达成共识，取得谈判的最佳利益目标，你认为在谈判中应遵循哪些原则？

解决方法：熟知谈判应遵循的特定原则。

谈判时要熟知的原则主要包括以下三项。

1. 互惠互利原则

成功的商务谈判能够满足谈判各方的需求，是利益均沾、体现各方都是胜者的新格局。谈判只有建立在互惠互利、共存共荣的基础上，才是健康的谈判。

2. 求同存异原则

古人云，"将欲取之，必先与之""有所不为而后可以有为"。商务谈判要使谈判各方面都有收获，就必须坚持求大同存小异的原则，保证双方的基本权利和要求的实现。

3. 以理服人、平等相待原则

在商务谈判中，只有确凿的事实、准确的数据、严密的逻辑和艺术的手段，才能将谈判引向所期望的胜利。谈判是在双方平等和尊重的基础上展开的，是智慧的较量，更是以理服人的过程。

除上述原则以外，商务谈判中还应遵循开诚布公原则、冷静和蔼原则、实事求是原则等。

实例五　商务谈判遵循不同的谈判策略，注意必要的妥协

问题：某公司打算与某国际电气公司在产品技术方面展开合作。经过初步接触，双方开始正式谈判。谈判进行到一半时，对方就利益分成问题均提出了很苛刻的条件。双方僵持不下，谈判一度陷入僵局。商务谈判中，如何才能取得成功？

解决方法：在谈判中要灵活处理问题，应遵循不同的谈判策略。坚持原则又不失灵活性，必要时应主动妥协。

妥协阶段是谈判的关键阶段。双方在经过交锋后，权衡利弊，做出让步。交锋、相持一般不可能永无休止，双方的最终目的还是获得谈判成功。正因为如此，谈判各方都会在会谈中适当地调整目标，进行一些必要的妥协和让步。各方应在坚持基本要求的基础上，找出共同点，寻求各方均能接受的折中方案，使争议得到合理解决。但妥协是有范围和限度的。善于打破僵局是谈判成功的一个不可忽视的环节。

实例六　商务谈判的语言技巧

问题：某软件开发公司与某设计公司的谈判按照计划进行着。当设计公司的谈判代表不厌其烦地陈述本公司的设计风格与成功案例时，软件开发公司的谈判代表却表现得心不在焉。对方陈述完毕，征求意见和想法时，软件开发公司的代表不知所云。商务谈判的双方应如何争取谈判话语的主动权？

解决方法：熟知商务谈判的语言技巧。

谈判的语言技巧主要有以下几点。

（1）谈判中聆听的技巧。

（2）谈判的逻辑、修辞技巧。

（3）谈判中或巧避锋芒，或沉默应对。

（4）谈判中巧用模糊性语言。

第七章 办公室管理

📖 **学习目标**

1. 掌握办公环境布局和办公安全管理的基本知识。
2. 熟练使用和管理办公用品及设备。
3. 掌握管理办公室日常事务的方法。
4. 掌握一些提高办公效率的管理方法。

🌱 **内容提要**

本章主要介绍了办公室管理的相关知识，力图使学习者能够掌握办公环境设计的基本知识，识别办公安全隐患并进行安全管理；掌握办公用品的采购、发放，库存管理的方法及办公设备的使用与管理方法；能够对办公室日常事务进行管理并提高办公效率。

对任何单位而言，办公室都是一个综合管理部门，是沟通上下、协调左右、联结内外，保证各项管理工作正常运转的枢纽。办公室管理是否科学及其科学化程度直接关系所在单位的形象和管理效能的高低。

办公室管理是指依据办公室的内在活动机理，利用先进的科学技术，综合运用办公室中的人力资源，实现组织目标的过程。它包括四个要素：一是组织目标，二是符合目标的运转方式，三是管理人员，四是科技管理手段。

办公室管理有优劣之分。有的办公室管理能够适应并促进工作开展，这类管理属于优质管理。优质管理需要有科学、完善的规章制度和操作细则，人员和设备的配置、机构的设置均应符合现代办公的要求，能快速、准确地处理好领域内的办公事务。当然，随着时间的推移，这种管理在某些方面也可能变化，从而成为旧的管理方式，不再适应新的工作的开展。有的办公室管理由于受主客观条件的限制，事倍功半、效率低下，处于较差的水平。造成这种情况的原因是多方面的，有人员、设备和组织机构的问题，如人员素质较低，分工不合理，责、权、利不明确，机构设置不合理或规章制度不健全等。较差或劣质的管理具有随意性和不科学性，使人无所适从，但经过努力，它是可以转化的。

要实现办公室工作的高效性与科学性，首先必须注意遵守办公室的工作原则。办公室的工作原则主要包括以下几项内容。

（1）服务原则。办公室的工作是建立在服务的基础上的，服务好了，工作也就做好了一半；服务不到位，工作的好坏也就无从谈起。在服务的过程中，要做到方法到位，即不做过头的事、重复的事、操之过急的事；时间到位，即不浪费时间，不耽误时间；过程到位，即注重延续、注重控制、注重效果。

（2）高效原则。办公室的工作具有宏观性，办公室人员既是执行者，又是检查者。这要求办公室人员能站在一个特定的高度，审时度势，研究自己的工作，并以一种特别的责任感把握自己的工作，实现办公室工作的高效率。

（3）保密原则。保密原则是办公室工作的特有原则。一般而言，一项工作在推进时总有一个深化的过程，因此，办公室人员必须做到不事先传播、不变相公告。

（4）统一原则。不统一的集体是一盘散沙，不统一的集体就不会有战斗力。办公室应该是一个统一的集体，否则会毁了一项措施严密的工作，也会使办公室的效率低下。所以，办公室只有先成为一个统一的整体，之后才会成为一个会工作的集体。

要实现办公室工作的高效性与科学性，还必须注重办公室管理的制度化和程序化。

办公室管理的制度化，是指办公室的管理有一套健全而又切实可行的规章制度，可以将办公室的办事规程、行为准则以条文的形式确定下来，将办公室人员的行为纳入管理规范之中，使办公室的工作有章可循。办公室管理制度主要包括岗位责任制、会议制度、公文处理制度、接待制度、印章管理制度、文件保密制度等。

程序是工作的先后次序。程序化的管理可以使各项管理活动有一定的秩序。

有条不紊、循序渐进，促进和实现办公室管理的正常化。办公室管理的主要程序包括公文处理程序、会议安排程序、接待工作程序、印章使用程序等。实现办公室管理程序化的关键在于程序的优化。为此，制定办公室管理程序时必须注意程序的可行性、有序性、系统性和简捷性。

从管理对象来看，办公室管理主要包括对"人"的管理、对"物"的管理、对"事"的管理，本章将重点放在对"物"与对"事"的管理上。管理是一门科学，办公室在管理系统中起着枢纽的作用，是一个单位的参谋部门、服务部门、办事部门和公关部门。它的地位和作用要求办公室人员在实践中不断积累经验，认真按照规范和要求去做，并且要善于总结经验，不断提出新思路、新方法，以提高办公室管理水平。只有这样，才能实现精细化、高效化、人性化的办公室管理目标。

第一节　办公室环境及安全管理

办公环境的好坏直接影响办公室人员的工作效率。办公室环境包括人文环境和自然环境。人文环境包括文化、教育、人际关系等因素；自然环境包括办公室所在地及其设计、室内空气、光线、颜色，办公设备和办公室的布局等因素。本节所探讨的主要是办公室的自然环境。

一、知识与技能要求

办公室是秘书的办公场所，秘书的绝大部分工作时间都是在办公室度过的，安全、舒适的办公环境能够使人身心愉悦，从而提高办事效率。秘书应该能够根据工作要求对办公环境进行设计，了解办公安全的基本知识，能够识别办公场所的安全隐患，并进行行之有效的管理。

（一）办公室环境管理

1. 办公室环境的评价标准

一个设计合理的办公室环境应该符合以下标准。

（1）方便。办公室的布局应该力求工作上的方便，以争取时效，如相关部门应尽可能安排在相邻的位置，以免不必要的穿插迂回，便于工作协调。

（2）整洁舒适。办公室的光线、色彩，办公桌的布置等要让员工感到舒适，不要放置与办公无关的东西。办公文具的摆放要井然有序。

（3）和谐统一。办公用品的款式和色彩的统一能强化工作人员的平等观念，而且能增强办公室的美观性，和谐的人际关系也能激发工作人员的团队精神。

（4）安全。人员、物品和信息的安全是良好办公室环境的一个不可忽略的原则。办公室的安全设施必须齐备，安全制度必须健全。

2. 封闭式与开放式办公室布局

办公室布局一般有封闭式和开放式两种。传统的办公室以封闭式为主，现在越来越多的公司已开始采用开放式办公室布局。

在封闭式的办公室，每个部门都有独立的小房间，每个房间给一人或几人使用。这样可以锁门，比较安全，能够增加保密性，也易于保护员工隐私，有助于员工集中注意力从事细致或专业的工作。但这种布局设计的费用高，占用空间多，领导难以监督员工的活动，也不利于员工之间的交流。

开放式办公室布局是大的空间中包含众多单个工作座位的组合，每个工作座位通常包括该员工的办公桌、文件和文具的存放空间、椅子、电话、计算机等设备。开放式办公室布局的优点主要有：能源成本、建筑成本较低，空间利用率高，易于重新布局，易于员工沟通、交流，便于管理者监督，容易进行集中化服务和办公设备共享等。

开放式办公室布局的缺点：保密性较差；员工缺乏单独办公的环境，难以集中注意力，没有属于自己的私人空间；噪声较大，员工的电话声、走动声，机器设备声等容易对临近员工造成干扰。

开放式办公室布局又分为全开放式办公室布局与半开放式办公室布局两种。全开放式办公室布局完全敞开，没有任何隔板，领导可以直接看到所有员工的座位；半开放式办公室布局中的工作位置用高低不等的隔板分开，以吸收噪声和区分不同的工作部门。

3. 办公室环境的布局要求

办公室环境的布局应考虑的因素包括员工的人数、购买或租用的面积、机构的建制、办公空间的分类、部门的性质或职能、部门间的工作关系、间隔方式、安全因素、灵活性等。以下是办公室布置的一些注意事项。

（1）办公桌椅应注意美观、实用。有条件的可采用可升降式办公椅，以适应员工的身体高度。同时，应根据不同的工作性质，设计不同形式的办公桌椅。

（2）办公桌的排列应按照直线对称的原则和工作程序的顺序，其线路以最接近直线为佳，防止逆流与交叉。

（3）各座位间通道要适宜，应以事就人，不以人就事，以免浪费往返时间。

（4）同办公室员工应朝同一个方向办公，不可面面相对，以免相互干扰和闲谈。

（5）办公室光线应来自左方，以保护视力。

（6）领导者应位于后方，以便监督，同时不因领导者接洽工作转移和分散员工的视线和精力。

（7）常用设备应放在使用者近处。档案柜等设备和桌椅一样，宜装置滑轮，便于移动，平时置于一隅，用时推至身边，轻快实用。

（8）办公室可以根据不同情况，设置垂直式档案柜、旋转式卡片架和来往式档槽，以收存必要的资料、文件和卡片等，便于随时翻检。

4. 办公室的视听觉环境管理

办公室的视觉环境主要包括办公室内覆盖物的颜色和照明。覆盖物主要包括墙壁、天花板、地面、门窗、支柱等上面的覆盖物。办公室内覆盖物要有效地使用颜色，颜色应协调一致。

办公室的照明要考虑三个因素，即光线的量、光线的质与光的设计。光亮宜遵循三个设计原则：一是要降低光源强度，二是避免直接照射，三是避免物体遮光。

办公室的听觉环境主要是指办公场所的声音，分为有益声音和有害声音两类。有害声音即噪声。常见的办公室内噪声有办公机器的振动声、员工的高声谈话、打电话的声音和员工不必要的活动发出的声音等。由于办公室所处的周围环境常有噪声发出，因此，控制噪声就成为办公环境管理的一项重要任务。

控制噪声的方法主要有三种：一是消除噪声的来源，二是用吸音材料减少噪声的影响，三是适量播放音乐。

5. 办公室的空气环境管理

精心管理办公室的空气环境，可以减少员工的精神消耗，增强舒适性。办公室空气环境的管理一般包括以下四项内容。

（1）温度。办公室工作环境的温度一般应保持在 22 ℃～26 ℃。

（2）湿度。办公室工作环境的最佳湿度应保持在 40%～60%。

（3）空气新鲜度。办公室的空气应当保持新鲜，新鲜的空气量应为 25 m/s。

（4）清洁度。办公室的空气中应尽量减少灰尘，可以采取打扫、拖洗、擦净等方法保持办公室的清洁。

6. 办公室环境的维护

对办公室环境进行维护时，要注意物品的摆放、清洁及美化。

在摆放办公用品及设备时，秘书本人经常使用的办公用品和设备应摆放有序，以方便操作；公用资源也应摆放有序，用后归位。

办公室的清洁可划分责任区域。秘书应该负责维持自己责任区域的清洁，并经常清洁和整理自己及所辅助领导的办公区域，自觉清洁和整理本人参与使用的公用区域。

在对办公室进行美化时，应注意适度，不能令人眼花缭乱。

（二）办公室环境安全管理

1. 秘书的安全职责

保证员工的安全与健康是办公室环境的重要方面。国家一直非常重视员工的安全和健康，现行的很多条例、法规都对此做出了规定。维护办公场所及设备的安全，秘书必须做好以下三项工作。

（1）明确安全职责。秘书要学法懂法，树立安全意识，维护公司的利益，保护自己的合法劳动权益；上岗前学习并了解本公司有关安全生产、劳动保护的规定及环保规定等，了解公司所租用的写字楼、场地等的相关规定，并自觉遵守执行。

（2）识别并排除常见的安全隐患。秘书要能够主动识别工作场所和常用设备的安全隐患，在职权范围内及时予以排除。秘书在工作中要格外留心，注意办公室布局的潜在危险，办公设备的不安全因素，消防中的隐患，以及不良工作习惯；遵循"安全第一，预防为主"的方针，找出并排除隐患，维护和管理办公环境。

（3）定期进行安全检查。秘书要对办公环境和办公设备定期进行安全检查，及时发现和排除隐患，做好风险防范。当发现办公室有异常情况或险情时，应立即准确、清晰地向主管报告。

2. 办公环境安全检查的主要内容

秘书要定期对办公环境和办公设备进行安全方面的检查，安全检查的主要内容包括以下几个方面。

（1）办公区建筑必须坚固安全，地面、墙面、天花板完好整洁，门窗开启灵活并且能上锁，室内有基本装修。

（2）光线应充足，局部照明要达到要求，且灯光不闪烁；阳光直射的窗户应安装挡板或窗帘，注意光线不应引起计算机屏幕的反射。

（3）温度要适宜，根据天气状况设置供暖供冷设备，室温最好不低于 16 ℃。

（4）布局应注意通风，保持工作场所的空气流通和空气质量，禁止在办公室吸烟。办公室空间及座位空间要适当，座位间要留有通道，力求员工工作舒适。

（5）办公室噪声要低，可利用屏障、地毯、设备隔音罩等减少噪声。室内有符合要求的装饰、标志和适当的绿色植物。

（6）办公家具（包括工作台面、座椅、各种存储设备及必要的锁等）要满足工作需要并符合健康、安全的要求。办公设备、办公用品和易耗品（如工作台面上的电话、计算机、文具及公用设备和物品）要满足工作需要并符合健康、安全要求。

（7）办公设备的安装、操作要符合要求，操作指南和注意事项要明晰展示。

（8）办公区及办公室要设置相应的消防设施、设备及必要的报警装置。

（9）办公室应提供饮水，水质应符合健康、安全要求。

（10）办公区及办公室应设置急救包，并定期更换。

（11）建立相应的规章制度，包括员工进出规定、保密规定等。

3. 保密工作

做好保密工作，首先，秘书应明确保密工作的职责要求。秘书不仅应做好文件保密、会议保密、科技保密等常规保密工作，还要做好特定信息的保密工作。每家公司都会规定一些特殊类型的信息需要保密，如人事信息、财务信息、产品信息及客户信息等，秘书必须格外注意此类信息的保密。另外，有关国家秘密及密级要遵照《中华人民共和国保守国家秘密法实施条例》，有关国家秘密的保密期限要遵照《国家秘密保密期限的规定》。

其次，秘书应掌握信息保密的方法。从载体上分，信息的保密工作通常包括对口头信息、纸质信息及电子信息的保密。不同的信息载体可以采用不同的保密措施。秘书在工作中要细致、认真，杜绝泄密事件的发生。

4. 应对紧急情况

（1）紧急情况的预防措施。为在出现紧急情况时能有效地进行应对，将损失减少到最小，各公司都有一些常规的预防措施，秘书应该了解并协助完善这些预防措施。

（2）紧急情况的处理措施。秘书应该知道发生火灾、人员伤害或疾病，以及炸弹威胁等情况时的处理措施。如果发生火灾，应立即拉响火灾警报器，打电话通知消防队，人员要撤离建筑物；如果发生人员伤害或疾病，应立即呼叫急救员或急救中心，向有关负责人员报告并进行力所能及的救助，同时保护好现场，等待有关人员处理；如果发生炸弹威胁等恐怖活动，应该立即拉响警报铃，马上进行人员疏散。

（3）紧急情况的报告。所有紧急情况都应该进行报告和记录，即使没有发生伤害或破坏也要这样做。发生的紧急情况应该立即报告领导或安全主管，并填写"事故情况记录表"；如有伤亡，还应填写"工伤情况报告表"。

二、操作技巧实例

实例一 合理设计和选择办公室布局

问题：公司准备开办一家销售分公司，领导要求作为秘书的你写一份备忘录，列举一下设计办公室结构和布局时需要考虑的因素，同时对该销售分公司的办公室布局提出建议。你该如何写这份备忘录？

解决方法： 办公室布局必须按照组织的经营状况和实际需要进行合理的设计与选择，以达到用最少的费用获取最高效益的目的。设计和选择办公室布局应考虑的因素主要有以下几个方面。

（1）员工的人数。人数多，需要的空间就大，费用也要增加。

（2）购买或租用的建筑面积。面积越大，费用也越高，尤其是在一些城市的中心地带，地价非常昂贵，因此必须仔细考虑。

（3）机构的建制和办公空间的分类。一般公司部门越多，空间就越大。

（4）部门的性质或职能。例如，接待区一般安排在大门附近，总经理办公室则一般不会设在大门旁边等。

（5）部门间的工作关系。例如，可以将业务上相互关联或衔接的部门邻近安排，缩短距离，以减少工作人员和文件流动的次数。

（6）间隔方式应符合工作和保密需要。强调交流的工作可采用开放式布局，保密性强的工作则必须采用封闭式布局。

（7）安全因素。要考虑人员、设备及信息的安全。

（8）灵活性。例如，可以采用容易移动或拆除的间隔物进行分隔，以给办公室布局的设计和调整提供更多的选择。

根据以上原则，可建议该销售分公司租用某写字楼一层的大厅。大门左边作为产品展厅，采用开放式布局；大门右边作为办公区，可划分为正副经理办公区、接待区、销售部和财务部。接待区可以安排在离大门较近的地方，其次是销售部、财务部及正副经理办公室，这三个部门要离大门相对远一些，最好不要采用全开放式布局或半开放式布局。尤其是财务部，应设置在安全性和保密性较强的封闭式办公室中。

实例二　维护办公环境

问题： 你刚刚获得了一个秘书的职位。上班第一天，你发现办公室的窗台布满灰尘，办公桌上堆得满满当当，计算机键盘污迹斑斑，公用字典扔在窗台上，废纸桶满满的。领导告诉你前任秘书被解雇的一个重要原因就是她的工作习惯让人无法忍受。你应该如何去维护办公环境，让领导满意呢？

解决方法： 秘书要注意维护自己的办公环境，尤其是自己所能控制范围内的整洁。如果你的办公室收拾得干净、利落，物品取用方便，人们就会认为你是一个善于组织的人。秘书应该注意办公用品及设备的摆放位置，经常清洁责任区域，另外应尽可能地美化办公室。

1. 办公用品及设备的摆放

办公用品及设备主要可以分为个人用品和公用资源两大类。

（1）个人用品的摆放。秘书本人经常使用的办公用品及设备应摆放有序，以方便取用与操作。其主要内容包括：自用的办公文具、用品、零散物件应有序地放在抽屉里，并按照使用频率及使用习惯排列；常用文件夹应整齐地叠放在桌边或直立在文件架上，并贴上标志，予以区分；保密文件和不常用的文件夹应存放在文件柜里；专用的电话应放在左手边方便拿到的位置，以便用右手记录留言；计算机、打印机等用电设备宜放置在一起，便于电源接线和管理。

（2）公用资源的摆放。公用资源应摆放有序，用后归位。其主要内容包括：文件柜里的公用文件夹应整齐有序地摆放，取用后要放回原位，方便他人再用；公用办公用品柜的物品也要放置规范，重的、大的物品放下面，轻的、小的物品放上面，且应摆放有序，便于取用，并做到用后归位；一些常用的公用物品应按照办公室要求放在柜子里或书架上，并注意用后放回原位，以免给他人带来不便；接待区中为访客准备的宣传品、资料、报纸、杂志应整齐摆放，并经常进行整理。

2. 责任区域的清洁

秘书应该负责维持自己责任区域的清洁。秘书的责任区域一般包括个人工作区、公用区域，以及所辅助领导的办公区域。

秘书要经常清洁并整理自己及所辅助领导的办公区域，主要内容包括：清洁台面、地面、设备、家具及门窗、墙壁等处；保持办公桌面的清洁、整齐、美观，不乱放零散的物品和无用的东西，不摆放私人物品；电话按键和听筒应经常清洁消毒；来访者用过的茶具应立即清洁干净，并重新摆放好；废纸桶要放在隐蔽处，每天下班前予以清理。

秘书应自觉清洁并整理本人参与使用的公用区域，通常包括：经常清洁并整理所使用的复印机、打印机等设备及其周围区域；如果发现复印纸抽拿凌乱，废纸扔在地面等，要及时清理；经常清理参与使用的茶水桌，保持桌面、地面无弃物、无水迹，茶具清洁、整齐；经常清理参与使用的文件柜、书架、物品柜等家具；注意清理秘书负责的接待区或会议室，并在访客离开或会后立即清理，为下一个访客或会议提供一个清洁、整齐的环境。

3. 领导工作环境的维护

维护领导的办公室环境是秘书的一项重要的日常工作。秘书要自觉整理领导的办公区域，保持领导工作环境的整洁安全。维护领导的工作环境通常包括以下内容：定时开窗通风，保持空气的自然清新，并定时测温、测湿，保持领导习惯的温度和湿度；整理领导办公室和办公桌，将文件和物品摆放整齐，文件柜、书架、博古架和各种陈设要保持清洁，地面和废纸桶要经常打扫和清倒；经领导授权后，定期对领导的文件柜进行清理，将文件资料归类保管存放，将一些无用的文件及时清退或销毁；注意对领导办公室进行绿化，适当摆放一些绿色植物；领导接待客人后，要及时对烟灰缸、茶具等进行清洗和整理；经常对安全、卫生等状况进行检查，发现问题及时通知有关人员进行处理。

4. 办公室的美化

地毯等现代化装饰品，以及自然或人工的植物都会给人带来舒适的感觉。具有悠久历史的公司的办公室还可以有一些油画及工艺品。这有利于改变单调的气氛，应不定期地进行更换。但是，办公室的美化要注意适度，粗糙的工艺美术品、摆放杂乱的花卉、廉价的宣传品等都会使办公室显得粗俗。

总之，办公室工作环境的清洁、有序及美观会直接对公司的形象产生影响。

实例三　办公室常见安全隐患

问题：吸烟区的通道处堆放了一些销售部的空纸箱，员工预备明天将其清理。不知是谁无意中扔掉的烟头点燃了纸箱，幸亏是在工作时间，纸箱刚一冒烟就被发现并及时扑灭，未造成太大损失。销售部为此受到了严厉的批评。领导要求作为秘书的你列举一下办公室常见的安全隐患，以引起员工的重视，杜绝此类事件的发生。

解决方法：健康、安全的工作环境会带给员工精神上的安全感，有利于员工情绪稳定和工作效率的提高。

办公室环境是由许多方面的因素和条件构成的，如工作区的空间、采光、温度、通风、装修、装饰；工作区的办公桌椅、柜架、各种办公设备、饮水设备、办公用品和耗材；工作所需的文件、资料、档案、书籍等。办公室环境中常见的有碍健康和安全的隐患主要包括以下几个方面。

（1）办公室布局的潜在危险：地面、墙面、天花板、门、窗中的隐患，如离开办公室前不锁门；室内光线、温度、通风、噪声、通道方面的隐患，如光线不足或光线耀眼；办公家具方面的隐患，如键盘台过高、桌子棱角突出等；布局过度拥挤；打滑的地板，破旧或损坏的楼梯板等。

（2）办公设备的不安全因素：设备电器插头打火或电线因磨损而裸露；在不会操作和在没有指导的情况下使用设备；使用未接地线的电器设备；电路负荷过大；电线拖曳过长等。

（3）火灾和消防中的隐患：安全出口受到阻塞；缺乏完整的灭火及火灾疏散的注意事项说明；灭火设备受损；消防栓被锁住，打不开，或者平时就任其开着；灭火器前堆放物品等。

（4）不安全的工作习惯：废纸堆放在办公室的一角；站在带轮的椅子上取放物品；在柜橱顶端或顶端的抽屉堆放太多的杂物；桌上或工作台上的机器放置不稳；复印时将保密原件遗留在复印机玻璃板上等。

秘书完全有责任，也应有能力维护工作环境的安全。为了维护安全的工作环境，每名秘书都要树立安全意识，履行自己的安全职责。

实例四　信息保密的方法

问题：经理开会回来路过市场部时，发现门开着，便走了进去。屋中没人，经理正欲出来，却发现计算机显示器屏幕上显示的居然是新产品发布会的策划方案。经理大为恼火，因为市场部经常有外公司的人来联系业务，而该部门的这种行为极易导致公司的重要信息泄露。作为秘书，你被命令立即起草一份关于信息保密方法的讲话稿，经理将亲自对全体员工进行培训。

解决方法：包括秘书在内的公司所有员工都要有保密意识。在很多情况下，秘密并非故意泄露，而是在不经意中泄露的。从载体上分，信息的安全及保密工作通常包括对口头信息、纸质信息及电子信息的安全及保密。针对不同的信息载体，可以采用不同的保密措施。

1. 口头信息的保密

员工在上岗前的培训中即应被告知不要在公司内部或外部谈论有关公司的保密信息，包括对其他工作人员、客户、朋友或亲属也不应提起；在没有确认对方身份或其是否被授权获得信息之前，不要通过任何方式透漏保密信息；只向采访者提供公司允许提供的信息，若超出范围，应向领导汇报；遵照会议的要求传达会议信息。

2. 纸质信息的保密

纸质信息包括以纸张、胶片等物质为载体的文字、表格、图片等信息。做好纸质信息的保密工作，可采用下述方法：接收任何保密文件、资料时都要签收并登记；文件或其他纸质保密信息只发给或传阅给被授权的人员，并要求其签收；保密文件或资料传递时要放在文件夹、文件盒中携带，以防丢失或散落；所有保密的信息均应归类放在专用文件夹中，并标明"机密"字样，保存在带锁并防火的柜子里；离开办公室时，不要把机密信息和文件留在办公桌上，应锁入抽屉或柜子，并锁好门窗；用信件传递保密信息时，信封要贴封口，并标明"秘密或保密"；复印完成后，应将保密文件取走；高密级信息应由工作人员亲自送交收件人，极为重要且不常使用的纸质信息可以制成微缩胶片，保存到银行保险柜里；不再需要的保密文档要及时销毁。

3. 电子信息的保密

电子信息具有操作方便、传递快捷、存储空间小、复制时不易丢失信息等优点。但是，电子信息很容易被人非法使用，因此必须采取各种措施保证电子信息的安全。这些措施主要包括：计算机显示器应放置在他人看不到屏幕的地方，如果来访者走近，应迅速滚动页面，或保存信息并关闭显示器；用计算机打印保密材料时要人不离机；在提交电子信息给他人之前，应向上级确认，不能将信息交给未被授权的人；使用密码来保护计算机数据，没有密码者无权检索文件，且密码要定期更换；给自己的计算机安装防病毒软件并注意及时更新。计算机必须经常进行查毒、杀毒，为了安全，不要安装借来的程序；重要的文件要备份，并将备份文件存储在安全、加锁的地方；有保密信息的 U 盘等移动存储设备不应带出公司，以防止数据落到不应得到这些信息的人手中；如有可能，计算机应该安装警报系统，防止信息被盗。

实例五　紧急情况的预防与处理

问题：为了增强员工的安全意识，公司组织进行了一次火灾演练，在楼道里制造了烟雾，造成发生火灾的假象。尽管该次演练已经事先告知各单位，但过程中仍然发现了很多问题，如管理人员职责不清，不知该由谁指挥；员工不知道安全撤离路线，有不少人仍跑去乘坐电梯；很多人不知道灭火器在什么地方，更不会使用灭火器等。作为公司办公室的秘书，你被要求起草一份说明，讲清紧急情况的预防措施，并要求各单位据此制定方案。另外，由于火灾是经常且易发生的事故，你还要列清发生火灾时的处理措施。

解决方法：办公区域内可能会发生一些紧急情况，如火灾、人员受伤、人员突发疾病、炸弹威胁等。秘书应该能够充分利用各种条件处理紧急情况，尽可能降低后果的严重性，并做好情况发生及处理过程的全部记录。

1. 紧急情况的预防措施

为在出现紧急情况时能够有效地进行应对，将损失减少到最小，各公司都有一些常规的预防措施，主要包括以下内容。

（1）制定紧急情况处理预案，详细规定应对火灾、人员伤害或疾病及恐怖活动的具体处理程序；

（2）明确各级管理人员在紧急情况下担负的任务和职责；

（3）配备相关的设备，如报警装置、灭火器、急救包等，以随时处理紧急情况，并定期检查和更新这些设备；

（4）保持所有安全出口的清洁与畅通，清除杂物，以确保它们在紧急情况下可以立即使用；

（5）确保所有人员都知道在发生火灾的情况下该怎么做，如应如何拉响警报器，如何使用灭火设备，在建筑物外面的何处集合等；

（6）确保所有人员都知道最短的撤离路线，如果最短的路线被阻塞，还应知道替代路线。

2. 发生火灾时的处理措施

发生火灾时，应立即拉响最近的火灾警报器。如果可能的话，可使用灭火器等灭火，但要做好自我保护。

听到火灾警报时，值班员应该立即打电话通知消防队，然后离开建筑物，撤往安全的集合地点。撤离时，所有门窗均应关闭，以减少火势蔓延；不要使用电梯；不要停下来收拾个人财物；不要奔跑或惊慌。不管发生任何事情都不要再次进入发生火灾的建筑物，直到完全安全为止。

如果一个人的衣服着火，要用毯子、破布或类似的东西紧紧裹住他，并将其放倒在地，以避免火焰烧到头部；如果电器设备着火，应马上切断电源，而不是先灭火。

第二节　办公用品的管理

秘书不仅要为领导安排工作中的各项事务，而且要管理办公室里大大小小的用品。办公用品及设备的购买、保管与使用看似简单，但如果管理不好也会给工作带来麻烦。

一、知识与技能要求

采购、发放、管理日常办公用品是秘书的一项日常职责，秘书必须掌握相关的知识；办公室中的各种办公设备是秘书工作的好助手，秘书应了解这些设备的操作方法及安全使用规范，注意设备的保养和维护。

（一）办公用品的管理

1. 常用办公用品介绍

办公室中的常用办公用品主要有以下五类。

（1）纸簿类。纸簿类用品主要有 A4、B5 等类型的办公用纸、带单位抬头的信纸、普通白纸、复写纸、便条纸、留言条、标签纸、牛皮纸、专用复写纸、各类信封、笔记本、专用本册（如现金收据本）等。

（2）笔尺类。笔尺类用品主要有铅笔、圆珠笔、钢笔、彩色笔、白板笔、橡皮、各种尺子、修正液等。

（3）装订类。装订类用品主要有大头针、曲别针、剪刀、打孔机、订书机、订书钉、橡皮筋、胶带、起钉器等。

（4）归档用品。归档用品主要有各种文件夹、档案袋、收件日期戳等。

（5）办公设备专用易耗品。办公设备专用易耗品主要包括打印机色带、墨盒等；复印机用墨盒等；计算机用移动存储设备等。

这些办公用品，有些是要保持充分供应的，如铅笔、圆珠笔、复印纸等；有些有保质期的产品则不应大量购买，如打印机的墨盒等。秘书人员应该明确办公用品的易耗品的范围、分类和管理方法。

2. 办公用品的采购

办公用品的采购一般要经过以下四个环节。

（1）选择供应商。选择办公用品供应商时要比较价格、质量和交货、服务和位置、安全性和可靠性等。

（2）选择订购方式。办公用品的订购方式有多种，除直接去销售的商店购买或现场订购外，还可以采用电话订购、网络订购等方式。

（3）办理进货手续。在收到货物后，应办理进货手续，保证办公用品准确无误地入库、登记、检验、核对。

（4）保管物品。办公用品必须保存在安全的地方，以防物品损坏或失窃。物品要摆放整齐，以便在需要时可以较容易地找到。

3. 办公用品的发放

秘书在发放办公用品时既要做到能保证供应，又要防止浪费。办公用品在出货时，秘书应实时办好出货手续，对发放了什么物品，发放给谁，哪些物品还存储在库里等做好记录。

为加强办公用品的管理，无论何人领取办公用品，都必须填写办公用品领用申请表，如表 7−1 所示。申请表中务必要填写清楚领用办公用品的名称与数量。申请表必须要有部门领导的签字才能生效，秘书必须对此进行把关。另外，申请人与发放人都应签字以备查。

表7-1 办公用品领用申请表

编号：

申请部门		申请人		申请日期	
领用办公用品名称		领用数量		备注	
主管审核签字：　　　　　　年　　月　　日			发放人签字：　　　　　　年　　月　　日		

在满足工作需要的前提下，要对工作人员进行节约教育，监督并定期检查办公用品的使用情况，控制办公用品的发放数量，防止办公用品流失或用于非办公项目。对复印机、计算机、打印机及电话等的使用都要进行控制。

4. 办公用品的保管措施

办公用品在保管中应采取的措施主要有以下几个方面。

（1）储藏间或办公用品柜要上锁，保证安全，减少丢失。

（2）各类办公用品要清楚地贴上标签，标明类别和存放地，以便取用时能迅速找到。

（3）新办公用品置于旧办公用品的下面或后面，先来的办公用品先发出去，这可以保证办公用品不会因过期而不得不销毁。

（4）体积大、分量重的办公用品放在最下面，以防止取物时发生事故。

（5）小的、常用的办公用品，如订书钉盒，应放在较大办公用品的前面，以便于见到和领取。

（6）储藏间要有良好的通风，房间保持干燥。

（7）储藏办公用品的房间应有良好的照明，以便找寻。

5. 库存管理

企业在运营中，既要保证办公用品、消耗品、小型办公室设备的数量能够满足需求，又不能任由其大量积压，占用大面积的库房，因此就需要秘书进行库存管理。一个有效的库存管理对提高办公效率、保证工作的顺利完成将起到很大的作用。

（1）库存控制。库存控制的作用主要表现在以下几个方面。

①准确的库存记录可以保证资金不被不必要的库存占用。

②保证空间不被用来存储不必要的货物。

③监督个人和部门对物品的使用。

④保证充足的库存，消除由库存短缺而引起的工作迟延。

⑤监督由偷窃和破坏造成的损失。

⑥利用准确的库存进行估价。

进行库存管理必须确定每项物品的最大库存量、最小库存量和再订货量。最大库存量是为防止物品超量存储而保存该项物品的最大数量；最小库存量是以防物品全部消耗而保存的该项物品的最小数量（当库存余额达到这个水平，必须紧急订购）；再订货量也称重新订购线，是提醒购买者库存物品需要重新订购的标准（当库存余额处于这个水平时，必须订购新的物品来使余额达到最大库存量）。再订货量是由物品的平均使用量、物品交货时间的长短决定的。一般而言，再订货量＝日用量×运送时间＋最小库存量。

（2）库存卡控制。每种物品都应有一张库存卡，用以登记、接收和发放，并使管理人员随时掌握物品的最大库存量、最小库存量和再订货量。秘书应学会使用库存记录，填写库存卡，保证办公设备和办公用品的进货卡、出货卡和库存卡三卡信息一致。

（3）库存监督。可以根据不同目的，对库存选择不同的监督类型和时间间隔等。在监督中若发现有库存问题，应缩短监督的时间间隔，保证库存符合要求。秘书要定期检查实际库存、库存物品申请表、库存卡、库存记录卡等。

（4）库存物品订购。当某项物品的库存数量降到再订货量时，就应该订购。物品的订购数量应该以剩余的库存量为基准，订购后的总数不能超过最大库存量。在小型组织中，库存控制人员可将订购单直接发送给供应商；在大型组织中，库存人员填写采购申请，详细说明需订购的货物，然后发送给采购部门，由采购部门订购货物。

6. 办公资源管理

办公资源涉及的范围比较广，主要有各类办公设备、办公家具、车辆、会议室、日常用品、图书等。办公资源管理就是实行办公资源统一规范管理，减少资源浪费，合理地调配与利用办公资源，提高办公资源的使用效率。

办公资源管理一般由单位的行政部门负责，行政部门不但要负责办公用品的发放，还要负责申请、采购等工作，要做好就得厘清各环节的运作，并做好计划和预算工作。在实际工作中，办公资源管理的方式依单位规模大小而需制定不同的管理方法。一般而言，规模较小的单位人员少，涉及的办公资源较少，一个称职的秘书人员可以对单位的办公资源如数家珍，以便于调配。而规模较大的单位员工众多，办公资源也较多，秘书不可能对所有的办公资源烂熟于心，这就需要借助一些其他的管理手段进行管理。建立办公资源档案和运行记录是办公资源管理的有效手段。

办公资源档案和运行记录是进行办公资源管理的核心，依据档案记录，秘书就能有效地调配办公资源。目前，不同的软件公司开发了各种各样的办公资源管理软件，实现了办公资源管理的计算机化，进一步提高了办公资源的调配率与利用率。

（二）办公设备的使用

1. 办公室通信设备的使用

（1）常用的办公室通信工具。电话是利用电流和电波传播声音的通信工具。目前一般程控电话的主要功能有呼叫限制、呼叫转送、呼叫记录、数字声音应答、铃声选择、暂停等待、分机锁定、免提、中断提示、电话会议、转接、电话留言、信息待处理提示等。除固定电话外，手机已经成为办公必不可少的工具，固定电话正在逐渐淡出人们的视野。

随着电信技术的发展，传真业务也在不断扩展。此外，使用互联网进行电子文件传递也已经成为办公通信的常态，电子邮件、QQ、微信等成为重要的办公手段与工具。

（2）通信工具的使用技巧。正确有效地使用电话（手机），可以节省办公时间、提高效率，树立公司的良好形象。秘书人员应掌握接电话的技巧、打电话（手机）的技巧，对在通话过程中可能出现的问题能够正确地应对。网络沟通也有其特定的礼仪与注意事项，秘书人员亦应掌握这方面的技巧。

2. 办公设备的安全操作

使用各种办公设备时，为保障安全，工作人员必须养成良好的操作习惯，经常对设备进行维护，以保证设备的正常运行。各类常用办公自动化设备的具体操作方法及维护常识详见第八章。

二、操作技巧实例

实例一　办公用品的采购

问题：作为秘书，你正准备为各办公室采购一批日常办公用品，几家供应商闻讯后都派人前来或打来电话，表示希望长期合作。你很清楚，一个好的供应商可以节省你很多的时间和精力，那么你该如何选择供应商呢？

解决方法：秘书要负责日常办公用品的采购，因而要能对办公用品供应商进行比较选择，组织好进货和保管。选择办公用品供应商时要注意以下几个方面。

1. 价格和费用

首先，应该考虑价格，比较不同供应商的要价。供应商给出的价格会因某些情况而有水分，秘书应掌握一些"砍价"的方法，如批量购买、利用节日削价或将其指定为本单位唯一办公用品供货商等。其次，购买后还会有一定的费用支出，如存储中的损耗费用、设备更新带来的存储用品报废的费用、存储占用空间的费用等。因此，在购买时要综合考虑价格和费用。

2. 质量和交货

应仔细检查、比较货物的质量，最好选择那些可以更换不合格商品的供应商，以免购买后才发现商品与设备不配套，造成浪费。此外，要比较供应商的交货速度，供应商应该快速交货并按照约定准时交货，以减少库存费用和资金占用。

3. 服务和位置

要比较供应商提供的服务是否方便，如是否可以用电话、网络订购；是否可以定期结算；是否可以退货；是否可以满足公司所有办公用品和易耗品的需求等。供应商所在的地点也要考虑，应尽量选择离本公司近一些的供应商，以方便联络和交货。

4. 安全性和可靠性

要比较供应商在送货的整个过程中能否保证货品的安全，供应商的卖货手续及相关发票等单据是否齐全；还应了解商家的规模及经营的信誉度等。

不管多么信任供应商，公司在办理进货手续时都要使用订货单核对对方交付货物时出具的交货单及货物，并注意查验货物的数量；一定要将订货单与实物认真核对，如数量不对，应立即联系供应商，按照所需实际数量支付货款。总之，在接收货物时，一定要确保供应商送来的货物与所订购的货物在数量和型号上完全一致，并做好记录。

实例二 办公用品的发放

问题：公司中总有几个贪小便宜的人，明明前两天刚领了一包复印纸，今天又来领纸。加之公司的办公物品柜又设在秘书的办公室里，未上锁，任何人都可以取用办公用品。作为秘书，你认为这样浪费太大。那么你应该采取何种措施来改变这种状况呢？

解决方法：发放办公用品是秘书经常做的一项事务性工作。秘书应实时办好出货手续，对发放了什么物品，发放给谁，哪些物品尚有库存等应做好记录。在发放办公用品时，可以采取以下措施来避免出现问题。

（1）专人发放。办公用品不能任员工随意取用，如果秘书不亲自发放，也应由指定人员负责发放。

（2）发放时间应遵循公司有关的规定。

（3）物品发放，必须以需要物品的部门事先填写的物品需求单为根据，而且需求单必须有该部门领导的签字才能生效。需求单应包括申领部门、物品名称及数量、用途、部门领导签字、领取人签字、发放人签字、日期及备注等项目。

（4）紧急领取物品时应根据相应程序进行特殊处理。

（5）制作备案清单，清点和核实发放的办公用品。对分发了何种办公用品、发给了谁，发放人员要留一张备案清单。备案清单包括领用物品的时间，物品名称、数量，领用人姓名等内容，在发放时应要求领用人签字。这样，即使在一两个月甚至更长时间之后，秘书也能清楚地知道谁领走了什么办公用品，这些用品什么时候可能会用完。

（6）物品的发放应对重要部门实行倾斜政策，优先改善这些部门的工作环境和工作条件，让其把精力集中在完成工作任务上。对由于客观原因办公用品消耗较大的部门也要给予支持。

采取以上措施既能保证供应，又能防止浪费。

实例三 库存管理

问题：销售部门明天要开一个产品推广会，需要复印大量的产品介绍资料。你发现复印纸只剩一包了，你只好放下手头的工作去买纸。这样一来，招致销售部的埋怨不说，晚上你还要加班完成白天被耽误的工作。你日后如何做才能杜绝此类事件的发生呢？

解决方法：企业在运营中，既要保证办公用品、消耗品、小型办公室设备的数量能够满足需求，又不能任由其大量积压，占用大面积的库房，因此就需要秘书进行库存管理。秘书应当成为办公设备和办公用品的库房管家。以下两种方法可以帮助秘书进行有效的库存管理。

1. 使用库存控制卡

库存信息可以手工记录在一连串的库存记录卡片上，或者在计算机上使用库存控制软件、电子表格或数据库。库存控制卡如表 7-2 所示。

表 7-2　库存控制卡

日期	接收			发放			
	接收的数量	发票号	供应商	发放数量	申请号	领用者	余额

库存参考号：
项目：
单位：
最大库存量：
最小库存量：
再订货量：

（1）项目。库存项目应描述准确，包括各种物品的大小、颜色和数量，如"A4 白文件纸"。

（2）单位。货物订购、存储和发放的单位，如盒、包等。

（3）库存参考号。给每一库存项目编号，并与存放位置相关联，如 C4 就是指柜子编号 C，架板编号 4。

（4）最大库存量。确定这个数字时要综合考虑费用、存储空间和保存期限。

（5）最小库存量。当库存余额处于这个水平，必须采取紧急措施，检查订货情况，确保货物可以很快交付。

（6）再订货量。当库存余额处于这个水平，必须订购新的货物。

（7）日期。必须记录所有行为的日期。

（8）接收信息。记录所有的接收信息，包括发票号和供应商的名字。

（9）发放记录。应清楚记录发放物品的数量、发放物品的申请号和物品发给的个人或部门名称。

（10）余额。在每次处理后，应计算物品库存余额。接收物品时，在余额上加上接收的数量；发放物品时，从余额中减去发放的数量。余额应该代表库存物品的实际数量，并用于执行库存检查。发现差异时要通知管理人员。

库存的每项内容都应该记录在库存控制卡上。秘书在每次发放或接收物品时都应填写这张卡片，并记录该项库存的余额。当库存控制卡显示某项物品的库存数量降到再订货量时，秘书就应该采取行动，订购物品，这就可以避免断货情况的发生。

2. 进行库存监督

库存监督可以根据不同目的，选择不同的监督类型及时间间隔。在监督中若发现库存问题，应缩短监督的时间间隔，保证库存符合要求。

（1）检查实际库存。将实际库存余额与库存控制卡上的余额比较，看是否有出入。检查实际库存的目的是防止浪费和被盗，准确计算库存的价值，剔除那些从未申请使用过的物品，以及发现和纠正库存记录中的错误。这种监督通常都有规定的时间间隔，如每年四次。

（2）检查库存物品申请表和库存控制卡。进行这一检查，可以了解各部门和个人使用物品的情况，其目的是防止物品的过度使用。这种库存监督通常每两个月一次。

（3）定期检查库存控制卡。进行这一检查，可以了解库存物品的项目和最大库存量、最小库存量和再订货量，其目的是了解随着公司的发展变化和物品使用方式的改变，是否需要重新调整各项目的数量，且可以通过监督，处理那些过期和多余的物品。这种监督通常一年进行两次。

实例四　接打电话的技巧

问题：经理发现很多员工并不了解电话的使用技巧，接电话时只知"喂"个不停。有些客户抱怨他们接了半天电话也不知道是谁打来的，有些则抱怨留言后收不到回复。作为秘书，经理要求你列举一下接打电话的一般技巧，供员工学习参考。

解决方法：电话（手机或固定电话）已经成为当今社会必不可少的通信工具，接打电话是秘书日常工作的一项重要内容。正确、有效地使用电话，可以节省办公时间、提高效率，树立公司的良好形象。

1. 接电话的技巧

（1）铃响后，应迅速接听，保证"响铃不过三"。

（2）先要问候，对外报出单位名称，对内报出部门名称。

（3）记录并称呼对方的名字。

（4）用愉快的语调接电话，声音清晰，讲话有序，态度和蔼可亲，言辞得体准确。即使快下班时，也应该有意识地、热情地向电话中的对方问好。

（5）通话时要排除干扰，不要边打电话边吃东西，不要让房间里的背景声音干扰电话交谈，不要在打电话的同时和旁边的人交谈等。

（6）不要打断对方的讲话或表现出不耐烦的情绪，应该仔细倾听。

（7）做好电话记录。

（8）如果打来的电话意外中断，应等待对方重拨。

2. 打电话的技巧

（1）首先报出本人的姓名和单位名称。

（2）简明扼要地说明通话的目的。

（3）如果估计本次通话的时间较长，应在通话开始就询问对方此时是否方便长谈。如对方不方便，要有礼貌地请对方指定下次通话时间。

（4）注意自己的语言，措辞和语气都要符合身份，不可太随便，也不可太生硬；称呼对方时要加头衔。

（5）适时结束通话，通话时间不要过长，应主动说些礼貌的结束语。

（6）拨错了号码要道歉，绝不可挂上了之。

（7）最好不要选择临近下班的时间打电话；与国外人员通话，还要考虑时差和对方的生活习惯。

（8）拨号后如无人接听，应耐心等待片刻，待铃声响过至少六次后再挂断。

实例五　办公设备的安全操作

问题：新来的办事员张小姐对办公设备的操作不太熟悉，她在使用碎纸机时不慎将戴在胸前的长丝巾卷入碎纸机。幸亏旁边的人及时切断了电源，仅仅毁掉一条丝巾而已。张小姐吓得面色苍白，十分后怕。应如何安全操作办公设备？

解决方法：使用各种办公设备时，为保障安全，工作人员必须养成安全的操作习惯，并经常维护办公设备，以保证设备的正常运行。

1. 良好的操作习惯

操作办公设备时，工作人员必须要注意安全，养成良好的操作习惯，具体内容包括以下几个方面。

（1）阅读并遵守操作说明。

（2）知道如何在紧急情况下切断电源。

（3）避免插座与设备之间的电线过长。

（4）对设备进行定期保养和维护，如果设备不能正常工作，不要摆弄电子器件部分，应请技师来修理。

（5）发现设备的异常和损坏应及时汇报。

（6）检查设备的危险部位，保证其装有保险装置，尤其是碎纸机。

（7）将设备稳固地放在桌子上或工作台上。

（8）使用手推车移动笨重的设备，不要试图抬起太重的东西。

2. 办公设备的维护

办公设备必须注意维护，经常的维护不仅可以保证设备正常工作，延长设备的使用寿命，而且可以保证操作人员的安全，避免由于设备故障造成人员伤亡。办公设备的维护要注意以下三点。

（1）定期维护（包括必要的检查、测试、调试、润滑和清洁）。必须在适当的时间间隔后进行。

（2）排除潜在故障，在故障未排除之前任何人均不可使用。

（3）必须做好记录，以确保系统的维护。

第三节　办公室日常事务管理

秘书每天都要处理大量的办公室日常事务。办公室日常事务繁多、琐碎，需要秘书具有耐心、细心，能够有条不紊地做好工作。

一、知识与技能要求

邮件管理是秘书日常工作中十分重要的部分。此外，秘书也应熟悉财务报销管理并加强对印章及介绍信的管理，严格按照规定使用。有时秘书还需要安排值班工作，以保证组织及时获得准确的信息便于做出正确决策。秘书还经常需要安排差旅事务，完成领导临时交办的事项等。

（一）邮件管理

随着电子信息技术的发展，无纸化办公大行其道，纸质邮件较之以往已经减少了很多，电子邮件的处理成为秘书的一项重要日常工作。

1. 纸质邮件的接收

秘书应备齐各种处理邮件的工具和设备。接收邮件的工作程序主要包括签收、拆封、登记与分类。

（1）签收。签收时，要认真清点所收文件的件数，检查实收件数与投递清单上的件数是否相符。清点检查无误后，要在送件人的"投递回执单"或"送文簿"上签字，并注明收到的时间。

（2）拆封。拆封时，应注意保持原封的完好，特别注意不能损坏封内文件。如无意中拆开了不该拆的邮件，应标明"误拆"后封好。

（3）登记。登记时，按照收文登记簿中所列内容逐项登记，一般包括收到日期、收到时间、发出日期、发件人、收件人、来件种类及处理日期等。应在收来的每份文件首页贴上"来文处理单"，填好相应内容后将其转入下一道处理程序。

（4）分类。分类时，应将信件（文件）分为急件、要件、例行公事件、密件、私人件五类，分别归入相应的专用文件夹内，分送各主管领导处理。

2. 纸质邮件的寄发

秘书要掌握邮件寄发的一些注意事项，如查对地址、查对附件、进行邮件分类、查对邮件标记、检查邮政编码、核对签名、进行登记、选择寄发方式。

邮局提供了多种邮政服务，寄邮件时应选择合适的邮件种类。目前常见的邮政业务主要有：平信（本市平信、国内平信、国外平信）、明信片、印刷品、挂号件、包裹、特快专递。另外，各类快递公司也为邮件的寄发提供了便捷服务。

3. 电子邮件的处理

电子邮件是一种用电子手段提供信息交换的通信方式，是互联网应用非常广泛的服务。通过网络的电子邮件系统，用户可以以非常低廉的价格、非常快速的方式与世界上大多数的网络用户联系。电子邮件给我们带来了便利，但是如果处理不当，也会出现众多问题。

（1）删除。在打开邮件之前，可以直接判断邮件的内容，来决定是否将他们删除，如果并不是你所需要的内容，如一些广告邮件，就可以删除。现在很多邮箱服务都有过滤功能，可以使用这些功能来减少自己收到的垃圾邮件。

（2）保管。对于很重要的邮件，可以将它打印出来并保存，而不是放置到邮箱中。

（3）及时回复。能够马上回复是电子邮件的突出优点。当看完一封电子邮件之后，你如果有时间，可以立刻回复。处理完毕的邮件可以删除。也可以设置自动回复，这样至少可以让发送人确定对方收到了他的邮件。回复邮件时正文要简明，如果没有必要，就不必引用对方来信的正文。

（4）保存邮件。可以建立一个临时文件夹，将所有感觉不确定的邮件或者将来可能还有用的邮件放入这个文件夹中。每过一段时间，可以重新检查这个文件夹，看看是否应该清除一些邮件。

（5）慎用抄送。谨慎地使用抄送，抄送功能可以让你轻松地将一个邮件发送给多人，但是这个功能也会导致邮件泛滥成灾。

（二）财务报销管理

1. 报销的程序

秘书有时需要为领导整理出差费用记录并报销有关费用。报销的一般程序包括以下几项。

（1）申请人提交费用申请报告或填写费用申请表，经过组织确定的授权人审核同意并签字批准。

（2）提取现金。一种情况是从财务部门领取支票或现金借款；另一种情况是先由申请人垫付。

（3）工作时获取相应的发票，发票中填写的时间、项目、费用等应与实际情况相符。

（4）工作结束后，申请者应将发票附在"报销单"之后，并在签字后提交出纳部门，由出纳部门进行结算。

2. 电子支付与移动支付

随着互联网的发展，电子支付方式也大行其道。电子支付是指单位、个人直接或授权他人通过电子终端发出支付指令，实现货币支付与资金转移的行为。电子支付的类型按照电子支付指令发起方式分为网上支付、电话支付、移动支付、销售点终端交易、自动柜员机交易等。电子支付具有方便、快捷、高效、经济的优势。用户只要拥有一台能上网的计算机或手机等设备，便可足不出户，在很短的时间内完成整个支付过程。

移动支付是指移动客户端利用手机等电子产品来进行电子货币支付。移动支付将互联网、终端设备、金融机构有效地连接起来，形成了一个新型的支付体系。移动支付不仅仅能够进行货币支付，还可以缴纳话费、燃气费、水电费等生活费用。移动支付开创了新的支付方式，使电子货币开始普及。目前，国内应用广泛的移动支付工具是支付宝与微信钱包。

（三）印信管理

印信管理即对印章和介绍信管理的总称。印章和介绍信是各级、各类组织对外联系的标志和行使职权的凭证。加强对印章和介绍信的管理，严格按照规定使用印章和介绍信，是秘书部门和秘书人员的重要职责。

1. 印章管理

印章是印和章的合称，现代印章是指刻在固定质料上的代表机关、组织、单位和个人权力的图章。印章具有重要作用：首先，它是一种标志；其次，它具有权威作用；再次，它具有一定的法律效力；最后，它具有凭证作用。

秘书负有监印的职责，印章启用须备案，用印须经领导批准，不得私自保存和使用作废的印章。秘书还应掌握盖印的要领。

任何单位的印章都不能随意刻制和更改。若要刻制和更改印章，必须按照有关规定进行。印章的保管必须精心，应设专人负责。

2. 介绍信管理

介绍信是介绍被派遣人员的姓名、年龄、身份、接洽事项等情况的一种专用书信，具有介绍和证明的双重作用。秘书应掌握的主要是工作介绍信的管理。

开具介绍信要履行一定手续。出具单位介绍信时，秘书应填写单位介绍信签批单。单子经主管领导批准后，由秘书部门开出，并加盖所需印章。

使用介绍信时应注意严格执行签批手续，内容应填写清楚，与存根一致，并加盖骑缝章。介绍信有时限要求，超出时限的介绍信无效。介绍信的存根要妥善保存并定期归档。介绍信一旦丢失，应迅速报告，以免发生冒用现象。

介绍信应由专人负责保管，通常应将印章和介绍信统一存放、统一使用，并办理使用登记手续，还要建立相应的管理制度。

（四）值班管理

值班工作指组织为保证及时获得准确信息，进行正确决策，以及应对安全防范需要而开展的经常性工作。

1. 值班的任务

值班的基本工作是负责内外联系，有时还要接待外来人员，处理和传递信件，承办领导临时交办的事项等。值班人员应做好值班电话记录，并写好值班日记。

2. 值班表的编制

值班表是将某一时段中已经确定的值班人员姓名加以清晰记载和标明的表格。值班表通常包括以下项目：值班期限和具体值班时间；值班人员姓名；值班地点；负责人姓名或带班人姓名；值班工作内容；人员缺勤时的备用方案或替班人员姓名。

值班表编制完成后，秘书应与相应值班人员协商并报主管领导审定后执行。正常的值班表要每月编排一次，或每半年、一年编排一次。法定节假日的值班应另做统一安排。

3. 值班制度

值班制度是值班工作顺利进行的必备条件。值班制度通常包括岗位责任制度、交接班制度、保密制度及信息处理制度。值班人员在遵守以上制度的前提下，在值班时还应该做到准确、严谨、及时、热情。

（五）安排差旅事务

不论是在国内出差还是到国外出差，不论是短期出差还是长期出差，秘书都要为领导做大量的准备工作，如安排日程，预订机票、船票和旅馆，整理随身携带的用品，预支差旅费，准备必需的文件资料和领导在不同场合的发言提纲等。

制订差旅计划是安排领导差旅必不可少的内容。在制订差旅计划前，首先要对公司差旅费用、交通、食宿等级标准范围的有关规定及程序等清楚明了。一份差旅计划至少应包括以下内容。

（1）出差的时间，启程及返回日期，接站安排。

（2）出差的路线，途经地点及终点，住宿安排。

（3）会晤计划（人员、地点、日期和时间）。

（4）交通工具的选择，飞机、高铁、大巴或轿车。飞机要列明客舱种类及停留地的交通安排。

（5）需要携带的合同、样品及其他资料，如谈判合同、协议书、产品资料、演讲稿和与会国的指南等。

（6）领导或接待人的特别要求。

（7）领导旅行区域的天气状况。

（8）行程安排，约会、会议计划，会晤人员的名单及背景，会晤主题。

（9）差旅费用、现金，兑换外币，办理旅行支票。

（10）领导的联系方式。

差旅计划制订完后，要向领导报告，依其指示决定旅程。

（六）完成领导临时交办的事项

领导临时交办的事项是指领导临时交代秘书办理的具体事宜。秘书人员应当掌握领导交办事项的有关知识，努力完成领导交办的事项。

1. 领导临时交办事项的特点

（1）广泛性。领导交代秘书办理的事项内容十分广泛，既有比较重要的事项，又有鸡毛蒜皮的小事；既有公务活动事项，又有私人生活事项；既有决策服务事项，又有应酬接待事项；既有公开交代的事项，又有秘密委托的事项等。其广泛性的特点是由秘书工作的综合性所决定的。秘书是为领导工作服务的，办理领导交办的事项是秘书义不容辞的职责。

（2）临时性。领导交代秘书办理的事项，很多具有临时性，一般都没有计划和安排，它往往是领导临时想到或遇到的、需要马上办理和落实的事项，一旦办理完毕，这项工作就告结束。它要求秘书人员要不怕麻烦，随时准备接受和完成领导交办的各种事项，而且要抓紧办理。否则，很容易发生忘记、延误等问题，影响工作的开展。

（3）具体性。领导交办事项一般都很具体，有些也较为琐碎，需要秘书去动手或跑腿。例如，领导让秘书去查询一个典故，去通知一件事情，去接待一位客人，去安排一顿便饭等。这些事项都很具体，都需要秘书亲自动手去做。它要求秘书人员腿要勤、心要细、路要熟，只有这样，才能办理好领导交代的每件事情，避免出现差、错、漏、忘等现象。

（4）紧迫性。领导交办事项，大都是不能拖延、必须马上落实的事项。例如，领导要秘书去车站接一位客人，秘书必须在客人所乘车次到达之前赶到车站，否则就会让客人不高兴。紧迫性特点要求秘书人员必须行事迅速，对领导交办的事项，要马上办、抓紧办，以最快的速度完成任务。

2. 办理领导临时交办事项的原则

秘书办理领导临时交办的事项，应当遵循以下基本原则。

（1）积极主动，千方百计。秘书对领导交办的事项，要积极主动，千方百计地去完成，这是秘书办事应持的基本态度。这种基本态度是建立在秘书对自身工作职责正确认识的基础上的。秘书必须把完成领导交办的事项作为自己义不容辞的职责，以积极主动的态度，想方设法去完成。

（2）既要符合政策，又要灵活变通。领导交办的事项，有些是比较好办的，有些则是比较难办的。办理较难办的事项，秘书既不能违反政策规定，搞特殊化，又不能不去办理，消极等待。正确的方法是在符合政策精神的前提下，从实际出发，变通解决问题，做到原则性与灵活性的辩证统一。

（3）件件有着落，事事有回音。秘书对领导临时交办的事项，无论事情大小，都必须高度重视，认真对待，做到件件有着落，事事有回音，千万不能"泥牛入海无消息"。

二、操作技巧实例

实例一　领导不在时邮件的处理方法

问题：领导出差了，大概要半个月才能回来。公司每天都有一些邮件需要他处理，而且有些邮件是需要尽快回复的。领导不在的时候，作为秘书的你应该如何处理邮件？

解决方法：领导不在时，处理文件或邮件可参考以下方法。

（1）如果领导习惯每天给办公室打电话，秘书应该把公司信件和外来信件分开，同时把每封邮件的内容大致记录一下，以便随时向领导汇报。如果领导没有每天给办公室打电话的习惯，秘书则应该主动打电话或发邮件等，把需要领导亲自处理的邮件向其告知。

（2）尽可能多处理一些邮件，可以在给领导的汇报中说清邮件的主题，或者把邮件交给公司有权处理的人回复。

（3）如果需要转寄纸质邮件给领导，要把寄给领导的邮包连续编号（如3-1，3-2，3-3，3-4），这样会便于核对邮包是否已全部寄出。

（4）如果领导正在度假，并且已告知不必转交邮件，秘书可以先把需要领导亲自处理的邮件保存下来，并在通知发件人已收信时告诉对方何时可以得到回复。

（5）把积压的纸质邮件分别装入纸袋，标上"需要签字的邮件""需要××处理的邮件""需要阅读的邮件""报告"和"一般阅读材料"等标签。

实例二　解决垃圾电子邮件的方法

问题：你的电子邮箱每天都会接到不少垃圾邮件，有推销产品的，甚至还有些电子邮件可能是带病毒的，这给你的工作带来了很大的困扰。你怎样做才能远离垃圾邮件呢？

解决方法：掌握解决垃圾电子邮件的方法。

电子邮箱中总会收到各式各样的垃圾电子邮件，占用了邮箱的大量空间，也严重干扰了我们的工作、生活。下面是一些远离垃圾邮件的方法。

（1）使用邮件过滤系统。这是一种常用的方法，一般邮件服务商都会提供此类服务，我们只要在邮箱设置中开启此功能即可。这种方法可以阻挡一部分垃圾邮件，但不是全部。

（2）使用病毒过滤系统。不少垃圾邮件都利用了木马病毒，如能做好计算机的防病毒处理，把病毒拒之门外，相关的垃圾邮件也就无机可乘了。

（3）屏蔽垃圾邮件的发送站点。如果你能够确认某些站点在给你发送垃圾邮件，那么你完全可以找出源头之后屏蔽它。

（4）保护好自己的邮件地址。重要的邮箱不要随便暴露。可以专门申请一个"杂物箱"，用于注册那些不重要的网站论坛之类的，这样可以减少自己重要邮箱的暴露机会。

（5）收到垃圾邮件之后，不要打开它，因为其中很可能含有病毒。你可以进行退信操作，这样可能会让有些垃圾邮件服务器端认为你的信箱已经不可用。

（6）远离危险的网站。据统计，邮件病毒最多的三类站点分别是赌博、游戏和成人网站。尽量远离这些网站，也可以有效地保护自己的邮箱。

实例三　高效处理电子邮件的方法

问题：你的电子邮箱中邮件越来越多，你经常不得不停掉手头的工作来回复邮件。电子邮件的处理占用了你大量的时间。如何节省花费在电子邮件上的时间呢？

解决方法：掌握高效处理电子邮件的方法。

电子邮件已经逐渐成为主要的时间杀手之一。如何妥善地处理收到的电子邮件，在获取有用信息的同时节省花费在电子邮件上的时间，成为一个极为重要的问题。下面是高效处理电子邮件的一些方法。

（1）按照工作习惯，将邮件处理放入自己的日程表中。将邮件处理作为日程的一部分。处理邮件经常会打断工作思路，如果看到邮件便立刻回复，虽然不会造成邮件的堆积，但是会严重影响工作的进行。可以设置一个固定的时间来处理邮件，一天两次或者三次，具体的时间和次数视自己的日程安排而定。

（2）减少邮箱的数量。为了不同的用途你可能注册了多个邮箱，这为你带来一定便利的同时，也在一定程度上增加了你的负担。寻找适合自己的邮件工具，尽量减少自己的邮箱，保留最常用的一两个即可。

（3）尽量不去设置邮件提醒。如果你能够每天定时查看自己的邮件，那么就不必设置邮件提醒功能。无论是提示音还是桌面上出现的"新邮件"，都会分散你的注意力。好奇心会驱使我们去打开邮件，去了解里面的内容，从而打断你正在进行的工作。

（4）阅读邮件之后马上处理邮件。邮件需要及时处理，否则收件箱会塞满。如果是需要回复的邮件，可以马上回复；如果是含有链接的邮件，使用收藏夹或者其他工具保存有用的链接，或者用其他工具保存其中的信息。无论是回复、删除还是用其他处理方式，我们都应该马上进行。每天清空你的邮件收件箱，否则邮件堆积起来会让你感觉无从下手。

（5）使用自动回复。如果很多邮件内容相似，需要回复的信息也相似，可以使用自动回复。有的人觉得使用自动回复是对别人不尊重，你可以在末尾注明这是一封自动产生的邮件，如需人工回复可以发送邮件到某某邮箱。自动回复的速度非常快，可以让对方省却人工回复的漫长等待时间。

（6）使用邮件管理工具。很多邮件客户端都提供了一些便于用户管理邮件的工具，如邮件的标签及过滤功能等。善用这些功能，可以帮助你更有条理地管理邮件，使你今后查找邮件更加方便，减少时间浪费。

实例四　印章的使用与保管

问题：秘书小王把印章放在自己办公桌最上面的抽屉里，没有上锁。她不在时，需要用印章的人可以自己取用，小王觉得这样很方便。领导发现后，严厉批评了她，要求她加强对印章的保管。印章的使用与保管应注意哪些问题？

解决方法：秘书部门掌管的印章主要有三种：一是单位印章（含钢印）；二是单位领导人"公用"的私章；三是秘书部门的公章。

1. 印章的保管

（1）印章必须确定专人保管；印章管理人员应廉洁正派、忠于职责、严守纪律。

（2）印章应放置在安全、牢固的保险柜内，并随时上锁。

（3）保险柜应采用双锁，印章柜及印盒的钥匙由两人保管，用印时两人共同开启。

（4）保管者不得委托他人代盖印章，用印时不能将印章拿出保管处；特殊情况下需要拿出时，应由保管人员掌管，不可交他人代用。

（5）如果印章丢失，除报上级管理机关外，还应向有关机关、单位声明印章作废并终止使用。

2. 印章使用时的注意事项

（1）印章在正式颁发、启用前，应向各有关单位发送启用通知；印模除留底外，还必须送上级机关备案。

（2）使用印章须经单位领导批准，办理签批手续之后方能用印。

（3）秘书负有监督用印的职责，对不合法或不合手续的用印，有权提出异议或拒用。

（4）因机构变动或其他原因停止使用印章时，秘书部门应将原印章缴回制发机关进行封存或销毁，不能私自保存和使用。

（5）盖印要领包括：握法标准，印泥适量，用力均匀，落印平稳；盖公章要端正、清晰，并盖在署名中间，上不压正文，下要骑年盖月。

实例五　值班的任务

问题：公司虽然有值班制度，周末及节假日都安排有值班人员，但很多人仍对值班很不重视，经常随意换班，大多数人甚至都不知道值班的任务是什么。领导对此很担心，他要求作为秘书的你起草一份值班的任务要求贴在值班室，以提醒大家值班的职责所在。

解决方法：值班工作的职责范围可宽可窄，值班人员也可以轮换，但值班工作不能间断，必须保持其连续性。各个组织中值班工作的内容具有不同特点。一般来说，值班的任务包括以下六项内容。

（1）上情下达，下情上达，内外联系。这是值班的一项基本工作。

（2）接待外来人员。无论是本地还是外地来本单位联系工作或询问事务者，一般都先由值班室接待。值班人员应根据来访者的目的及时处理，同时做好值班接待记录，记明来访人员的姓名、单位、来访事由、联系方式等内容。

（3）负责信息和信件的处理和传递，及时将重要或需紧急处理的信息向有关人员通报。在值班工作中，要负责处理信息、信件、电话及重要事件等。对属于重大问题的，要及时报告；对承接的信件，要负责签收并妥善保管；对急件，应迅速转递处理；一般信件则可在上班后转交有关部门或人员处理。

（4）做好值班电话记录。记录内容主要包括来电时间、来电单位、来电人员姓名及来电内容。

（5）做好值班日记。值班人员应将值班时处理的各项工作详细地做好文字记录，对外来的信函、反映情况、电话等进行认真登记，以便日后查考，也便于保证接班人员的连续工作。

（6）完成领导临时交办的事项，处理内部突发事件等。这类工作比较繁杂，除由具体业务部门接转办理以外，大多由值班人员办理。

实例六　编制旅程表

问题：经理要去纽约与 A 公司谈判，你已经做好了旅行计划，落实了相关工作。接下来你需要给经理提供一份详细的旅程表。你该怎样做呢?

解决方法:掌握编制旅程表的方法。

旅程表是按预定的日程表和领导的计划要求、意见而制订的。旅程表的内容一般比旅行计划更详尽,秘书要将每日的日程表打印在纸上,并按时间顺序进行编号,供领导使用。一份周密的旅程表主要包括以下六项内容。

(1)日期。指某月、某日、星期几。

(2)时间。出发及返回的时间,包括各个目的地的抵离时间和中转时间;开展各项活动的时间;就餐、休息的时间等。

(3)地点。领导本次出差的目的地(包括中转地点);旅行过程中开展各项活动的地点;食宿地点等。

(4)交通工具。出发、返回时使用的交通工具;停留地的交通安排等。

(5)具体事项。商务活动的内容,如访问、洽谈、会议、宴请、娱乐活动等;私人事务活动。

(6)备注。记载提醒领导注意的事项,如抵达目的地需要中转的中转站,休息时间、飞机起飞时间,某国家为旅客提供的特殊服务,以及在当地需要注意的一些风俗习惯和礼仪等。

旅程表除行动计划外,还应将必要的信息尽量详细地写入,如旅馆名、所在地、电话号码;当地的联系人姓名、地址、电话号码;会晤者姓名、企业名、所在地、电话号码;海外出差时当地的中国大使馆所在地和电话号码等。

旅程表应一式三份,一份存档,一份给领导及其家属,秘书存留一份。

实例七 完成领导临时交办事项

问题:作为秘书,经理经常会临时交代你办一些事情。这些事情有大有小,涉及面很广,你应该如何处理呢?

解决方法:掌握完成领导临时交办事项的方法。

领导临时交办的事项大多时间紧、要求高,无惯例可循,综合性强。要做好此项工作,需要事先弄清领导的意图,搞清工作程序、要求和时限。同时要分清主次,统筹兼顾,合理安排,准确高效地完成任务。下面是一些具体的工作方法。

(1)完成领导临时交办的文书工作。秘书人员依照领导的意图草拟信函、文件,首先要对起草文件的精神与领导进行交流,重要的文件、信函起草以后送交领导审查。如果信函中存在值得商榷的地方,应该及时联系相关人员组织讨论,用准确的语言来表述重要信函的意思。

(2)完成领导临时交办的信息工作。在帮助领导查找资料信息并回答其各种询问时,只回答自己职责以内的问题,对于职责以外的涉及个人隐私或他人长短一类的问题要学会委婉拒绝,做到与领导沟通有礼有节。

(3)完成领导临时交办的接待、会议工作。临时奉命接待、陪同来访客人或准备会议时,秘书人员要做好接待人员、抵达时间、会议或参观活动、食宿等方面的接待准备。应及时去机场迎接重要来宾，事先要联系好来访者下榻的酒店，协调好召开会议的准备工作。在接待参观者之前，对参观路线与各个部门人员进行协商，减少对工作的影响。

（4）完成领导临时交办的督查工作。秘书人员在督促下属完成领导的各项指令时，更应该关心下属在工作中的困难，并且与下属就困难的原因进行有效的沟通，将沟通所得出的结果客观地反馈给领导，使领导能更客观地指挥工作。

工作任务全部结束或告一段落后，应及时向赋予任务的领导复命，汇报完成任务的效果、时间，讲明存在和可能出现的问题及对后续工作的看法等。

第四节　办公效率管理

秘书的工作繁杂，领导的工作千头万绪，秘书很重要的一项职责就是采用各种方法，把这些多而杂的事情安排好，提高自己和领导的办公效率。秘书应制定以天、月、季度甚至年为单位的工作安排，充分运用日志、台历、备忘录、计算机等办公室辅助手段，将所有事务安排得有条不紊。

一、知识与技能要求

秘书应该掌握一些管理时间和提高效率的有效手段，如编制日程表、使用工作日志、制定管理程序等。

（一）时间管理

为了有效利用工作时间，提高工作效率，秘书在进行时间管理时应该注意以下几点。

（1）明确自己的工作任务和职责。

（2）区分常规工作和非常规工作。

（3）排出工作的优先等级。

（4）运用一些能够合理利用时间的方法。

（5）使用办公辅助手段，协助组织工作。

（6）有全局意识。

（7）遵守组织制定的规章制度和有关工作的承办期限。

（8）坚持记工作日记。

（二）日程安排

1. 日程计划表的形式

日程安排从时间上可以分为年度计划、月计划、周计划及每日计划等，这些计划形成的书面表格即各种日程计划表。

年度计划表将一年中企业重要的例行会议、经营活动，以及已确定的商务出访等安排妥当；月计划表是从全年计划表上抄下日程安排，并填写出差和聚会等预定事项；周计划表是在月计划表的基础上制订的，表中内容常在周五下班前或周一上午由主要领导碰头后协商；日程表是指领导在一天中要做的事情，一般在前一日下午或者当日清晨，根据周计划表抄制当日日程表。日程计划表制订之后应得到领导的确认。

2. 日程计划表的编制

通常，日程计划表的编制程序如下。

（1）根据需求确定编制日程计划表的周期。

（2）收集并列出该阶段的所有工作、活动或任务。

（3）发现活动有矛盾时，应主动与负责人协商，及时调整。

（4）按照时间顺序将任务清晰排列。

（5）绘制表格，标明日期、时间和适合的行、列项目。

（6）用简明的文字将信息填入表格，包括内容、地点。

不论是年、月、周、日哪一种计划表，都必须归纳为一页，以便查阅。日程计划表中应列明日期、时间、地点、预定事项、备注等内容。

3. 日程安排的注意事项

在安排日程的时候，要注意顺序的先后和时间的分配；要事先征求意见，适当保密，处理完毕的工作要从计划表中删除。领导出差和休假归来后的第一天应尽量不安排活动，同时应谨慎处理计划表中的变更事项。

（三）工作日志

秘书通常要填写两本日志，一本是领导的，另一本是自己的。按照记录手段的不同，日志可以分为两种：手工日志和电子日志。

1. 手工日志

手工日志使用起来非常简单，在任何地点都能够独立使用，且不依赖于任何电子设备。手工日志有多种形式和规格，如一天一页，一星期一页等。日志约一年更换一次。秘书应掌握工作日志的记录方法及注意事项。

2. 电子日志

电子日志是利用计算机技术来记录约会和其他事项的日志。提供日志功能的软件很多，目前比较常用的是 Microsoft Outlook。电子日志的内容可以迅速修改和更新，且修改不留痕迹。网络系统上的日志可以被许多人同时使用，信息可以备份以防丢失，且可以用密码保证信息的安全性。但是，电子日志需要计算机设备，操作人员也需要具备一定的计算机知识。

3. 工作日志的填写

无论是手工日志，还是电子日志，其所要填写的信息内容通常包括以下项目。

（1）领导在单位内部参加的会议、活动情况。

（2）领导在单位内部接待的来访者。

（3）领导在单位外部参加的会议、活动、约会等情况。

（4）领导个人的安排。

（5）领导的私人信息。

秘书日志除应包含领导的日志内容外，还应包括以下项目。

（1）领导的各项活动中需要秘书协助准备的事宜。

（2）领导交办给秘书的工作。

（3）秘书职责要求的其他工作、活动。

4. 工作日志的调整

调整工作日志的原则是尽量将日程安排的变更控制在最小的范围内。常见的变更事项包括：活动时间延长，追加紧急或新添的项目，项目时间调整或变更，项目终止或取消等。秘书应针对这些情况进行不同的处理。

（四）管理程序

1. 开发管理程序

开发管理程序的方法和步骤有以下几项。

（1）明确管理程序的目的和任务。

（2）检查程序，发现问题。

（3）制订计划。

（4）调查研究，记录和分析反馈的信息。

（5）咨询专家意见，进行科学论证。

（6）分析程序成本。

（7）规划新程序。

（8）向管理层汇报。

2. 贯彻管理程序

为保证程序的顺利实施，达到预期效果，要注意贯彻管理程序，具体有以下几项措施。

（1）广泛宣传，使程序具有足够的权威性。

（2）扫清障碍，创造条件。

（3）程序试运行。

（4）记录程序的运行。

（5）检查监督。

（6）总结完善，及时修订。

另外，还要选择实施程序的时机。

二、操作技巧实例

实例一　管理时间的注意事项

问题：秘书小李的事情非常多，如接打电话、接待访客、收发邮件、准备各种活动及文件等，每天忙得不可开交。她常常是一上班就迅速地开始工作，结果总是搞得手忙脚乱，到下班时还有部分工作没有完成。你能给她提供一些有效管理时间的建议吗？

解决方法：秘书工作繁多，为了有效利用工作时间，提高工作效率，秘书应该注意以下事项。

（1）明确自己的工作任务和职责。秘书应该非常清楚领导安排的工作任务中哪些应由自己亲自完成，哪些应协助他人完成，哪些可以不参与。

（2）区分常规工作和非常规工作。秘书的工作有常规工作，即每天、每周或定期的工作；也有非常规工作，即无法预料、突然出现的工作。

（3）排出工作的优先等级。秘书应分清工作的轻重缓急，重要、紧急的工作先做，科学有序地完成工作任务，而不是机械地夹一件事干一件事。可以将工作分成重而急、重而不急、急而不重、不重不急四类，每日从重而急开始，按照轻重缓急的顺序着手。这样可以充分利用时间，提高工作效率。

（4）掌握合理利用时间的方法。巧妙运用一些方法，精明地利用时间，以提高工作效率。有时可以合并同类任务，将其集中起来，专心致志地一次性完成，避免多次重复。例如，可以将所有要复印的文件集中复印，或是把所有要打的电话集中在某一个时间段内统一处理等，这样可以节省大量的时间。

（5）使用办公辅助手段，协助组织工作。熟练运用工作日志、时间表、计划表等，编制日计划和周计划，帮助自己和领导管理时间。非常规的、重要的、紧急的或定时的工作应在计划表中明确注明，并按时完成。

（6）有全局意识。秘书安排工作应适应整个流程的需要，不能间断、延误或降低团队的整体效率。要多为周围的同事考虑，特别是有些工作要相互接手和转交时，应尽量在自己的范围内多做些，给他人以方便。这样，团队的工作效率才会提高。

（7）遵照组织制定的规章制度和有关工作的承办期限。秘书不能只凭个人想象和爱好安排工作，要严格执行组织制定的规章制度和有关工作的承办期限，安排好自己的计划。

（8）坚持记工作日记。秘书通过对自己时间和活动的详细记录，可以分析、评估自己利用时间的有效程度，从而得到启发，改进工作。

实例二　安排日程计划表的注意事项

问题：几乎所有的秘书都是这样工作：在本月末安排下个月的工作，在本周末安排下一周的工作，在前一天下午或当天早晨安排当天的工作；要与有关各方面打好招呼，保证各项工作按计划顺利进行。日程计划表是秘书安排工作的有效手段，在制订日程计划表时应该注意哪些问题？

解决方法：日程计划表是一种简单的时间管理辅助手段，有助于秘书有效地分配和管理时间。秘书在日程安排方面的经常性工作就是制订日计划、周计划和月计划表。年计划表一般由公司统一制订。秘书要编制相当精确的计划并不容易，在安排日程计划表的时候要注意以下几点。

（1）注意顺序的先后与时间的分配。要根据实际情况确定事情的先后顺序，时间安排既要紧凑、严密，又要有一定的弹性，不要安排得太满，要留出适当的空余时间，以便领导安排临时性工作。

（2）事先征求意见。在安排领导的日计划时，无论是一般的工作，还是重要的工作，都要事先征得领导本人的同意。

（3）适当保密。只有秘书自己和领导本人手中的日程计划表才列出详细内容，给业务科室和司机的日程表内容不可太详细。因为日程表送得越多，泄密的可能性就越大。秘书对领导的日程安排要有保密意识。

（4）对处理完毕的工作，要将其从日程计划表上删除，以便清楚计划落实完成的情况。

（5）计划安排的详细程度应视实际需要而定。一般而言，中长期计划宜粗不宜细。

（6）领导出差和休假之后，等待他批阅的文件往往比平时要多，所以在领导回来的第一天，一般不要安排会议、约会等活动，以便让领导专门处理各种内部文件，并了解公司经营管理的基本状况。

（7）秘书应该谦虚、豁达、谨慎地处理日程计划表中的变更事项，避免引起有关人员的误解。

（8）不论是年、月、周、日哪一种计划表，都必须归纳为一页，以便查阅。日程计划表应列明日期、时间、地点、预定事项、备注等内容。

实例三　填写工作日志的注意事项

问题：秘书的一项重要职责就是帮助领导节省时间，保证领导高效率地工作。工作日志是秘书对自己和领导一天活动做出合理安排，并予以实施的辅助工具。秘书通常要填写两本日志，一本是领导的，另一本是自己的。秘书应该保证有关领导的所有事项既记载在领导的日志上，也要记载在自己的日志上。秘书在填写日志时应该注意哪些问题？

解决方法：日志有多种形式和规格，如一天一页、一个星期一页等。日志一般约一年更换一次。在日志上记录事情的时候，应该注意以下问题。

（1）提前了解领导工作和活动的信息，并将其填入领导的和自己的两份日志中，于当日一早再次确定和补充；在自己的日志上还应清楚标出自己当日应完成的工作。

（2）输入或填写的信息要清晰，以方便阅读。尚未联系妥当的，可以先用铅笔记载，确认后再用钢笔正式标明，还可以使用不同颜色的彩笔进行区分。

（3）输入或填写的信息要尽量简洁和全面，应标明各项活动的时间、地点、联系人姓名、联络电话等必要信息。

（4）一天的活动安排应按照时间的先后顺序记载。

（5）输入或填写的信息要准确，情况出现变化时，应立即更新自己和领导的日志，并告知领导，同时做好善后工作。

（6）应在自己的日志上清楚地标出为领导有关活动所做的准备，并逐项予以落实。

（7）协助或提醒领导执行日志计划，并在需要时帮助领导排除干扰。

（8）每天工作结束后，要仔细检查日志项目，查看所有项目是否都已处理，所有约会的人是否都已赴约。

实例四　工作日志的变化与调整

问题： 下班前，秘书小钱接到一个紧急通知：明天上午经理必须去参加一个紧急会议。这样，原定明天上午经理与 B 公司总经理的约见必须改期。接到通知后，小钱马上向经理报告了计划变更的情况，并与领导商量处理办法后，及时与 B 公司取得了联系，把实情告诉了对方，得到了他们的谅解，同时重新确定了约见的时间。工作情况发生变化时应如何应对？

解决方法： 有时，日程安排会因意想不到的事情或对方的原因而必须做出调整。如果是由于我方原因变更安排，可能就会造成一些有形无形的影响，甚至会影响公司的信誉和双方的信赖关系。因此，应尽量想办法将日程安排的变化控制在最小范围内。针对这些情况，秘书在安排日程时应注意以下问题。

（1）安排的活动之间要留有 10 分钟左右的间隔或适当的空隙，以备活动时间的拖延或临时、紧急情况之需。

（2）项目时间的调整和变更应遵循先重急、后轻缓的原则，并将变更的情况报告领导，慎重处理。

（3）确定变更后，应立即做好有关善后工作，如通知对方、说明理由、防止误解等。

（4）再次检查工作日志是否已经记录变更后的信息，不要漏记和不做修改。

实例五　贯彻管理程序

问题： 为规范办公用品的管理，作为秘书的你开发了一个办公文具领用程序，但有些同事嫌麻烦，不肯按照规定行事。你当然不希望精心设计的管理程序形同虚设。为达到预期的效果，你该怎么办呢？

解决方法： 新的或改进的管理程序的实施需要遵循特定的程序。为保证管理程序的顺利实施，要制定一些具体、详细的实施方案，使新设计的管理程序可以达到预期效果，具体有以下几项措施。

（1）广泛宣传，使程序具有足够的权威性。要注意在程序建立的过程中履行规定的审批和公布手续，以保证程序的合法性和权威地位；同时要争取领导的支持，通过领导的模范遵守，增强程序的权威性。

（2）扫清障碍，创造条件。及时清理旧的制度和程序，以保证新旧程序之间的顺利过渡，为实施新程序创造良好的外部条件。

（3）程序试运行。在程序正式全面实施之前，可以先在局部或在一定的时间内试验推行，以取得经验，摸索规律。

（4）记录程序的运行。新程序在大范围内实施之后，要及时把握其运行动态，并注意记录程序在每天的运行情况，记录其产生的预期成果和设计时没有预料到的负面作用。将每天的记录保存下来，作为将来改进程序的参考。

（5）检查监督。要将程序的实施置于有效的监督之下，设专门机构或专人管理程序的实施并进行监督，使每个人都能按照程序办事。如果不规范实施、严格监督，再好的程序也难以取得良好的效果。

（6）总结完善，及时修订。及时总结新程序实施情况，并根据已变化客观情况和条件及时修订程序，保证程序对客观环境的适应性。

另外，还要选择实施程序的时机。在一般情况下，实施新程序的最好时机是：宣传有了明显效果时；机构调整时；办公环境有很大变化时；公司迁址时；工作中出现大的失误时；新领导上任一段时间后；工作人员反应强烈或受到上级领导严厉批评时；进行较大幅度的技术、设备更新时；领导决心较大时等。

第八章　办公设备的使用

📖 **学习目标**

1. 掌握扫描仪、数码相机、数码录音笔、数字摄像机等信息采集设备的使用方法与维护常识。

2. 掌握打印机、投影仪等信息输出设备的使用方法与维护常识。

3. 掌握复印机、移动存储设备等信息复制设备的使用方法与维护常识。

4. 掌握传真机、智能手机、计算机网络系统等信息传送设备的使用方法与维护常识。

5. 掌握碎纸机、冷裱机、装订机、多功能一体机等办公设备的使用方法与维护常识。

📖 **内容提要**

本章主要介绍了常见的办公自动化硬件设备，包括扫描仪、数码相机、数码录音笔、数字摄像机、打印机、投影仪、复印机、移动存储设备、传真机、智能手机、计算机网络系统、碎纸机、冷裱机、装订机、多功能一体机的使用方法与维护常识，力图使学习者能够熟练运用常见信息处理设备、传输设备及复制设备进行日常办公。

现代办公设备是办公自动化发展的重要物质基础。所谓办公自动化，主要是利用计算机、通信和自动控制等技术与设备，实现办公业务的自动化。它是提高办公效率和办公质量，实现科学管理与科学决策的一种辅助手段。

我国办公自动化自 20 世纪 70 年代开始发展，大致经历了四个阶段：第一个阶段的主要标志是办公中普遍使用现代办公设备，如传真机、打字机、复印机等；第二个阶段的主要标志是办公中普遍使用计算机和打印机，通过计算机和打印机进行文字处理、表格处理、文件排版输出和人事财务等信息的管理等；第三个阶段的主要标志是办公中网络技术的普遍应用，通过网络，实现了文件共享、网络打印共享，以及网络数据库管理；第四个阶段的主要标志是移动办公技术的发展，无线网、智能手机的出现，使移动办公成为可能。

随着办公自动化的发展，以数据库为中心的办公自动化系统的运用引起办公方式的新变化。由于现代办公习惯与观念的转变，功能多、体积小、易操作的现代办公设备大量进入中小企业甚至家庭中，科技办公成为提高效率、享受工作的新时尚。企事业单位、政府部门的办公室纷纷使用计算机、打印机、传真机、复印机、数码相机、投影仪等办公自动化设备来提高办公效率。这些现代办公设备的使用，改变了秘书人员手抄、手写的手工劳动方式，极大地提高了办公效益和管理水平。

目前，企业的办公已不只是局限于现代办公设备的使用，而是开始利用先进的电子信息技术和现代办公设备，建立人机信息处理系统，即办公自动化系统，辅助管理人员进行各种办公活动。办公自动化系统由办公机构、办公人员、办公设备、网络环境、办公信息等基本要素构成。办公自动化已经发展成为一门新兴的学科，它涉及计算机与通信技术科学、管理与行为科学、系统工程与人机工程学等学科，是当今计算机应用一个非常活跃的领域。

随着计算机硬件及 Web 开发技术的不断发展和成熟，目前的办公自动化系统基本上都是通过 Web 技术来实现的，并且该技术在实际工作中起到越来越重要的作用。现在的办公自动化系统不仅能够满足单位或者组织内部的日常办公需要，还能进一步扩展，为单位或者组织之间的信息交流服务，从而达到利用计算机系统提高办公效率，加快各种办公业务流程处理速度的目的。办公数字化及流程的自动化操作灵活，不受地域、时间的限制，能够真正提高办公效率。现代办公设备日益数字化、一体化、网络化，并且越来越重视环保化和人性化。

办公自动化为办公室信息的收集和传递，公文的处理及其他管理工作的开展创造了良好的条件，大大提高了办事效率，促使办公室管理由传统、经验的管理转向现代、科学的管理。这是办公室管理的重大变革。秘书必须高度重视办公自动化在实现办公室管理科学化中发挥的重要作用，努力创造条件，积极促进办公自动化的进程。

第一节　信息采集设备的使用

对各种文字及图像等信息进行采集处理，是秘书办公活动的主要工作。目前，在办公领域广泛使用的信息采集设备主要有计算机、扫描仪、数码相机、数码录音笔、数字摄像机等。本节主要介绍扫描仪、数码相机、数码录音笔、数字摄像机的基本原理、使用方法及简单故障的排除方法。另外，简单介绍一下利用互联网搜集、下载信息的方法。

一、知识与技能要求

扫描仪、数码相机、数码录音笔、数字摄像机这些设备都是秘书人员经常使用的。随着计算机的使用与普及，使用相关外部设备采集文字、图片、视频等信息，通过数据线输入计算机中进行处理，已经成为秘书办公活动中一项经常性的工作。作为秘书人员，必须熟练掌握这些设备的基本原理及使用常识，能够对经常出现的简单故障进行排除。此外，互联网上的信息资料浩如烟海，掌握搜集网络信息的方法与技巧，往往能够事半功倍。

（一）扫描仪

扫描仪作为重要的输入设备，已逐步成为办公和家庭必备的计算机外设之一。它可以把一整幅图形、图片和文字材料快速地输入计算机。用户可以利用扫描仪输入各种图片建立图片素材库，还可以利用扫描仪配合 OCR（Optical Character Recognition，光学字符识别）文字识别软件将纸质文件或书籍内容转换为文本形式。

1. 扫描仪的工作原理

扫描仪的工作原理依不同种类机型而略有差异，但其基本原理没有太大区别。扫描仪的基本工作原理：把输入的图像划分成若干个点，变成一个点阵图形，通过对点阵图的扫描，依次获得这些点的灰度值或色彩编码值。这样，就可以通过光电部件将一幅纸介质的图转换为一个数字信息的阵列，存入计算机的文件中，然后便可以使用相关的软件进行显示和处理。通过光学字符识别软件，可以将扫描的文字图像处理、识别成为可以再编辑的字符文本。

2. 扫描仪的种类

扫描仪的种类多种多样，按颜色划分有黑白扫描仪和彩色扫描仪；按扫描方式划分有手持式扫描仪、平台式扫描仪和滚筒式扫描仪。手持式扫描仪小巧、简易、价廉，但扫描速度不稳定，效果较差；滚筒式扫描仪扫描效果较好，但价格较高；比较常用的是平台式扫描仪，价格适中，扫描效果较好。

普通的平台式扫描仪除可以扫描照片、文本、杂志、报纸等反射稿以外，还可以扫描实物和底片。

除专业扫描仪外，目前普通办公用的扫描仪大多与打印机、传真机集成为一体机。

3. 扫描仪的主要技术指标

（1）精度。扫描仪的精度决定了扫描仪的档次和价格。专业级扫描仪需要至少 1 200 dpi×2 400 dpi 以上的分辨率，一般办公使用 600 dpi×1 200 dpi 的扫描仪就可以胜任文字和图像的扫描工作。

（2）色彩位数。色彩位数越多，扫描仪能够区分的颜色种类就越多，所能表达的色彩就越丰富，也能更真实地表现原稿。

（3）灰度级。灰度级是表示灰度图像的亮度层次范围的指标，是指扫描仪识别和反映像素明暗程度的能力。灰度级越大，扫描层次越丰富，扫描的效果也就越好。

（4）接口类型。扫描仪的接口类型主要有 SCSI 接口、EPP 增强型并行接口、USB 接口等。USB 接口插即用，支持热插拔，使用方便且速度较快，被大多数扫描仪所使用。

（5）扫描幅面。扫描幅面是一次可以扫描的图文的最大面积，通常有 A4、A4 加长、A3、A1、A0 等规格。一般情况下，办公使用 A4 或 A4 加长规格就足够了。

4. 扫描仪的安装

扫描仪的安装一般分为三个部分，即硬件连接、安装扫描仪驱动程序及安装扫描软件。使用扫描仪之前，先要进行硬件连接与驱动程序安装，即将扫描仪信号线的一端连接到计算机主机背面接口上，另一端连接到扫描仪上的对应接口，然后接通扫描仪电源。连接好后，就可以安装扫描仪驱动程序。驱动程序装好后，便可扫描图像和文字。若要对文字进行识别，还必须安装文字识别软件。

5. 扫描仪的维护和保养

大多数办公室使用的扫描仪虽然并不是贵重设备，但作为快速输入文本、图像的重要工具，一旦出现故障，还是会影响工作进程的。避免扫描仪出现故障的最好方法就是正确使用并进行日常维护。对扫描仪进行保养与维护，应做好以下几个方面的工作。

（1）保护好光学部件。扫描仪中的光学部件非常精细，光学镜头和反射镜头的位置对扫描的质量有很大的影响，因此不要随便更改这些光学部件的位置。扫描仪应放置在平坦且坚实的表面，尽量避免震动或倾斜，工作时不得移动。

（2）扫描仪的光学部件对光线特别敏感，不要让强光线照射到扫描仪的内部，否则会影响扫描仪扫描时的色彩和灰度效果。

（3）定期做好清洁工作。清洁对象包括玻璃平板、反光镜片、镜头等。

（4）使用 CCD（Charge-coupled Device，电荷耦合元件）扫描仪时，最好让扫描仪预热一段时间，以保证光源的稳定性并使扫描仪达到正常色温，从而获得良好的图像还原。

（5）频繁地开关扫描仪会加剧灯管的老化和伺服系统的磨损，因此尽量一天开关机一次。

（二）数码相机

数码相机又称数字式相机，是光、机、电一体化的产品。尽管数码相机的质量不尽相同，但其基本原理和操作技术都是相同的，这里仅就相机的通用功能进行介绍。

1. 数码相机的工作原理

数码相机的核心部件是 CCD 图像传感器。CCD 由一种高感光度的半导体材料制成，在光线作用下，可将光转化为模拟信号，再通过模数转换芯片将其转换成数码信号。数码信号经过压缩后保存在相机内部的存储器或内置硬盘卡中，之后就可以将数据传送到计算机，并可以借助计算机处理手段，根据需要修改图像。CCD 的作用相当于传统相机的胶卷，其质量直接关系图像的分辨率及品质。

数码相机具有输出功能、即拍即显功能、声音记录功能等。

2. 数码相机的主要性能指标

数码相机的基本构造包括机身、镜头、快门、取景器、对焦装置、光圈、存储器及其他装置。其主要性能指标有以下几项。

（1）分辨率。分辨率是数码相机重要的性能指标之一。分辨率越高，图像的质量越高。

（2）变焦。数码相机的变焦有光学变焦与数字变焦之分。一般有光学变焦能力的数码相机较好。

（3）镜头。数码相机的镜头与传统胶片相机的镜头是一样的，镜头的好坏直接决定了成像的质量。

（4）光圈与快门。光圈是相机用来控制镜头通光量，保证感光器件正常感光的装置，它通常是在镜头内通过可以调节大小的光孔实现的。快门速度即相机曝光快门从开启到闭合所用的时间长度；时间越长，摄入快门的光线越多，反之则越少。

（5）测光系统。测光的正确与否对成像有很大的影响，大多数数码相机都使用中央重点平均测光方式，有的数码相机还支持中央点测光和分区域测光。

（6）色彩位数，又称色彩深度。色彩位数是用来表示颜色的二进制数的位数，代表了数码相机的色彩分辨能力。它的值越高，相机可以表示的颜色就越多，照片的成像就越细腻，图像质量越高。

除以上指标外，数码相机的性能指标还包括取景器、闪光灯、白平衡、存储卡、显示屏、存储格式、连接方式、连续拍摄能力等。

3. 数码相机的保养

数码相机在使用过程中要注意保养，如果保养合理，一台数码相机至少可以拍摄十万张照片。数码相机的保养要注意以下问题。

（1）清洗。在正常的工作环境下，相机和镜头并不需要频繁清洗。清洗相机机身相对简单，清洗镜头时则要格外小心。镜头只有在非常必要时才清洗，因为镜头上的微量尘埃并不影响图像的质量。清洗镜头时注意一定要使用棉纸，而且不要用力挤压，因为镜头表面有易受损的涂层。

（2）防热防寒。极端的温度会给数码相机和电池造成很大的损害。温度由低到高的变化会引起"倒汗"现象。避免"倒汗"的方法是用报纸或塑料袋将数码相机包好，直至数码相机温度升至与室内温度接近时才能使用。

（3）防水、防雾、防沙。应防止数码相机接触水、灰尘和沙粒。拍摄结束，应及时将数码相机放入相机盒里。

（4）旅行时要注意防护。旅行时要用镜头盖保护镜头，并将小器件和配件用软物隔开，避免碰撞。

（5）数码相机保管。数码相机应存放在远离灰尘和湿气的地方，存放前应取出电池。

（三）数码录音笔

数码录音笔，也称为数码录音棒或数码录音机，是数字录音器的一种。录音笔携带方便，同时拥有多种功能，如激光笔功能、FM 调频、MP3 播放等。与传统录音机相比，数码录音笔是通过数字存储的方式来记录音频的。

1. 数码录音笔的工作原理

数码录音笔通过对模拟信号的采样、编码，将模拟信号通过数模转换器转换为数字信号，并进行一定的压缩后进行存储。数字信号即使经过多次复制，声音信息也不会受到损失，仍可保持原样。

数码录音笔的技术指标主要有三个，即录音时间、电池蓄航时间和音质效果。

2. 数码录音笔的录音模式

通常数码录音笔的音质效果要比传统的录音机好一些。录音时间的长短与录音笔支持的声音文件存储规格有关。目前常见的有 LP（Long Play，长时间录音）、SP（Standard Play，标准录音）、HQ（High Quilty，高质量录音）三种基本录音模式。

LP 即长时间录音模式，这种模式压缩率高，是通过牺牲一定的音质来延长录音长度的，一般可以将录音的时间长度延长 80% 左右。

SP 即标准录音时间，这种模式压缩率不高，音质比较好，录音时间适中。标准录音时间是指在 SP 模式下录音笔内存支持的最长录音时间。

HQ 即高质量录音，这种录音方式压缩率十分低，音质非常好，一般适合要求较高的场合使用，如为重要讲话作存档式的记录等。

除这三种模式外，还有一种 SHQ（Super High Quilty，超高保真录音）模式，不过有这种模式的数码录音笔较少。

3. 数码录音笔的录音功能

（1）声控录音。虽说数码录音笔的录音时间较长，但也不是无限的，因此声控录音功能就变得非常有用。这一功能能够使数码录音笔自动感应声音，无声音时它处于待机状态，有声音时才启动录音，以避免存储空间和电能的浪费。

（2）电话录音。电话录音功能是指数码录音笔可以通过专用的电话适配器，将数码录音笔与电话连接起来，可以十分方便地记录通话内容，并且录音效果良好，声音纯净，几乎没有什么噪声。这一功能对于进行电话采访的记者特别有用。

（3）定时录音。定时录音是根据实际需要，预先设定好开始录音的时间，一旦满足条件，录音笔自动开启录音功能。此功能适合在一些特殊的场合、条件下使用，如定时录制电台的广播节目。

（4）外部转录。数码录音笔通过音频线，可以通过 USB 接口和计算机交换信息。

除此之外，数码录音笔还有分段录音及录音标记功能，对录音数据的管理效率比较高。

4. 数码录音笔使用注意事项

数码录音笔日常使用保养的注意事项有以下几点。

（1）充电时间不宜过长，通常充满即可。小容量电池一般 1 ~ 2 小时即可充满，大容量电池一般 3 ~ 4 小时充满。充电时间过长会加快数码录音笔电池损耗。

（2）录音笔从计算机上拔出来的时候，一定要严格按照计算机操作系统的要求，先删除硬件后再拔下录音笔。录音笔正在与计算机传输文件或者进行格式化的时候，一定不要突然中断与计算机的连接，否则极易造成软件程序的丢失。

（3）如遇录音笔中病毒（病毒一般会导致机器死机、自动重启、花屏、内存容量变小等故障），可以先用最新的杀毒软件对录音笔进行杀毒。如果杀毒后仍不能恢复，可以用计算机对录音笔进行格式化，同时注意格式化之前务必先备份录音笔里面重要的资料和文件。

（4）长时间不使用时，务必将录音笔调至关机状态，如有锁键功能务必把录音笔锁上。隔一段时间可以将录音笔拿出进行充电，再进行放置保存。

（5）录音笔严禁长时间放置于潮湿、暴晒的地方。

（四）数字摄像机

扫描仪和数码相机作为图像捕捉设备，其作用是生成静态图像。数字摄像机主要用于捕捉景物的连续活动，生成的主要是活动图像。

1. 数字摄像机的基本工作原理

数字摄像机一般是由光学系统、光电转换系统、图像信号处理系统、自动控制系统等组成。其光学系统是由变焦距镜头、色温滤色片、红绿蓝分光系统等组成，通过光学系统部分可以得到被摄主体的光像。摄像机的光电转换系统的作用是将光像转换成电信号，然后经图像信号处理系统放大、校正和处理，同时完成信号的编码工作，形成彩色全电视信号输出。

随着数字技术的发展，数字摄像机得到广泛应用。数字摄像机不仅能够摄像，而且还能当作拍摄静止图像的数码相机使用。

数字摄像机与模拟摄像机的本质区别在于，后者输出的是模拟视频与音频信号，而前者输出的是数字化的视频与音频信号，是活动的数字图像。数字化的主要优点之一是经多次复制后图像质量基本不会下降，便于反复进行编辑与复制，并且能够和计算机相连进行影像处理。此外，采用数字处理技术可明显改善设备的稳定性。数字摄像机有自诊断系统，可检测数字处理中的问题，同时在录像器上给予警示，便于维护。数字摄像机要处理的信息量比模拟摄像机大很多，功能也增加了许多。这是由于数字摄像机采取了一系列新的技术措施，如高密度记录方式、数据压缩与处理技术及采用大容量的集成电路存储器等。

2. 数字摄像机的基本运动方式

数字摄像机镜头的运动包括推、拉、摇、移、跟等基本方式，摄像时要根据拍摄主题的需要加以选择。

（1）推镜头。推镜头是摄像机向被摄主体的方向推进，使画面框架由远而近向被摄主体不断靠近的拍摄方法。推镜头的画面效果表现为镜头景别从远景端向特写端均匀过渡，观众有视线前移的感觉。推镜头的特点是可以在一个镜头内了解整体与局部的关系、主体与背景的关系，并且可以增强画面的逼真性和可信度。

（2）拉镜头。拉镜头是摄像机逐渐远离被摄主体，使画面框架由近至远，与被摄主体拉开距离的拍摄方法。拉镜头的画面效果表现为特写一端向全景、远景方向均匀过渡，观众有视点向后移动的感觉。摄影机拉镜头的特点是随着画面渐次扩展，视野范围逐渐扩大，观众可以渐次了解局部与整体的关系。

（3）摇镜头。摇镜头是在拍摄一个镜头的过程中，摄像机位置不动，只有机身进行上下、左右旋转运动的拍摄方法。摇镜头的画面效果表现为动态构图画面，可逐一展示、渐次展现景物，从而巡视环境、展示规模、烘托情绪与气氛。摇镜头给人以观众的兴趣中心发生变化的视觉效果。

（4）移镜头。移镜头是摄像机在水平面上沿着某个方向移动的拍摄方法。移镜头时，通常将摄像机架在活动物体上，随之运动进行拍摄。随着摄像机的移动，景物从画面中依次划过，造成巡视或展示的视觉感受。移镜头能较好地展示环境、表现人物。移镜头给观众以对被摄主体兴趣发生变化的视觉效果。

（5）跟镜头。跟镜头是摄像机跟随运动的被摄主体同步运动的拍摄方法。跟镜头与摇镜头、移镜头的重要区别在于，摇镜头、移镜头中的被摄主体不断被新的主体取代，它们采用的是一种兴趣中心不断发生变化的叙事语言，而跟镜头中处于动态之中的主体在画面中的位置基本不变，但其前后景会不断变换。跟镜头既突出了运动中的主体，又交代了运动主体的运动方向、速度、体态及其与环境的关系。

（五）网络信息采集

互联网技术将人类带进了高速发展的信息化时代，有效利用互联网上的信息资源离不开搜索引擎。比较知名的中文搜索引擎有百度、搜狗、必应等。网络技术在发展，信息技术在进步，搜索引擎技术也在不断地发展与完善。

1. 搜索引擎的工作原理

搜索引擎的工作原理可以简单表示为：从互联网上抓取网页→建立索引数据库→在索引数据库中搜索排序。

（1）在互联网上抓取网页。搜索引擎的数据采集包括人工采集和自动采集两种方式：人工采集是指由专门的信息人员跟踪和选取有用的 WWW（World Wide Web，万维网）站点或页面；自动采集是通过自动采集器（如网络机器人 Robots、网络蜘蛛 Web Spider、爬行者 Crawler 等）软件自动跟踪并循环检索网页信息。两种方法各有利弊。

互联网上的信息具有高度的开放性，随时有大量的信息更新。自动采集器软件能自动按周期检索网页信息，保证了搜索到的数据的实时性和完整性。然而，自动采集的目的性差，采集到的信息混乱无序，质量较差，满足不了高要求的专业检索的需要。因此，在专业检索领域人工采集仍发挥着重要作用。

（2）建立索引数据库。由分析索引系统程序对收集回来的网页进行分析，提取相关信息（包括网页所在 URL、编码类型、页面内容包含的关键词、关键词的位置、生成时间、大小、与其他网页链接的关系等），根据一定相关度算法进行大量复杂的计算，得到每个网页针对页面文字中及超链接中每个关键词的相关度（或重要性），然后利用这些相关信息建立网页索引数据库。

（3）在索引数据库中搜索排序。当用户输入关键词搜索后，由搜索系统程序从索引数据库中找到符合关键词的所有相关网页。因为所有相关网页针对该关键词的相关度在索引数据库中早已算好，所以只需要按照现成的相关度数值排序，相关度越高，排名越靠前。最后，由页面生成系统将结果的链接地址和页面摘要等内容组织起来反馈给用户。

2. 搜索引擎的语法规则

搜索引擎一般是通过搜索关键词来完成搜索过程的。但是，当用户输入关键词后，很多时候，搜索引擎返回的结果并不尽如人意，返回的大量冗余信息让用户无所适从。如果想要得到最佳的搜索效果，就要使用搜索的基本语法来组织要搜索的条件。大多数的搜索引擎都支持逻辑查询，用户可以使用不止一个关键词，然后加上适当的逻辑字符来缩小搜索范围，从而显著提高搜索结果的准确度。

例如，书名号"《》"的利用是百度搜索的一个特色功能，在查询书籍、电影等时特别有效。又如，"＋"号通常是要求查询的文档中包含特定词语，而"－"号则相反，表示要排除含有特定单词的文档。

要注意的是，各搜索引擎的语法规则，其具体使用方法存在一定的差别，对于符号的中英文状态、大小写等都有不同的要求。建议在使用搜索引擎时，最好研究一下所选搜索引擎主页上的说明。掌握其语法规则，就能极大地提高搜索效率。

3. 搜索引擎的选择

一旦确定了搜索的需求，使用哪一个搜索引擎完全取决于这种需求。选择搜索引擎时要注意以下几点。

（1）有针对性地选择搜索引擎。用不同的搜索引擎进行查询得到的结果常常有很大的差异，这是因为它们的设计目的和发展走向存在许多的不同。选择搜索引擎时，常见的是使用全文搜索引擎和网站分类目录。一般规则：如果找特殊的内容或文件，或者要找的信息比较冷门，那么应该用比较大的全文搜索引擎查找，如百度。如果想从总体上或比较全面地了解一个主题，得到某一方面比较系统的资源信息，或者不能准确地确定搜索的是什么，或者搜索的主题范围很广，可以使用目录一级一级地进行查找。大多数搜索引擎都有自己的网站分类目录。对于特殊类型的信息搜索时应考虑使用特殊的搜索工具。例如要找人或找地点，那么可以使用专业的寻人引擎或地图和位置搜索网站。

总之，在使用搜索引擎时，应充分利用他们各自的优点，以得到最佳的结果。

（2）尽可能缩小搜索范围。许多搜索网点只允许在 Web 中搜索，或只在某个特定地理区域搜索。如果能十分肯定搜索的信息是在新闻档案中，或自己清楚地知道要搜索的是新闻中的某篇文章，只是不能确定是哪一个新闻，就可以直接在新闻中搜索，而不必搜索所有网页。

（3）使用多元搜索引擎。多元搜索引擎是一种只需输入一次关键词就可以利用多个搜索引擎进行查询的搜索代理网站，使用它可以查询多个搜索引擎的搜索结果。

（4）直接到信息源查找。有时搜索词组太精确或者一个词组无法准确表达所需信息，那么可以直接到信息源（即提供该信息的站点）中查找。这种方式虽然简单，但很有效。很多时候可以用公式"www. 公司名 .com"去猜测某一组织的站点。如果猜不中，可以用搜索引擎搜索公司网址。

二、操作技巧实例

实例一 扫描图像

问题：公司准备召开成立 20 周年庆典，经理拿来一些公司成立初期时拍摄的彩色照片，要求作为秘书的你将其做到多媒体宣传片中去。你需要先将这些彩色照片转换成电子图片，那么该如何操作呢？

解决方法：使用扫描仪扫描照片。

将彩色照片转换成电子图片，可以使用数码相机进行翻拍，也可以使用扫描仪扫描图像。翻拍需要一定的技术，处理不好图片容易变形，使用扫描仪是比较高效、稳妥的方式。

扫描图像最简单的方法就是用 Windows 操作系统自带的画图软件来进行。当然，也可以用专业的图形图像处理软件（如 Photoshop）来获得扫描图像。由于画图软件是 Windows 操作系统默认安装的软件，所以此处以画图软件为例来说明如何获得扫描的图像。具体操作步骤如下。

（1）在 Windows 操作系统下，启动"画图"软件，弹出"画图"软件的窗口。

（2）单击窗口左上方的"文件"，从下拉菜单中单击"从扫描仪或照相机"命令（如果计算机未与扫描仪连接，则该命令不可用），弹出扫描仪的扫描窗口。各种品牌扫描仪的扫描窗口大同小异。

（3）窗口里面有四个选项，对应要扫描的原稿类型。如果要扫描一张彩色照片，就选择"彩色照片"选项，把照片放到扫描仪中，盖上盖子，单击"预览"按钮。此时扫描仪就开始预览，预扫描的图片出现在右侧的预览框中。

（4）移动、缩放预览框中的矩形取景框至合适大小、位置，选择要扫描的区域。选择好后，单击"扫描"按钮，此时扫描仪就开始扫描，屏幕显示扫描进度。

（5）扫描完成后，图片出现在"画图"软件窗口中的图片编辑区域，此时就可以对图片进行修改、保存等操作。

实例二 扫描文字

问题：由于人员变动等原因，一批打印材料的电子版已无从查找。经理要求作为秘书的你将材料重新录入计算机。面对厚厚的材料，你该如何处理才能尽快完成任务？

解决方法：使用扫描仪扫描文字。

除扫描图像外，扫描仪另一个非常重要的功能就是扫描文字，即把手写或印刷文字进行扫描，转换成可以编辑的文本。要实现文字识别，除要安装扫描仪驱动程序和扫描仪应用软件外，还要安装文字识别软件。目前市场上的文字识别软件很多，使用方法大同小异，都要首先对文稿进行扫描，然后对其进行识别。下面以 OCR 软件为例，说明文字扫描的几个步骤。

（1）扫描文稿。为了利用 OCR 软件进行文字识别，可直接在 OCR 软件中扫描文稿。运行 OCR 软件后，会出现 OCR 软件界面。

将要扫描的文稿放在扫描仪的玻璃面上，使要扫描的一面朝向扫描仪的玻璃面并让文稿的上端朝下，与标尺边缘对齐，再将扫描仪盖上，即可准备扫描。点击视窗中的"扫描"键，即可使用扫描驱动软件进行扫描，其操作方法与扫描图片类似。扫描后的文档图像出现在 OCR 软件视窗中。

（2）适当缩放画面。文稿扫描后，刚开始出现在视窗中的要识别的文字画面很小，应首先选择"放大"工具，对画面进行适当放大，以使画面看得更清楚。必要时还可以选择"缩小"工具，将画面适当缩小。

（3）调正画面。各类 OCR 软件都提供了旋转功能，使画面能够进行任意角度的旋转。如果文字画面倾斜，可选择"倾斜校正"工具或旋转工具，将画面调正。

（4）选择识别区域。识别时选择"设定识别区域"工具，在文字画面上框出要识别的区域，这时也可根据画面情况框出多个区域。如果要进行全文识别则不需设定识别区域。

（5）识别文字。单击"识别"命令，则 OCR 会先进行文字切分，然后进行识别。识别的文字将逐步显示出来。识别完成后，一般会再转入"文稿校对"窗口。

（6）文稿校对。各类 OCR 软件都提供了文稿校对和修改功能，被识别出可能有错误的文字，用比较鲜明的颜色显示出来，并且可以进行修改。有些软件的文字校对工具可以提供字形相似的若干字以供挑选。

（7）保存文件。用户可以将识别后的文件存储成文本文件或其他格式文件。

实例三　处理扫描仪常见故障

问题：办公室的扫描仪经常会出现一些小问题，如有时扫描噪声很大，有时计算机显示找不到扫描仪，有时扫描出来的图像比较模糊。作为秘书，你需要掌握一些常见故障的处理方法。那么，应该如何处理常见故障呢？

解决方法：掌握常见故障的排除方法。

扫描仪虽然构造精细，但一些常见故障的排除方法并不复杂，秘书是可以进行处理的。

1. 扫描运行时噪声很大

噪声主要是扫描仪工作时机械部分的移动产生的，与扫描速度密切相关。解决的方法很简单，只需打开已安装的各品牌机器的具体软件，把扫描速度设置成中速或低速就可以了。

2. 计算机未成功连接扫描仪

首先确认是否是先开启扫描仪的电源，然后才启动计算机的。如果不是，可以按"设备管理器"的"刷新"按钮，查看扫描仪是否有自检，绿色指示灯是否稳定地亮着。如果答案是肯定的，则可排除扫描仪本身故障的可能性。如果扫描仪的指示灯不停地闪烁，表明扫描仪状态不正常。此时应先检查扫描仪与计算机的接口电缆是否正常，以及是否安装了扫描仪驱动程序。此外，还应检查扫描仪是否与其他设备冲突，若有冲突可以更改硬盘上的跳线。

3. 扫描出来的画面颜色模糊

画面颜色出现问题的原因主要有以下三个方面。

（1）扫描仪的平板玻璃脏了。应将此玻璃用干净的布或纸擦干净。注意不要用酒精之类的液体来擦，那样会使扫描出的图像呈现彩虹色。

（2）扫描的分辨率设置不当。检查扫描仪使用的分辨率是多少，如使用分辨率为 300 dpi 的扫描仪扫描 1 200 dpi 以上的图像会比较模糊，因为分辨率（300×600）dpi 的扫描仪扫描（1 200×2 400）dpi 相当于将一点放大至 4 倍。

（3）显示器的 bit 值设置不当。一般而言，显示器应设置为 16 bit 或以上。

实例四　数码相机与计算机的连接

问题： 使用数码相机拍摄的图片必须导入计算机中，才能作为图像素材被运用到多媒体应用软件中去。如何将数码相机中的图片输入计算机呢？

解决方法： 在计算机中添加数码相机硬件设备。

要对数码相机中的照片进行处理，必须将数码相机连接到计算机上，在计算机中添加数码相机硬件设备，并安装数码相机驱动程序及照片处理软件。

1. 硬件连接

购买数码相机时一般会随机配备一根有 USB 接口的信号线，将信号线的一端插在数码相机的数据输出口，另一端插在计算机的 USB 口，即可将数码相机与计算机连接。

2. 安装驱动程序

目前大多数数码相机系统都能够自动识别和自动安装驱动程序。对于无法识别的，系统会提示用户手动进行安装。

打开计算机，硬件连接后，打开数码相机电源，系统将以安装向导的方式引导用户进行安装。经一系列对话后，驱动程序安装结束。如果两种设备的电源都没有打开，插好信号线后应先开启数码相机的电源，然后再打开计算机的电源，进入操作系统，就会出现安装向导。

3. 将图片文件导入计算机

驱动程序安装完成以后，不必重新启动计算机就可以生效。在计算机桌面上将出现一个陌生的"可移动磁盘"，此时可以向"可移动磁盘"存储文件，或是从中复制、删除或打开一个文件。一旦关闭数码相机或断开它与计算机之间的信号线，这个"可移动磁盘"将自动从计算机桌面消失。

在数码相机与计算机通信过程中，该设备完全丧失了拍摄和浏览图片等功能，只能当作一个存储器使用。只有断开信号线，数码相机才能恢复其他功能。

4. 编辑图片

导入计算机中的照片可以运用图片编辑软件进行加工和保存。利用软件，可以改变图片的色泽、亮度、清晰度等，使照片达到较好效果。目前常用的图片处理软件是 Adobe Photoshop。

实例五　突出照片主体的构图技巧

问题： 下周公司要举行员工联欢活动，经理让作为秘书的你准备数码相机，拍摄一些活动场景照片。经理指出以前的秘书拍的照片不够专业，主体不够突出，希望你拍出的照片能够专业一些。那么你在拍照时应如何构图呢？

解决方法：掌握突出照片主体的构图技巧。

一幅图片所能表现的内容是极其有限的，因此，使用数码相机拍照时，必须精心安排画面的内容。一般来说，图片画面主要包括主体、陪体、前景、背景和空白等。主体在画面中起着控制全局的主导作用，画面中的所有元素都要围绕主体来组织。进行画面处理的时候，应该利用成像面积的大小、线条、影调、颜色、虚实，以及对比、呼应、透视规律等一切手段突出主体，让观众第一眼就能明白创作者所要传达的信息。一般来说，影响主体突出性的因素主要包括以下三个方面。

1. 主体自身的条件

主体自身的条件是影响主体突出程度的首要因素。茫茫沙漠中的一棵高大树木，万绿丛中的一朵鲜花都会格外显眼。

2. 主体的位置

要使主体成为画面结构的中心，必须首先安排好主体的位置。主体位置的安排有一定规律。在画面的某些位置安排主体，会更有利于主体地位的传达，使之能够更快地引起观赏者的注意，使观赏者的视线更长时间地停留在主体上。具体来说，主要有以下几种方法：

（1）三分规则，即画面用垂直线分成三等份，主体大致安排在某个分割线附近。这种三分之一和三分之二的分割法是典型的画面布局格式，它给人以愉快的平衡感和无拘束的宽松感，不像在正中央那么僵硬死板。

（2）九宫格构图，即将一幅图片的每条边分为三等份，所形成的四个交叉点就是放置被摄主体的最佳位置。它可以使被摄主体在画面里最醒目，是三分规则的一种典型形式。九宫格构图方式在西方摄影理论中被称为黄金分割构图，即分割画面的任何一条线都能把画面四框分成长短之比符合黄金分割规律——1∶0.618的两部分。

（3）S形构图。S形是较为美观的线条，在S形线条的某些点上安排主体，使之呈S形贯穿画面，成为画面的结构线。这样不仅有利于表现主体，而且会使画面显得优美、流畅。

（4）三角形构图，即把所表达的主体放在三角形中或将影像本身构成三角形的态势。三角形构图具有稳定感，可用于不同景别的摄影，如近景人物、特写等。

除以上介绍的方式外，还可以采用对角线交叉构图、V形构图、十字形构图等方式。这些方式都可以为主体安排最佳位置。实际上，一幅图片中最能表达作品的内容和创作者思想态度的地方就是主体安排的位置。

3. 主体的面积

画面中面积大的形体能够给人以更大的视觉冲击，容易引起观赏者的注意。因此，给画面中的主体足够的面积，是突出主体的有效手段之一。

为了突出主体，除采用上述处理方式外，还可以通过画面的明暗对比、色彩对比、动静对比、线条透视关系的引导作用等手段，使其成为画面的视觉注意中心。

实例六 数码录音笔的使用方法

问题：公司明天将召开新产品开发的内部研讨会，经理指示你要对会议进行全程录音，作为资料留存。你该如何进行操作呢？

解决方法：掌握数码录音笔的使用方法。

不同的数码录音笔的使用方法略有差异，一般而言，需要以下几个步骤。

1. 装入电池

打开机身下方电池盖，按电池标识"＋""－"装入电池。

2. 开机/关机

长按录音笔"PLAY"按键，录音笔开机，显示屏点亮，先出现"ON"。当无录音文件时，屏幕显示为主菜单界面。

开机状态下，长按"PLAY"按键，录音笔出现"OFF"时则为关机。

一分钟不对录音笔进行任何操作，会进入省电模式，录音笔自动关机。

3. 打开菜单

通过按"MODE"键可以进入各种菜单模式。菜单分为主菜单（长按进入）与播放时子菜单（短按进入）两类。

在任何状态下长按"MODE"键进入主菜单。主菜单一般包括 MP3 音乐模式（MP3）、录音模式（REC）、放音模式（RPL）等，根据不同型号而有所区别。

4. 选择不同功能

当显示主菜单时，上下拨动"MODE"键，可以选择不同的功能模式。当所选功能字符（MP3/REC/RPL）闪动时，向内按动此开关将分别进入不同模式。

实例七 数字摄像机的基本操作步骤

问题：公司新购置了一台数字摄像机，经理要求作为秘书的你尽快学会使用，以备不时之需。数字摄像机有哪些基本操作步骤呢？

解决方法：掌握数字摄像机的基本操作步骤。

数字摄像机的主要操作步骤包括：开机，装存储卡，拍摄，回放检查，关机。不同型号数字摄像机的具体使用方法大同小异，其基本操作步骤有以下几个。

（1）为数字摄像机接通交流电源（或使用机内电池电源），按下电源开关，接通电源。

（2）插入存储卡。存储卡用于存储视频文件，也有的数字摄像机用光盘或 DV 数码带。

（3）将防灰尘镜头盖取下，打开监视屏，此时可以看到镜头中的画面。

（4）将右手四指伸入保护皮带内握住机身，左手托住摄像机底部防止机身在拍摄过程中抖动。调整镜头对准要拍摄的景物，同时注意观察监视屏。

（5）按下摄录按钮，对准景物开始摄录。在摄录过程中，可以通过按动调整焦距的滑钮，将拍摄的景物拉近或推远；用双手或单手握稳机身，可以左右均匀转动拍摄。如果按下快照按钮，还可以拍摄静止画面（照片）。

（6）对大多数数字摄像机而言，当再次按下摄录按钮时，就可以暂停拍摄，监视屏会显示"PAUSE"（暂停）字样。

（7）如果要继续拍摄，只要重复（5）、（6）两步即可。

（8）拍摄结束后，可以回放拍摄的影像，检查拍摄效果。

（9）拍摄完毕，再次按下电源开关，关闭电源，合上监视屏，盖上镜头防尘盖。

实例八　摄像时的基本技巧

问题：公司下周要举行员工联欢活动，经理将公司的数字摄像机交给作为秘书的你，让你负责为联欢活动摄像。由于是公司的内部活动，经理不准备聘请专业摄像师，但他希望你拍出的片子也能具备一定的水准。为完成任务，你应该掌握哪些基本的摄像技巧呢？

解决方法：掌握基本的摄像技巧。

摄像是一项很复杂的技术，专业摄像需要进行专业培训。但作为秘书，只要掌握一些基本的摄像技巧，也可以应对日常需要。下面是摄像的一些基本技巧。

（1）拍摄第一个镜头时，应使用广角的方式。这样拍摄的画面稳定，不会因变焦出现图像模糊现象。这样处理可以交代背景，有助于观众了解画面中的整体环境，接下来拍摄主体时也会更容易突出主体。

（2）拍摄时要保持数字摄像机处于水平状态。在摄像时，最好使用三脚架，这样拍摄出来的影像不歪斜，画面保持平稳。如果没有三脚架，要尽量保持平稳。拍摄时不要大幅度地移动数字摄像机，这样会使图像发生振动，以致重放时令观众头昏眼花。

（3）不要过多地使用变焦，只在有需要时才变焦。有些人在摄像时喜欢使用推镜头和拉镜头，不停地变焦，实际上，过多地使用变焦，出现的画面会令观众难以了解。因此，只有在具备恰当的条件时才应使用变焦，并且变焦前要先定镜（如固定在某一位置静拍5秒）。

（4）拍摄同一主体的时间要适当。拍摄同一主体的时间太长，画面会显得呆滞和沉闷，而时间过短又会令观众看不清楚，所以不要拍时间太长或太短的镜头。5～10秒是拍摄一个镜头的理想长度，拍摄另一镜头前，可先静拍5秒，以便观众了解画面。

实例九　百度搜索的基本应用

问题：经理指示作为秘书的你在网上查找一些资料，你如何做才能快速高效地完成任务呢？

解决方法：掌握百度搜索的基本应用。

百度搜索简单方便。要使用百度搜索，首先在地址栏中输入百度的网址：www. baidu. com，敲回车键，进入百度搜索的首页。用户只需要在搜索框内输入需要查询的内容，敲回车键，或者鼠标点击搜索框右侧的"百度一下"按钮，就可以得到符合查询需求的网页内容。

1. 使用多个词语搜索

输入多个搜索词语（不同字词之间用一个空格隔开），可以获得更精确的搜索结果。例如：想了解上海人民公园的相关信息，在搜索框中输入"上海 人民公园"获得的搜索效果会比输入"人民公园"得到的结果更好。

2. 搜索结果页面

百度的搜索结果页主要由以下几部分组成。

（1）搜索结果标题。点击此标题，可以直接打开该结果网页。

（2）搜索结果摘要。通过摘要，用户可以判断这个结果是否满足用户的需要，是否值得打开。

（3）百度快照。"快照"是该网页在百度的备份，如果原网页打不开或者打开速度慢，可以查看快照浏览页面内容。

（4）相关搜索。"相关搜索"是其他有相似需求的用户的搜索方式，按搜索热度排序。如果用户的搜索结果效果不佳，可以参考这些相关搜索。"相关搜索"位于页面的下方。

3. 高级搜索语法

百度支持通用的语法格式。常用的有：

（1）intitle：把搜索范围限定在网页标题中。网页标题通常是对网页内容提纲挈领式的归纳。把查询内容范围限定在网页标题中，有时能获得良好的效果。使用的方式是把查询内容中特别关键的部分用"intitle："领起来。例如，在搜索框中输入"intitle：故宫"，就会搜索出网页标题中包含"故宫"的页面。

注意："intitle："和后面的关键词之间不要有空格。

（2）site：把搜索范围限定在特定站点中。有时候，用户如果知道某个站点中有自己需要找的东西，就可以把搜索范围限定在这个站点中，提高查询效率。使用的方式，是在查询内容的后面加上"site：站点域名"。例如，要搜索天空网，就可以这样输入：site：skycn. com。

注意："site："后面跟的站点域名，不要带"http：//"；另外，"site："和站点名之间不要带空格。

（3）inurl：把搜索范围限定在 url 链接中。网页 url 中的某些信息，常常有某种有价值的含义。因此，用户如果对搜索结果的 url 做某种限定，就可以获得良好的效果。实现的方式是用"inurl："语法，后跟需要在 url 中出现的关键词。例如，找关于 Flash 软件的使用技巧，可以这样查询：flash inurl：jiqiao。

上面这个查询串中的"flash"可以出现在网页的任何位置，而"jiqiao"则必须出现在网页 url 中。

注意："inurl："语法和后面所跟的关键词之间不要有空格。

（4）双引号和书名号：精确匹配。如果输入的查询词很长，百度在经过分析后，给出的搜索结果中的查询词可能是拆分的。如果用户对这种搜索结果不满意，可以尝试让百度不拆分查询词。给查询词加上双引号，就可以达到这种效果。

书名号是百度独有的一个特殊查询语法。在其他搜索引擎中，书名号会被忽略，而在百度中，中文书名号是可被查询的。加上书名号的查询词，有两层特殊功能，一是书名号会出现在搜索结果中，二是被书名号括起来的内容不会被拆分。书名号在某些情况下特别有效果。例如，查名字很通俗和常用的那些电影或者小说，查电影"手机"，如果不加书名号，很多情况下出来的是通信工具手机，而加上书名号后，结果就都是关于电影方面的了。

实例十　网页图片的下载

问题：经理指示作为秘书的你制作幻灯片（PowerPoint），你在网上查找了一些图片资料，想运用到幻灯片中。如何下载网络图片呢？

解决方法：掌握网页图片的下载技巧。

网页图片的下载方法有多种，较常用的方法有以下几种。

1. 保存页面中的图像

用鼠标右键单击页面中的图像或动画，在弹出的快捷菜单中选择"图片另存为"命令，然后在"保存图片"对话框中指定保存的位置和文件名，最后单击"保存"按钮即可。

还有一种更简便的方法是按住鼠标左键将该图像直接拖动到目标文件夹中。当然，这一操作的前提是要先进行窗口排列，使 IE 窗口与目标文件夹窗口都显示在桌面上。

如果要保存页面的背景图像，可以用鼠标右键单击页面中的没有插图也没有超级链接的任意区域，在弹出的快捷菜单中选择"背景另存为"命令，然后在"保存图片"对话框中指定保存的位置和文件名，最后单击"保存"按钮即可完成。

2. 保存网页中所有图片

除单张保存网页图片外，还可以一次性地把网页上所有图片文件都保存下来，具体操作方法如下。

（1）打开想保存的图片网页。

（2）在浏览器中找到"保存网页"命令并单击，将会打开"保存网页"对话框。大多数浏览器都有该命令。

（3）选择"保存类型"中的"网页，全部（＊.htm；＊.html）"，输入文件名，把整个网页保存到硬盘中。

（4）打开硬盘上与输入的文件名相同的文件夹，从中可以找到网页上的所有图片。

实例十一　网络视频文件的下载

问题：经理交给你一个视频文件的网址，要求你将视频下载下来，供日后使用。你该如何下载网络视频呢？

解决方法：掌握网络视频的下载方法。

网络视频文件的下载相对复杂一些。一般而言，有三种方法：一是利用缓存保存视频，二是利用下载工具下载视频，三是利用网站解析下载地址。其中，利用缓存保存视频是比较方便的方法。

临时 Internet 文件夹中包含了所浏览网页的图片、动画、视频等信息，利用该文件夹，可以保存在网页上使用常规方法无法保存的文件，如动画与视频等。使用临时 Internet 文件夹保存视频或动画文件的具体操作步骤如下。

（1）打开浏览器，待看完视频或动画，该视频或动画文件已经保存到计算机缓存中。

（2）单击"工具"按钮，然后单击"Internet 选项"，会出现如图 8-1 所示的"Internet 属性"对话框。

（3）单击"常规"选项卡，然后在"浏览历史记录"下单击"设置"，出现如图 8-2 所示的"网站数据设置"对话框。

（4）在该对话框中，单击"查看文件"，即可打开临时文件和历史记录所在的文件夹。看完的视频与动画文件都在这里。

（5）在临时文件夹中搜索所需要的视频或动画文件。文件夹中的文件较多，可以按大小进行排序，最大的几个就是视频文件。也可以在该文件夹中搜索视频或动画类型文件，再在搜索结果中找到需要的视频或动画文件。

（6）找到文件，选中后右键单击该文件，单击"复制"，然后将文件粘贴到其他文件夹。

对图片也可以利用这种方式进行保存。要注意的是，在整个保存过程中最好不要关闭浏览器，因为有些浏览器会在关闭时自动删除临时文件。

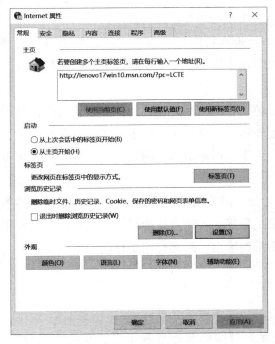

图 8-1　"Internet 属性"对话框

图 8-2　"网站数据设置"对话框

第二节　信息输出设备的使用

信息输出设备是办公自动化系统中必不可少的硬件设备。采集到的各类信息经过处理，需要通过各种设备进行输出。常用的输出设备主要有打印机、投影仪、电子白板等。当然，严格来说，计算机显示器也是重要的信息输出设备。本节主要介绍打印机、投影仪这两种常见的信息输出设备的基本原理、使用方法及简单故障的排除方法。

一、知识与技能要求

打印机主要用于文本文件的输出，是将电子文件转换成纸质文件的重要设备，目前已经成为办公室中与计算机配套的标准配置。投影仪大多用于演示的场合，它能够将计算机屏幕上显示的内容投映到大屏幕上，以供更多的人观看。投影仪不但可以演示文字，而且可以演示图片、动画、视频等多媒体信息。

（一）打印机

打印机是常用的计算机信息输出设备。秘书必须了解其种类，掌握打印机的安装方法，有效管理和使用打印机。

1. 打印机的种类

目前常用的打印机主要有针式打印机、喷墨打印机和激光打印机。

针式打印机的优点是耐用，耗材（包括打印色带和打印纸）便宜，可以打印多种类型的纸张，如穿孔纸、多层纸、蜡纸等；缺点是打印速度慢、精度低、噪声大。针式打印机一般适合于打印报表、程序清单等。

喷墨打印机有宽行和窄行之分，可以打印彩色图像。喷墨打印机的优点是价格低，打印效果优于针式打印机，噪声小；缺点是打印速度较慢，耗材较贵。喷墨打印机适合打印单页纸，其打印质量很大程度上取决于纸张的质量。由于其可输出彩色图案，故常用于广告和美术设计领域。

激光打印机也有宽行、窄行及彩色、黑白之分。激光打印机的优点是噪声低、分辨率高、打印速度快，在各种打印机中，其打印效果是最好的；缺点是价格高。激光打印机常用于文档的打印，也可以进行高质量图像及复杂图形的输出。激光打印机目前广泛应用于办公系统和桌上印刷系统。

2. 打印机的工作环境

打印机对工作环境没有特殊要求，但在安放时应注意以下几点。

（1）打印机的安放要适当，周围空间应充足。打印机要远离灰尘多、有液体的地方，并应避免放置在有磁铁或能产生磁场的装置附近。

（2）打印机的工作台面必须平稳且没有振动。无论打印机是否正在运行，都不要在其上面放置物品，以免异物掉入打印机内，发生故障。

（3）打印机应避免阳光直射，打印机周围环境的温度应保持在 5 ℃~40 ℃。

（4）保证交流用电的接地良好，一定要将打印机的三芯插头插在有接地处理的电源上。

3. 打印机的管理和操作

打印机的管理和操作包括设置打印机属性、指定默认打印机、管理打印任务和删除打印机等。

（1）设置打印机属性。安装打印机时，系统会按照默认状态进行设置，用户也可以改变打印机的属性。具体操作方法是：单击计算机"开始"菜单，单击"设备和打印机"选项，出现"设备和打印机"对话框，右击要设置属性的"打印机"图标，显示快捷菜单。在快捷菜单中单击"打印机属性"选项，屏幕会显示打印机的属性对话框。

在该对话框中可以进行以下设置。

①常规：设置打印机的备注和打印测试标准页等。

②共享：设置当前打印机是否共享。

③端口：添加和删除打印机的端口、安装新的打印机驱动程序和设置后台打印机等。

④高级：设置可使用此打印机的时间、优先级，更改驱动程序、打印质量、页数，打印处理，以及打印管理等。

⑤颜色管理：调整颜色设置。

⑥安全：进行有关安全的使用权限设置。

⑦设备设置：可以设置纸张输入盒的纸张类型、手动送纸的纸张类型等。

设置完毕后，单击"应用"按钮，然后单击"确定"按钮。

（2）指定默认打印机。单击计算机"开始"菜单中的"设备和打印机"选项，打开"设备和打印机"对话框。在该对话框中有多台打印机图标，右击要作为默认打印机的打印机，然后在出现的快捷菜单中单击"设置为默认打印机"选项。设置了默认之后，Windows系统下的各应用程序在执行打印操作时将自动使用该打印机打印，用户也可以手动选择其他打印机。

（3）管理打印任务。在使用打印机打印文件时，打印机有一个显示其打印状态的窗口。这一对话框中列出了等待打印的任务，其中有一个正处于打印状态。通过打印状态对话框可以对打印任务进行管理，如观察打印队列情况、暂停打印任务及删除打印任务等。

单击"设备和打印机"命令，打开"设备和打印机"对话框。在该对话框中双击"打印机"图标，则显示打印状态的对话框。

（4）删除打印机。打开"设备和打印机"对话框，选择要删除的打印机图标。单击右键，在弹出的快捷菜单中单击"删除"按钮，则删除该打印机。

（二）投影仪

随着数字技术的发展，投影仪的功能越来越强大，体积也越来越小巧，已成为许多公司日常举行办公讲座、演示活动不可或缺的配置，成为信息演示的重要工具。

1. 投影仪的性能指标

投影仪的性能指标主要包括分辨率、亮度、对比度、带宽、均匀度、灯泡的类型和使用寿命、接口配置。

（1）分辨率。投影仪的分辨率通常指该投影仪内部核心成像器件的物理分辨率。分辨率越高，表示投影仪显示精细图像的能力越强。一般选择物理分辨率为 XGA 标准以上的投影仪可以达到较好的效果。

（2）亮度。投影仪的亮度指标统一为 ANSI 流明。根据不同大小的投影面积，选择适合的投影显示亮度。投影仪亮度达到 1 600 流明，即可以满足大多数使用环境的要求。

（3）对比度。对比度是亮区对暗区的比例，反映了一个画面明暗变化的范围大小。如果一个画面只能显示白色和黑色，而不能显示出阴影区域或黑暗区域的细微层次变化，就失去了画面的精细效果。对比度越高，显示效果越精细。

（4）带宽。带宽是设备运行的频率范围或频率宽度。如果带宽过窄的话，就会影响分辨率、对比度、电子聚焦等方面，还容易引起图像模糊，显得画面分辨率不高或聚焦不良。带宽越高，画面就会越精确。常见的（800×600）dpi 分辨率的图像需要 43 MHz 的带宽，而（1 280×1 024）dpi 的分辨率则需要 118 MHz 的带宽。

（5）均匀度。任何投影仪射出的画面都会有边缘亮度与中心亮度不同的现象。均匀度就是反映边缘亮度与中心亮度的比值，均匀度越高，画面的一致性就越好。在此，投影仪的光学镜头起关键作用。

（6）灯泡的类型和使用寿命。灯泡作为投影仪主要的消耗材料，也是选购投影仪时必须考虑的重要因素。特别需要注意的是，不同品牌投影仪使用的灯泡一般是不能互换使用的。灯泡作为投影仪主要的消耗材料，其使用寿命直接关系到投影仪的成本。因此，一定要了解清楚灯泡的使用寿命和更换成本。

（7）接口配置。投影仪的接口包括数据接口、控制接口、视频信号接口、音频信号接口和计算机接口等。在选择投影仪时一定要考虑与投影仪连接的音视频设备和计算机设备与投影仪接口之间的兼容性和可连接性，同时也要考虑现在流行的或未来几年即将流行的接口方式。

2. 使用投影仪的注意事项

投影仪集机械、液晶、电子电路技术于一体，属于高精密仪器，因此价格一般都非常昂贵，在使用时必须非常注意。

（1）保持投影仪镜头的清洁。投影仪镜头干净与否，将直接影响投影屏幕上内容的清晰程度。屏幕上出现各种圆圈或斑点，多半是投影镜头上的灰尘造成的。同时，投影仪镜头在不用的时候需要盖好镜头盖，避免沾上灰尘。清洁时应该使用专业镜头纸或其他专业清洁剂来清除投影仪镜头上的灰尘。

（2）投影过程中不能用镜头盖遮挡画面。在演示过程中，有时可能需要暂时遮挡住某些画面，这时正确的做法应该是使用投影仪的"黑屏"功能进行屏蔽，最好不要用镜头盖进行遮挡，因为这样可能造成投影仪内部温度升高，导致元器件损坏。

（3）关机后不要立即断电。大多数投影仪都使用金属卤素灯。处于点亮状态时，灯泡两端的电压一般在 $60\sim80$ V，灯泡内的气体压强至少在 10 kg/cm^2 以上，温度则高达上千摄氏度。此时灯丝处于半熔状态，因此按下关机按钮后，散热风扇仍然会高速旋转，这是出于保护投影仪的需要而特别设计的。

按下关机按钮后，不要立即关闭电源，更不能去搬动投影仪，否则很容易导致投影仪的周边元器件过热而损坏，更有可能影响灯泡的使用寿命。要让投影仪有一个缓冲的过程，使其在散热后自动停机。

（4）不要带电插拔电缆。有些用户为了省事，经常带电插拔电缆信号线，其实这是很危险的。因为当投影仪与信号源连接不同电源时，两根零线之间可能存在较高的电位差。带电插拔时可能导致插头与插座之间发生打火现象，从而损坏设备。

（5）不要频繁开机、关机。在每次开机、关机操作之间，最好保证有 3 分钟左右的间隔时间，目的是让投影仪充分散热。开机、关机操作太频繁，容易造成投影仪灯泡炸裂或投影仪内部电器元件损坏。

二、操作技巧实例

实例一　安装打印机

问题：办公室新添置了一台打印机，作为秘书，你需要将它安装好以便使用。如何安装打印机呢？

解决方法：掌握打印机的安装方法。

打印机的安装主要有两个步骤，一是硬件连接，二是软件安装。

1. 硬件连接

打印机有信号电缆线与电源线两条连接线。

信号电缆线用于与计算机的连接。目前打印机的接口方式主要是 Centronics 并行口和 USB 接口两种，都可以很方便地与计算机连接。连接之前要确认打印机和计算机的电源都已经关闭，否则容易造成设备的损坏。

接好信号电缆后，再把电源线连接到打印机上。

2. 软件安装

硬件连接好后，还必须在计算机上安装打印机驱动程序才能正常使用打印机。安装打印机的步骤如下：

（1）单击计算机"开始"菜单，单击"设备和打印机"选项，出现"设备和打印机"对话框。

（2）单击对话框上侧的"添加打印机"按钮，出现如图8-3所示的"添加打印机"对话框。

（3）单击"添加本地打印机"，屏幕画面如图8-4所示，出现"选择打印机端口"对话框。

图8-3　"添加打印机"对话框　　　　　图8-4　"选择打印机端口"对话框

（4）在"选择打印机端口"对话框中，选择"使用现有的端口"选项，也可以选择创建新端口。单击"下一步"按钮，显示如图8-5所示的"安装打印机驱动程序"对话框。

（5）在"厂商"列表中选择欲安装的打印机制造厂商，然后在"打印机"列表中选择打印机的型号。如果不知自己打印机的型号，可以单击"从磁盘安装"按钮，显示如图8-6所示的"从磁盘安装"对话框，然后将购买打印机时厂家附送的安装盘插入驱动器，使用"浏览"找到驱动程序即可。

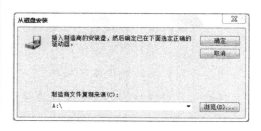

图8-5　"安装打印机驱动程序"对话框　　　　图8-6　"从磁盘安装"对话框

（6）根据打印机型号选择好软件后，单击"下一步"按钮，出现如图8-7所示的"键入打印机名称"对话框。

（7）输入打印机名称，单击"下一步"按钮，屏幕显示如图8-8所示的"打印机共享"对话框。

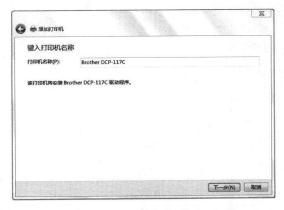
图 8-7　"键入打印机名称"对话框

图 8-8　"打印机共享"对话框

（8）根据实际办公情况选择是否共享。单击"下一步"按钮，出现如图 8-9 所示的成功添加打印机提示框。

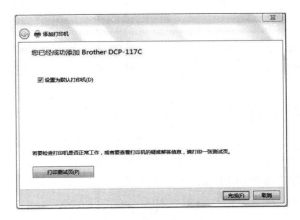
图 8-9　成功添加打印机提示框

（9）如果想要将该打印机设置为默认，可以选中"设置为默认打印机"复选框。若要检查打印机是否正常工作，可以单击"打印测试页"按钮。单击"完成"按钮，即完成了打印机驱动程序的安装。

除上述手动安装打印机驱动程序的方法外，用户还可以使用系统自动检测安装本地打印机。

实例二　打印机简单故障排除

问题：领导急需一份文件。作为秘书的你从计算机中找出文件后，却发现打印机不工作了。可打印机明明今天早上还是好的，硬件出现故障的可能性不大，那么问题出在哪儿呢？

解决方法：掌握排除打印机简单故障的方法。

打印机较常见的故障就是不执行打印，具体表现是选择"打印"命令时，打印机不响应。这一问题产生的原因可能有以下几个方面。

（1）电源线未接打印机或者没有电源，对此应注意检查电源线连接和电源。

（2）打印机和计算机之间的数据线连接不正确，对此应断开并重新连接打印机和计算机。

（3）打印机可能处于手动送纸方式，对此只要按一下面板上的相应按钮即可。

（4）打印机可能被暂停。对此应从状态窗口或打印管理器恢复打印，将"打印机"菜单下的"暂停打印"选项前的对号取消。

（5）打印机软件未配置正确的打印机端口。对此应检查软件中的打印机选择菜单，确保它在访问正确的打印机端口。若计算机有多个并行端口，要确保并行电缆连接在正确的端口上。

（6）默认打印机型号不对。有时同一台计算机中可能会安装几种打印机驱动程序，要保证目前使用的打印机与计算机默认的打印机属于同一型号，否则不能打印。

对照以上故障原因并逐一排除后，若打印机还是不工作，就可能已发生硬件故障，这时需要联系厂商维修。

实例三　打印机的日常维护

问题：打印机已经成为办公室中与计算机连接的标准配置，打印机出现故障会对工作造成很大影响。因此，要注意对打印机进行日常维护，减少故障的发生。那么，在日常使用中应注意哪些事项呢？

解决方法：了解日常维护打印机的方法。

虽然打印机不需要周期性的维护，但为了延长打印机的使用寿命并使之保持在最佳工作状态，以下几点是必须注意的。

（1）保持打印机的清洁和环境的清洁。打印机外壳弄脏后，可用软质棉布蘸上中性洗涤剂将其擦拭干净，擦拭时应避免水滴落入机器。绝不允许使用汽油、酒精等清洗打印机外壳。打印机内的灰尘、纸屑等杂物应定期清理，以保持清洁。

（2）不要在打印机上堆放重物，这样会妨碍热量的散发，而且可能会对打印机的机械部分造成压力。

（3）应定期检查机械部分有无螺钉松动、脱落，皮带齿轮老化等现象，电器部分有无功能不正常，以及是否有打印头扁平、电缆线磨损、断针等现象。

（4）定期清洗打印头。须待打印头冷却后方可清洗打印头。应将打印头小心拆下，用酒精清洗。如果是喷墨打印机，要经常对喷头进行维护，包括检查喷嘴，清洗打印头等。

（5）使用针式打印机时，为了减少对打印头的损害，在没有纸或色带时，不要开打印机；不要重复使用同一根针打印；正在打印时，不要触摸打印头。

（6）激光打印机的感光鼓在整个激光打印的过程中起重要作用，价格也较高，因此要注意保养。

（7）当针式打印机打印出的字迹颜色变淡时，应及时更换色带；喷墨打印机应及时更换墨盒；激光打印机应及时向感光鼓中添加或更换墨粉。

（8）长时间不用打印机时，应把电源线拔下来。

实例四　使用投影仪的操作步骤

问题：公司下午要在会议室举行新产品开发研讨会，经理让作为秘书的你提前准备好笔记本计算机和投影仪，以便产品部人员进行演示。如何在会议室安装并使用便携式投影仪呢？

解决方法：掌握便携式投影仪的安装、使用步骤。

投影仪用途非常广泛，可以与计算机、电视、手机相连，满足不同的需要。目前，笔记本计算机和投影仪的组合已经成为移动办公的不二选择。下面以与计算机的连接为例说明如何使用投影仪显示计算机桌面。

1. 安放投影仪

常见的投影仪按照它们的使用方式一般可以分为吊装式投影仪和便携式投影仪。吊装式投影仪一般由专业人员进行安装，秘书日常使用的主要是便携式投影仪。

便携式投影仪较轻，便于移动。在安放时应注意桌面与地面的连线，以免不小心中断电源造成非正常关机；在投射画面倾斜或出现变形的情况时，可调整机器的支架并固定位置使画面正常；安放时，在投影仪的周围不要有文件或其他物体，以免遮挡住通风口，影响投影仪散热。

2. 连接投影仪与计算机

与投影仪接触最密切的是计算机，包括台式计算机和笔记本计算机。在投影仪附带的连接线中，VGA 信号线和信号控制线都是用来直接与计算机连接的。VGA 信号线连接计算机的视频输出接口和投影仪的 VGA 输入接口，信号控制线则连接投影仪的主控制端口与计算机的 COM 口。在日常的应用中，为了方便计算机与投影仪的屏幕切换，通常使用视频分配器进行中转连接，从分配器上就能引出两路 VGA 信号。其中一路信号传输到投影仪中显示，另一路信号传输到显示器中显示。演示者只需通过计算机的显示器操作，而不需要站在投影幕布前面看着投影内容进行讲解。

笔记本计算机一般都提供了 VGA 输出接口，再加上自身的 LCD 显示器，因此没必要使用视频分配器连接。连接时只用投影仪配套的 RGB 视频电缆一头接在笔记本计算机用来外接显示器的 VGA 显示端口上，另一头接在投影仪的 RGB 输入端口上即可。

3. 接通电源

接通电源，投影仪处在待机状态，橙色的指示灯亮。按遥控器或投影仪操作面板上的电源按钮，此时投影仪进入预热状态，电源指示灯的绿灯闪烁。预热完成，绿灯停止闪烁，保持灯亮。这时可通过遥控器激活投影仪的菜单设置，选择输入源为 RGB。

4. 设置输出方式

完成投影连接并开启投影仪后，还需要设置好输出方式。大多数情况下，在 Windows 操作系统中同时按住 Windows 徽标键和 P 键，可以在不同的输出方式（仅计算机、重复、扩展、仅投影仪）之间切换。只有切换到"重复"模式时，才可以在计算机屏幕和投影仪上均显示桌面。

如果输出方式正确，那么投影仪将显示计算机上的信息。

5. 对焦

设置好输出方式后，就可以将图像投射到墙壁或者幕布上。可以移动投影仪来使图像投射到正确位置，同时调整投影仪镜头旋钮进行对焦，使投影的图像尽量充满整个幕布。如果图像呈梯形或者平行四边形，还可以借助投影仪内置的梯形纠错功能进行调整。

此外，用户还可以使用投影仪操作面板或遥控器调整投影仪的图像位置、大小、亮度、对比度和色彩等。

6. 设置分辨率

为了能够获得较佳的投影效果，用户还需对投影仪进行一番调整设置。首先是分辨率的调整。目前计算机常用的分辨率是（1 024×768）dpi，如果选择的投影仪支持（1 024×768）dpi 分辨率，基本就不需要调整了。但是，如果使用的投影仪支持的最高分辨率为（800×600）dpi，而计算机设置的分辨率为（1 024×768）dpi 甚至更高，在这种情况下投影仪将自动采用压缩功能显示图像。此时虽然能够正常显示图像，但是画面的显示质量却大打折扣。因此，要根据投影仪所支持的分辨率来设定视频源的分辨率，使之相互吻合以获得最佳效果。

7. 关闭投影仪

投影仪在长时间使用的情况下直接关机会严重影响投影仪灯泡的使用寿命。因此投影仪使用完毕后，不能马上切断电源。

正确的关机顺序是先按下 Lamp 按钮，当屏幕出现是否关机的提示时，再按一下 Lamp 按钮，随后投影仪控制面板上的绿色指示灯不亮，橙色指示灯闪烁。过 2～3 分钟后，当投影仪内部散热风扇完全停止转动，黄色信号灯停止闪烁时，再将投影仪关闭，切断电源。

实例五　投影仪的简单故障排除

问题：公司举行新产品开发研讨会前，作为秘书的你提前到会场准备投影仪。结果，打开投影仪后，屏幕上不显示笔记本计算机中的影像。碰到这种情况，你该怎么办呢？

解决方法：掌握排除投影仪故障的方法。

投影屏幕上不显示笔记本计算机中的影像，这是临时连接笔记本计算机与便携式投影仪时经常出现的情况，对应故障的解决方法如下。

1. 投影仪 RGB 端口无输入信号

若投影屏幕显示"无信号"，即投影仪 RGB 端口无输入信号，这种情况下首先应检查VGA 连接线是否连接正常。若正常，说明笔记本计算机 VGA 输出口无信号输出，问题出在笔记本计算机上。一般而言，VGA 端口损坏的概率比较小，这种情况主要是输出模式有误，必须切换到 VGA 端口与屏幕都有输出的模式才可能正常投影出来。遇到这种情况，需要通过热键进行切换。

笔记本计算机一般存在三种输出模式，一是液晶屏幕输出，VGA 端口无输出，此为默认方式；二是 VGA 端口输出，屏幕无输出；三是 VGA 端口与屏幕都有输出。所以，必须将其切换到第三种输出模式。切换方式一般为同时按住 Fn 键和功能键，不同品牌所使用的功能键不同，一般在功能键上有标识，用户也可以查阅其自带的手册。

2. 投影仪有信息输入，但无图像

碰到这种情况，先检查笔记本计算机的输出模式。如果输出模式正确，那么问题出在分辨率和刷新频率上，多是笔记本计算机的分辨率和刷新频率与投影仪不匹配造成的。如果其所能达到的分辨率和刷新频率均较高，超过了投影仪的最大分辨率和刷新频率，就会出现以上现象。解决方法很简单，通过笔记本计算机的显示适配器调低这两项参数值——一般分辨率不超过（600×800）dpi，刷新频率为 60~75 Hz，可参考投影仪说明书。另外，有可能碰到无法调整显示适配器的情况，这时需要重新安装原厂的显卡驱动后再行调整。

3. 投影图像偏色

这主要是 VGA 连接线的问题，应检查 VGA 线与计算机、投影仪的接口处是否拧紧。如果拧紧后问题仍未解决，则可更换连接线。另外，连接了 VGA 信号线后，如果需要使用遥控器来操作计算机的话，还必须连接信号控制线。

第三节　信息复制设备的使用

信息复制是办公室日常工作的重要组成部分。在办公活动中，经常要对文件、图片等资料进行复制，以便存档或下发给有关人员阅读。常用的信息复制方法包括：使用复印机、速印机复制纸介质文件，使用 U 盘、T 盘等移动存储设备复制电子文档，或者通过网络发送电子文档等。本节主要介绍复印机、移动存储设备的使用。

一、知识与技能要求

复印机是信息复制最基本的设备，秘书必须熟练掌握复印机的使用。另外，随着存储技术的发展，各类移动存储设备如 U 盘、移动硬盘等已得到广泛运用，秘书必须掌握移动存储设备的使用方法。

（一）复印机

复印机是集静电成像技术、光学技术、电子技术和机械技术于一体的办公设备。复印机属于精密设备，其品种型号很多，结构性能也各有差异，使用时应根据所用复印机的具体情况，按照操作规范进行操作。

1. 复印机的结构

复印机主要是由控制系统、曝光系统、成像系统及供纸、输纸系统组成。

控制系统主要包括操作部分和电器部分。电路的印刷线路板多位于复印机后部及两侧，主控板则位于复印机前侧。

曝光系统包括原稿台玻璃、原稿照明部分、反向镜组、镜头等部分。这些部分一般位于复印机的上部。

成像系统包括位于复印机中心的感光鼓、位于感光鼓上部的鼓清洁部件、位于感光鼓周围的充电转印和消电三个电极、位于感光鼓一侧或下边的显影部分等。

供纸、输纸系统包括供纸盒、接纸盒、供纸控制部分、转印分离部分、输纸和定影部件等。

2. 复印机的种类

按照不同的分类方法，复印机可被分为不同的类型。

（1）根据复印的颜色，有单色、多色和彩色复印机之分。

（2）根据复印尺寸，有普及型、便携式复印机及工程图纸复印机等。

（3）根据对纸张的要求，可分为特殊涂层纸复印机及普通纸复印机。

（4）根据显影方式，可分为干法显影复印机和湿法显影复印机两种。其中干法显影复印机又包括单组显影和双组显影两种。

（5）根据成像处理方式，可以分为数字式和模拟式复印机。

（6）根据复印速度，可分为低速、中速和高速等三档复印机。其中低速为 12 张/分钟，中速为 15~35 张/分钟，高速为 36 张/分钟。

在购买复印机时，必须根据企业的工作性质和实际需要选择最适合本企业的机型。

3. 复印机的使用常识

（1）复印机的工作环境。

①电源要求。应使用稳定的交流电。复印机电压为 220 V，在安装时与其他电器设备不要同时使用一条电源线路，要使用接有地线的三相电源插座。注意不要将地线接在煤气管或自来水管上，给复印机安装可靠的接地线。为了便于插拔，应将插座放置于机器附近。当较长时间不使用复印机时，要拔下电源线。

下班时要关闭复印机电源开关，切断电源。未关闭复印机开关不可去插拔电源插头，这样容易造成复印机故障。

如果出现以下情况，应立即关掉电源，并请维修人员进行维修：复印机里发出异响；复印机外壳变得过热；复印机部分被损伤；复印机被雨淋或机器内部进水。

②其他条件。注意防高温、防尘、防震；避免让复印机受到太阳直射，这样会使光材料和电子元件老化；复印机周围必须整洁，无粉尘，地面保持干燥，如果粉尘太多，会使复印机的光学系统在使用过程中受到污染，使复印件不清晰；要适当通风，因为复印机在工作过程中会产生微量的臭氧；为保证最佳操作，至少应在复印机周围留出 20 cm 的空间；不要将复印机放置在不稳定或倾斜的地方；尽量减少搬动复印机的次数，如果要移动，一定要水平移动，不可倾斜。

（2）复印纸的检查。添加复印纸时，先检查一下纸张是否干爽、洁净，然后理顺复印纸，再放到与纸张大小规格一致的纸盒里。纸盒的纸不能超过复印机所允许放置的厚度。为了保持纸张干燥，可以在复印机纸盒内放置一盒干燥剂，每天用完复印纸后将复印纸包好，放于干燥的柜子内。

（3）碳粉的添加。当碳粉指示显示红灯信号时，应及时给复印机加碳粉。如果加粉不及时可能会造成复印机故障。加碳粉时应摇松碳粉并按照说明书进行操作，切不可使用代用粉，否则会造成飞粉、底灰大、缩短载体使用寿命等问题。而且由于代用粉产生的废粉率高，实际的复印量还不到真粉的2/3。

（4）其他使用注意事项。

①使用前，开机预热半小时左右，使复印机内保持干燥。

②在复印过程中一定要盖好盖板，以减少强光对眼睛的刺激。

③每次使用复印机后，一定要及时洗手，以清除手上残余粉尘，避免对人体产生伤害。

④如果复印书籍等装订物，应选用具有"分离扫描"性能的复印机。这样，可以消除由于装订不平整而产生的阴影。

⑤如果复印品的背景有阴影，可能是因为复印机的镜头上有灰尘，此时需要对复印机进行专业清洁。

⑥保持复印机玻璃台清洁、无划痕，不能有涂改液、指印之类的斑迹，否则会影响复印效果。如有斑迹，使用软质的玻璃清洁用具处理。

（二）移动存储设备

个人计算机使用的存储设备包括固定硬盘、软盘、光盘及移动存储设备等。固定硬盘可以为计算机提供大容量的存储介质，但是其盘片无法更换；软盘由于容量太小，已无法适应存储大量多媒体文件的需要；光盘则要求计算机中必须安装刻录机才能进行文件刻制，且刻录时间较长、容量有限。为便于携带和交换文件，目前已出现众多的移动存储设备，其中使用较为广泛的就是U盘和移动硬盘。

1. U盘的特点

U盘即USB盘的简称。U盘特点是体积小巧，便于携带，存储容量大，价格低。它是目前广泛使用的移动存储设备之一。随着技术水平的提高，U盘的容量也越来越大，目前已经出现了容量几百GB的U盘。

U盘有USB接口，USB设备能够兼容大多数操作系统。只要将U盘直接插到计算机的USB接口上，系统就会自动识别。若无法识别，则需要安装U盘驱动程序。驱动程序可以在U盘附带的光盘中或者生产商的网站上找到。

2. 移动硬盘的特点

移动硬盘，顾名思义，是以硬盘为存储介质，用于计算机之间交换大容量数据、强调便携性的存储产品。因为移动硬盘以硬盘为存储介质，所以其数据读写模式与标准IDE硬盘的读写模式是相同的。移动硬盘多采用USB、IEEE1394等传输速度较快的接口，可以以较高的速度与操作系统进行数据传输。

移动硬盘的特点主要有以下四点。

（1）容量大。移动硬盘存储容量大，目前市场中的移动硬盘多数为 TB 级的容量，也被称为 T 盘。

（2）传输速度高。移动硬盘大多采用 USB、IEEE1394 接口，能提供较高的数据传输速度。不过移动硬盘的数据传输速度在一定程度上仍受到接口速度的限制。

（3）使用方便。现在的个人计算机都配备了 USB 功能，主板通常可以提供 2 ~ 8 个 USB 接口，甚至一些显示器还会提供 USB 转接器。而且，USB 设备不需要安装驱动程序便可在大多数版本的 Windows 操作系统中使用，具有真正的"即插即用"特性，使用起来灵活方便。

（4）安全可靠。移动硬盘以高速、大容量、轻巧便捷等优点赢得了许多用户的青睐，而其更大的优点还在于存储数据的安全可靠性。这类硬盘与笔记本计算机硬盘的结构类似，多采用硅氧盘片，盘面更加平滑。这可以有效降低可能影响数据可靠性和完整性的不规则盘面的数量，而且更高的盘面硬度会使移动硬盘具有更高的可靠性。

移动硬盘具有上述特点，因而目前其使用非常广泛。秘书必须准备移动硬盘，每隔一段时间将计算机中的文件在移动硬盘中做备份，以防止由各种原因造成的计算机机中文件损坏与丢失。

二、操作技巧实例

实例一　复印机的操作步骤

问题：单位新买了一台复印机，你还没来得及详细阅读说明书，领导就要求你马上将一份急件复印 20 份。你该如何进行操作呢？

解决方法：掌握复印机的操作步骤。

不同型号的复印机虽然功能有所不同，但其复印的基本步骤大同小异。使用复印机的具体操作步骤如下。

1. 预热

打开电源开关，此时复印机进入预热状态，操作面板上指示灯亮，出现预热等待信号。操作面板上相应的指示灯亮或发出声音，表示复印机预热结束，接下来便可以进行复印。如果复印机没有装入纸盒、纸盒没有纸或卡纸时，复印机将不能进入待机状态。操作面板将显示相应的符号或故障代码。

在复印前应放好复印纸。复印送纸有两种方式：送纸盒自动送纸和手动送纸。一般情况下使用自动送纸，如果制作胶片或载体纸张较厚，则使用手动方式送纸。

2. 检查原稿

拿到复印原稿后，应当检查原稿的纸张尺寸、质量、数量、装订方式等，做到心中有数。检查原稿的装订方式，可以拆开的原稿应拆开，这样复印时不会产生阴影。

3. 放置原稿

（1）原稿放置在原稿台玻璃板上。不同型号的复印机有不同的原稿放置方法。放置方法一般有两种，一种是将原稿放置在稿台的中间，另一种是靠边放置在定位线上。复印前应对复印机的放稿方式进行了解。原稿正面朝下向着玻璃板放置，轻轻盖紧原稿盖板，以防漏光而出现黑边。

（2）使用原稿自动输送装置。原稿自动输送装置是用来自动输送原稿的器材，它可以连续地逐一将原稿输送盒内的原稿送入复印机，提高复印效率。

使用原稿自动输送装置，首先要将原稿对齐放置于原稿输送盒；如果原稿被夹着或钉着，则应先拆开；应将原稿正面向上，完全推入输送盒，并根据原稿的尺寸调整侧边导板；选择自动输送模式。

4. 选择复印纸尺寸

一般复印机具有自动选择纸张模式。在这种模式下，若将原稿放置在原稿输送装置或玻璃板上，复印机会自动检测原稿的尺寸，并选用与原稿相同的纸张。这种模式只适用于按实际尺寸复印。

当复印尺寸不规则（如复印报纸、杂志）或复印机不能自动检测纸张尺寸时，可以指定所要的尺寸。方法是根据所需复印件的尺寸要求，将纸装入相应的纸盒里，按纸盒选择键，选中所需复印纸尺寸的那个纸盒即可。

5. 缩小与放大

复印机一般都带有复印缩放功能，复印机的复印倍率有以下几种：

（1）固定的缩放倍率。缩放只有固定的几档，很容易将一种固定尺寸纸上的稿件经过放大或缩小后印到另一种固定尺寸的纸上去。例如 A4—A3，即将 A3 规格的原稿复印到 A4 纸上。

（2）使用无级变倍键进行无级变倍复印。使用这种方式，可对原稿进行 50% ~ 200%、级差为 1% 的无级变倍缩放。

（3）使用自动无级变倍键，进行自动无级变倍。使用这种模式，复印机会根据原稿和供纸盒内的纸张尺寸自动设置合适的复印倍率。

6. 调节复印浓度

根据原稿纸张、字迹的色调深浅，适当调节复印浓度。可以选择自动浓度模式进行调整；当采用自动方式仍不能满足复印的要求时，可以用手动的方式进行调整：原稿纸张颜色较深的，应将复印浓度调浅些；字迹线条细、不十分清晰的，则应将浓度调深些。

7. 设定复印份数

用数字键输入所需要的复印份数，可以将一份原稿复印多份。

8. 开始复印

按下复印键，复印机开始复印操作，自动复印出设定数量的复印件。复印数量显示屏的数值将逐渐递增或递减计数，直至复印结束，显示复位。在连续复印过程中，需暂停复印或需插入新的文件复印时，可以按下暂停键或插入键，这时复印机将在完成一张复印的全过程后停止运转。

实例二　复印机的维护与保养

问题：复印机使用一段时间后，会出现复印质量下降，设备不能正常运转的问题，有时甚至会停机。应如何避免这些问题的发生？

解决方法：对复印机进行维护保养。

复印机的维护保养是提高复印质量、保证复印设备正常运转和延长设备使用寿命的重要前提。

1. 复印机定期保养

复印机经过一段时间的使用后，其显影部件产生的粉尘飞扬、机件的污染和磨损，以及橡胶和塑料的疲劳或老化等，都会影响复印机的稳定运转，并使复印品的质量下降，严重时甚至造成机器停机。因此，必须对复印机进行定期维护保养，也就是定期对复印机的感光鼓、电晕器、显影装置、光学系统、供纸输纸机构等进行检查、清洁、润滑、调整或更换。排除故障隐患，确保复印机正常运转。

2. 复印机的清洁保养

清洁保养复印机时应关上机器主电源开关，拔下电源插头，避免金属头接触造成机器短路。

清洁时要严格按要求操作，不能用溶剂清洁不耐腐蚀的零部件。清洁结束时，一定要等部件表面完全干燥后再装到机器上试机。否则会使其短路，甚至被击穿。使用润滑剂时，要按说明的要求进行。一般塑料、橡胶零件不得加油，否则将加速其老化。

清洁的内容主要有以下几个方面。

（1）清洁原稿台玻璃板、原稿盖、送稿机皮带。用柔软的湿布来擦拭复印机，然后再用干布蘸水擦干。

（2）清洁反光镜和镜头。用镜头纸从一端到另一端向着一个方向擦拭。

（3）清洁复印机内部。先拔掉电源，然后再打开机器前门。轻转拉出充电电极、转印电极和消电电极，取出显影器、定影器、纸盒等，最后把感光鼓轻轻取出。清洁复印机内部，擦干后再装机。

（4）清洁感光鼓。要将感光鼓从复印机上取下来，需取下周围部件之后再拿着感光鼓两端取下，不要用手直接接触表面。用柔软的湿布朝一个方向擦去表面上的墨粉，可以用酒精或专用剂擦拭，并晾干后再使用。

（5）清洁充电、消电和转印电极。要用脱脂棉擦拭电极金属屏及电极丝。擦拭电极丝时，不要用力以免弄断。特别脏的地方，可用浸有少许酒精的棉球擦拭。等完全干燥后，再将电极插入复印机内，注意不要歪斜划伤感光鼓的表面。

另外要注意，清洁器和定影器要从复印机内取出后才能清洁。需先将清洁器上回收的墨粉倒入显影墨粉盒内，再用刷子清洁。

实例三　复印过程中的常见问题的处理

问题：复印机是比较精密的设备，在使用过程中难免会出现各种各样的问题。出现重大故障时当然需要维修人员上门处理，但一些诸如卡纸等常见故障秘书完全可以自己处理。秘书应该如何排除复印机常见故障呢？

解决方法：掌握复印过程中常见问题的处理方法。

复印过程中的一些常见问题，处理起来并不复杂，秘书完全可以掌握。

1. 卡纸

复印机面板上的卡纸信号出现后，需要打开机门或左右侧板，取出卡住的纸张，然后检查纸张是否完整，不完整时应找到夹在复印机内的碎纸。分页器内卡纸时，需将分页器移离主机，压下分页器进纸口，取出卡纸。复印机偶尔卡纸是不可避免的，但是如果经常卡纸，说明复印机有故障，需要进行维修。

2. 纸张用完

纸张用完时，面板上指示纸盒空的信号灯会亮，此时需将纸盒取出，装入复印纸。

3. 碳粉不足

碳粉不足时，面板上碳粉不足的信号灯就会闪烁，表明复印机内碳粉已快用完。如果不及时补充，复印机的复印质量将下降，甚至无法工作。

4. 废粉过多

复印机在成像过程中会产生很多废碳粉，积累在一个盒中。废碳粉装满后会在面板上显示信号，此时必须及时倒掉，否则将影响复印质量。

实例四　移动硬盘的使用方法

问题：秘书的计算机中存储了大量文件，一旦主机硬盘发生故障，导致文件丢失，公司将遭受重大损失。因此，秘书应该准备一个移动硬盘，随时备份计算机中的文件。那么，如何使用移动硬盘复制计算机中的文件呢？

解决方法：掌握使用移动硬盘的使用方法。

移动硬盘与 U 盘的使用方法基本一致，具体步骤如下。

（1）将移动硬盘的连接线插到计算机的 USB 接口中，此时系统会报告"发现新硬件"，稍候则会提示"新硬件已经安装并可以使用"。

（2）移动硬盘插入计算机后，桌面一般会弹出对话框，然后单击"安全打开"即可。或者打开"计算机"，找到移动硬盘的显示名称，打开即可。

（3）选中计算机硬盘上要复制的文件，将其粘贴到移动硬盘上即可。其操作方法与在主机硬盘中复制、删除文件是一样的。

（4）移动硬盘使用完毕后，关闭一切窗口，尤其是移动硬盘的窗口。

（5）用鼠标点击屏幕右下角的 USB 设备图标，再点击"安全删除硬件并弹出媒体"。当右下角出现"安全地移除硬件"的提示后，再将移动硬盘拔下。

实例五　U 盘与移动硬盘的使用注意事项

问题：U 盘与移动硬盘为复制、携带电子文件提供了很大的便利。相对于计算机硬盘而言，U 盘与移动硬盘更容易遭到损坏。为延长 U 盘与移动硬盘的使用寿命，在使用过程中应注意哪些事项呢？

解决方法：掌握使用 U 盘和移动硬盘的注意事项。

使用 U 盘与移动硬盘时应注意以下事项。

（1）严禁在读写状态灯亮时拔下 U 盘或移动硬盘。U 盘与移动硬盘都有工作状态指示灯，如果有一个指示灯，将其插入计算机接口时，灯亮即表示已接通电源，灯闪烁即表示正在读写数据；如果有两个指示灯，两个灯一般有两种颜色，一个在接通电源时亮，另一个在读写数据时亮。

（2）不要在备份文档后立即关闭相关程序。如果 U 盘或移动硬盘上的指示灯仍在闪烁，说明程序还没完全结束，此时拔出 U 盘或移动硬盘易影响备份。所以，将文件备份到 U 盘或移动硬盘后，应过一段时间再关闭相关程序，以防发生意外；同样，在系统提示"无法停止"时也不要轻易拔出 U 盘或移动硬盘，这样也可能造成数据遗失。

（3）U 盘一般都有写保护开关，应该在将 U 盘插入计算机接口之前切换该开关，不要在 U 盘处于工作状态的情况下进行切换。

（4）注意将 U 盘和移动硬盘放置在干燥的环境中，避免让其盘口、接口长时间暴露在空气中。否则容易造成表面金属氧化，降低接口的敏感性。

（5）不要将长时间不用的 U 盘或移动硬盘一直插在 USB 接口上。这样一方面容易引起接口老化，另一方面对 U 盘或移动硬盘本身来说也是一种损耗。

（6）对 U 盘或移动硬盘的插拔操作不能太过频繁。因为频繁拔插会使接口产生磨损，时间一长，U 盘或移动硬盘与计算机的 USB 端口就难以牢固接触。外力稍加干扰，就有可能使 U 盘或移动硬盘接口从 USB 端口滑落。另外，把 U 盘或移动硬盘插入计算机的 USB 端口后，Windows 系统必须等一段时间才能识别移动硬盘的存在。如果刚插入就立即拔出来，可能导致系统运行错误，甚至死机。因此拔插操作之间至少要有 5 秒以上的时间间隔。

第四节　信息传送设备的使用

信息传送设备是实现办公自动化必不可少的工具。此类设备主要包括通信网络设备和用户终端设备。通信网络设备包括调制解调器、计算机局域网、综合业务数字网等；用户终端设备操作简便，人人会用，如传真机、智能手机等。本节主要对传真机、智能手机与计算机网络系统进行介绍。

一、知识与技能要求

互联网技术的发展使越来越多的公司更多地依赖于网络，但传真机依然在办公领域发挥着重要作用。智能手机的功能越来越多，已经成为办公必不可少的工具。秘书必须熟练使用传真机、智能手机，能够处理简单的传真机故障，同时具备基本的计算机网络知识。

（一）传真机

虽然随着互联网技术的发展，传真机有逐渐被无纸化在线办公工具所代替的趋势（特别是网络传真的出现，更是加快了这一趋势），但时至今日，大多数公司、组织仍在使用传真机。传真机有其不依赖于互联网的优势。传真机是目前使用公用电话网传送并记录图文真迹的方法，有电话线的地方就可以接入，获得广泛应用。随着微电脑技术和半导体集成电路技术的飞速发展，传真通信技术日趋系统化、网络化和智能化。秘书要了解传真机的工作原理，熟练掌握传真机的一般操作方法，能够对传真机进行日常维护并处理常见故障。

1. 传真机的工作原理

传真机是一种结合光学影印技术与电话传输技术将一份文件传送到另一端的一种设备。它先是对送入的文件通过图像传感器逐行地扫描，利用光电转换原理，将黑白字迹变成数字脉冲，并将其调制后转换为音频信号，再通过标准电话线路的传送，使其进入接收方的传真机。接收方的传真机再利用还原解调装置将信号恢复成数字脉冲，该数字编码信号被解码后就可以重新得到图像元素原始的形式，由记录部件记录在专用的记录纸上。当接收机收到全部数据并完成记录工作后，即可获得与发送机原稿相同的传真副本。

在传真通信过程中，要求每台传真机既能发送图文信息，也能接收图文信息。但一台传真机不能同时发送和接收图文信息。所以，当两台传真机进行通信时，若其中一台传真机进行发送操作，则对方的传真机便进行接收操作。

2. 使用传真机的注意事项

避免机器出现故障的最好方法就是正确使用和注意日常维护。传真机属于高精密的电子设备，必要的日常维护是提高传真机通信质量的重要保证，对延长传真机的使用寿命也大有好处。

（1）选择传真机的安装场所应注意以下几个问题。

①一定要用匹配的、标准化的交流电源插头和插座，插头在插座中不能松动，勿与产生噪声的电器（如空调等）共用电源。接地一定要好，否则会造成误码率高、传真质量差的现象。如果漏电或烧坏芯片严重时则会危害人身安全。

②避免阳光直射和灰尘的侵害，远离热源，以保证传真机散热良好，保证热敏纸不会变质。

③放置于水平平稳的工作台上，避免倾斜以影响正常工作。

（2）传真机在收发传真时，应注意以下几个问题。

①除待传送的文稿之外，不要在传真机上放置任何其他东西。

②传真机在发送、接收或复印时，绝不可打开传真机的机盖。

③在打开传真机机盖取出机内任何东西之前，一定要拔掉交流电源的插头。

（3）对于传真机的操作与清洁，要注意以下几个问题。

①只能使用干布或特殊清洁剂清洁传真机的外表面。在清洁透镜时最好使用专门的镜头纸（可用照相机用镜头纸）擦拭。

②扫描的视窗玻璃由于连续不断的使用可能会造成灰尘积聚，因此要经常清洁扫描的视窗玻璃。

③透镜与 CCD 的相对位置通常是用专门仪器调试以后点漆固定的，维护人员千万不要擅自移动。

④使用 CCD 作为图像传感器的传真机，具有复杂的光路系统。无论工作环境如何，长期使用后，光路系统的部位总会堆积许多灰尘，其后果是使传真的图像不清晰。这时，就需请专门的技术人员，将传真机拆开对光路系统加以清洁。

3. 传真纸的保管和使用

传真机使用的记录纸有普通纸和热敏纸两种。热敏纸的保管和使用要注意以下事项。

（1）热敏纸的一面涂有化学物质，当受热时（温度在 60 ℃以上）则呈现颜色，而且当其与酒精、稀料、汽油、氨接触，或长期暴露在紫外线下都会发生变化，所以在保管时不要与这些物质混存。

（2）未开封的热敏纸在温度为 24 ℃，湿度为 65% 的环境下，其使用寿命不低于 5 年。

（3）热敏纸打印的稿件及已开封的热敏纸应保存在 40 ℃以下的阴暗干燥的地方。

（4）不宜将两张复印件的画面相接触重叠存放，因为这样会使图像模糊或倒印在另一个图像上。

（5）热敏纸打印的稿件不能久存（一般一个月后开始褪色），所以不能用作档案资料。

4. 传真原稿的检查

一台传真机收到文件的质量部分地取决于发送的原文件质量，所以选择原稿文件时最好使用打印机打印的或用黑墨水书写的原稿，并且使用白色或浅色的纸作为介质。凡出现下列情况之一的原稿都不能使用。

（1）大于技术规格规定的最大幅面的原稿。

（2）小于最小幅面（两侧导纸板之间的最小距离），或小于文件检测传感器所能检测到的最小距离的原稿（对于以上两种情况最好用复印机进行缩小复印或放大复印，使之成为能够传送的文件）。

（3）有严重皱褶、卷曲、破损或残缺的原稿。

（4）过厚（大于 0.15 mm）或过薄（小于 0.06 mm）的原稿（这两种情况可先将原件用复印机复印后再传送）。

（5）纸上有大头针、回形针或其他硬物的原稿（在装入待传的文件之前请取下，并确认纸张上的胶水、墨水或涂改液是否已经变干）。

总之，若将不符合要求的原稿进行传输，会在传真过程出现卡纸、轧纸、撕纸等故障。

（二）智能手机

移动智能终端的出现，改变了很多人的生活方式及人们对传统通信工具的需求。智能手机几乎成为这个时代人们不可或缺的配置。与传统手机相比，智能手机以其便携性、智能化的特点，在娱乐、商务、时讯等服务方面获得了大量的运用。

1. 智能手机的特点

智能手机具有以下特点。

（1）具备传统手机的全部功能，能够进行正常的通话、发短信等手机服务。

（2）具备无线接入互联网的能力。

（3）具备 PDA（Personal Digital Assistant，掌上计算机）的功能，包括 PIM（Personal Information Management，个人信息管理）、日程记事、任务安排、多媒体应用、浏览网页等。这样的功能使智能手机成为个人生活、工作的智能秘书。

（4）具备开放性的操作系统。在这个操作系统平台上可以安装更多的应用程序，从而使智能手机的功能得到无限的扩充。

这样的特点使智能手机不仅改变了我们的生活方式，而且成为协助办公的重要信息沟通、传递工具。

2. 智能手机使用的注意事项

为了减少手机故障的发生，延长手机的使用寿命，在使用时要注意以下事项。

（1）初购智能手机后，在使用前应该去网络上的一些智能手机论坛看看。一般来说这些论坛都会有相关系统和相关机型的使用注意事项，了解这些知识是必要的。

（2）使用智能手机时不要同时打开多个程序，一般以三个以下为宜，大型程序只能一次运行一个。程序的退出尽量依靠菜单依次退出，不要直接用挂机键。那样的话，程序仍然是在后台运行的，如果再打开一个较大的程序，很容易死机。

（3）尽量不要安装来历不明的软件。

（4）对于可以附带存储卡的手机，要注意对存储卡的保护。存储卡损坏和存储在卡内的数据有误均会造成循环开机或无法开机的故障，遇到该类故障，首先应该格式化存储卡检测，如果不行，就只能更换存储卡了。

（5）做好对智能手机上程序的管理，不要随意删除自己认为不必要的文件。如果误删了系统文件，会导致各种故障出现。

（6）智能手机和计算机一样，使用久了系统就会变得紊乱，从而使整机运行速度变慢，容易出现死机的情况。出现这种情形时比较彻底的解决办法是硬格式化。硬格式化后，智能手机上的所有数据都会被清空，系统恢复到出厂状态。

（三）计算机网络系统

计算机网络是计算机技术、通信技术和微电子技术相结合的产物。秘书应了解计算机网络的相关概念、组成、主要功能、特征、分类，网络硬件设备的种类及其功能，掌握互联网的基本知识。

1. 计算机网络概述

（1）计算机网络的组成。计算机网络主要由通信子网和资源子网组成。通信子网在计算机网络中负担全网的数据传输和通信处理工作。通信子网中的数据传输介质通过通信接口装置与资源子网中的各种数据处理设备相连。资源子网负责全网数据处理和向网络用户提供资源及网络服务，其提供的资源包括网络的数据处理资源和数据存储资源。资源子网是计算机网络中面向用户的部分，其主体是连入计算机网络的所有主计算机及这些计算机所拥有的面向用户端的外部设备、软件和共享的数据资源。资源子网中的数据处理设备包括计算机、智能终端、磁盘存储器、监控设备等。另外，为了使网络内的各计算机之间的通信可靠有效，通信双方必须共同遵守一些规则和约定，这些规则和约定被称为通信协议。

（2）计算机网络的主要功能。计算机网络的主要功能包括数据通信、资源共享（数据资源、软件资源、硬件资源）及负荷均衡。

①计算机网络的主要特征。计算机网络是由计算机及相关外部设备组成的一个群体，计算机是网络中的信息处理主体；连入网络中的计算机及相关设备通过通信媒体连接在一起，彼此交换信息；网络系统中的每台计算机都是独立的，任何计算机之间都不存在主从关系；计算机之间的通信是通过通信协议实现的。

②计算机网络的分类。计算机网络按照传送数据所采用的结构和技术，可以分为交换网（包括电路交换网、分组交换网）和广播网（包括分组无线网、分组交换网）；按照网络的拓扑结构，可以分为星型网、总线型网、环型网和树型网等；按照通信传输介质，可以分为双绞线网、同轴电缆网、光纤网和卫星网等；按照信号频带占用的方式，可以分为基带网和宽带网；按照网络覆盖的范围，可以分为局域网和广域网。

2. 计算机网络的物理设备

（1）局域网的构成。局域网的基本形式是分布集中的计算机和各种外设通过传输介质相互通信，交换信息，以共享网内的各种软硬件资源。其中，主要的物理设备包括服务器、网络工作站、网卡、集线器和打印共享器。

（2）网络传输介质。传输介质为数据传输提供传输信道。数据传输介质（也称通信媒体）主要有两类，一类是有形的物理设备，如双绞线、同轴电缆、光缆等，另一类是无形的设备，如短波、微波、卫星信道等无线通信。

（3）广域网互联设备。在广域网范围内，网络互联设备主要包括调制解调器、中继器、网桥、路由器。它们拥有不同的特点，适用于不同的范畴。

3. 互联网的基础知识

（1）互联网的主要功能。人们利用互联网，可以获得各种信息服务，如数据与信息查询、高速通信服务、电子教育服务、电子娱乐服务、电子购物服务、各类应急信息服务和社会保障类电子化服务等。

（2）互联网的常用术语。秘书应掌握与互联网应用有关的名词术语，如主页（Homepage）、页面（Page）、浏览器（Browser）、超链接（Hyperlink）、下载（Download）、BBS（Bulletin Board System，网络论坛）、防火墙（Firewall）等。

（3）互联网地址和域名。互联网中的每台计算机都被分配了一个唯一的地址，即 IP 地址。该地址由网络号和主机号两部分组成，其中网络号标识一个网络，主机号则标识该台主机。域名制度是互联网中用于解决地址对应问题的一种方法。注册域名是在互联网上建立服务的基础，顶级域名分为两大类：机构性域名和地理性域名。要注意的是，域名与 IP 地址并非一一对应。注册了域名的主机一定有 IP 地址，但并非每个 IP 地址都在域名服务器中注册了域名。

二、操作技巧实例

实例一　发送传真

问题：经理要求你给上海分公司发送一份传真，你该如何进行操作呢？

解决方法：掌握发送传真的方法。

发送传真方首先要拨通对方传真机的号码，发送方传真机通过检测回音信号来建立传真通信线路。当接收方确认了传真机已做好接收数据的准备后，会向发送方发送一个证实信号。具体操作步骤如下。

（1）检查机器是否处于"准备好"（READY）状态。

（2）放置好发送原稿。

放置文件要注意以下事项。

①一次放置的文件页数不能超过规定页数。

②将待发送的文稿按传真机所示方向，放入传真机的进纸槽，并按尺寸调整导纸器，使之紧挨文件边缘。

③文件顶端要推进到能够启动自动输纸机构的地方。

④发送多页文件时，两侧要排列整齐，靠近导纸器。

（3）摘取话机手柄，拨通对方电话号码，并等待对方回答；如果不进行通话，可跳过第 4 步。

（4）双方进行通话。

（5）通话结束后，由接收方先按启动键。

（6）当听到接收方的应答信号时，发送方按启动键，文稿会自动进入传真机，开始发送文件。

（7）挂上话机，等待发送结束。若发送出现差错，则会有出错信息显示，应重发；若传送成功，将会显示"成功发送"信息。

发送传真时应注意以下事项。

①若按下"停止"（STOP）键时，发送马上停止。这时卡在传真机中的原稿不能用手

强行抽出，只能掀开盖板取出。

②在发送传真期间，不能强行抽出原稿，否则会损坏机器和原稿。

③当出现原稿阻塞时，要先按"停止"（STOP）键，然后掀开盖板，小心取出原稿。若原稿出现破损，一定要将残片取出，否则将影响传真机的正常工作。

④若听到对方的回铃音，而听不到传真机的应答信号时，不要按启动键，应打电话问明情况后再做处理。

实例二　接收传真

问题：上海分公司打来电话，要发送一份合同传真件过来，你该如何接收传真呢？

解决方法：掌握接收传真的方法。

传真机有两种接收方式：自动接收和手动接收。

1. 自动接收

凡具有自动接收功能的传真机都能按此方式操作。在接收前首先要检查接收机内是否有记录纸，各显示灯或液晶显示是否正常，只有当接收机处于"准备好"的状态时才能接收。自动接收时，无须操作人员在场。自动接收的过程如下。

（1）电话响铃若干声后，传真机自动转入接收状态；液晶显示"RECEIVE"接收状态或接收指示灯亮，表示接收开始。

（2）接收结束时，传真机自动输出传真副本，液晶显示"RECEIVE"消失或接收指示灯熄灭。

（3）传真机自动回到"准备好"状态。

2. 手动接收

手动接收的具体操作步骤如下。

（1）使传真机处于"准备好"状态。

（2）当电话响铃后，拿起话机手柄回答呼叫。

（3）按发送方要求，按"启动"（START）键，开始接收。

（4）挂上话机。

（5）接收完毕，若成功，则会有通信成功的信息显示；若不成功，则会有出错信息显示或警告，可与发送方联络，要求重发，直至得到满意的传真副本。

实例三　使用传真机的复印功能

问题：公司的传真机前段时间坏了，维修部门的人将传真机修好后送了回来，需要秘书签字验收。秘书如何才能检验出传真机能否正常工作呢？请人发一份传真或者给别人发一份传真实在麻烦，有没有更简单的方法呢？

解决方法：通过复印进行检查。

要检查传真机能否正常工作，可以采用复印（COPY）的方式。因为传真机的复印过程实际上就是自发自收的过程，若复印的文件图像正常，就表明传真机的各种技术性能也是正常的；反之，说明传真机有故障，需要修理。传真机复印的具体操作步骤如下。

（1）接通电源开关，观察液晶显示屏是否出现"准备好"的提示，或检查指示灯亮否；若处于"准备好"状态或灯亮，则表明传真机可以发送或接收。

（2）将欲复印的原稿字面朝下，放在原稿台导板上。

（3）选择扫描线的密度档次。一般选择"精细"级，此档的主扫描线密度为 8 点/毫米，副扫描线密度为 7.7 线/毫米；也可以选择"标准"级或"超精细"级。不管选用哪个档次，液晶屏或指示灯均会显示。

（4）调整原稿灰度。若原稿图文的灰度非常高，应将"原稿深浅"键置于"浅色"位置；若图文灰度较低，就应将该键调至"深色"位置。

（5）最后，按"复印"（COPY）键，根据输出复印件（副本）的质量就可判断传真机能否正常工作。

实例四　解决卡纸问题

问题：卡纸是传真机较容易出现的故障，而用普通纸进行传真时尤其容易卡纸。怎样做才能减少卡纸现象的发生呢？

解决方法：掌握减少卡纸的技巧。

为减少卡纸现象的发生，应该对传真机定期保养，并定期对其进行全面清洁。另外，选好纸张也很重要，因为纸张质量的好坏对传真机的卡纸率及使用寿命会产生至关重要的影响。有下列情形的纸张就不要选用。

（1）同一包纸厚薄不均，尺寸不一，甚至有缺损。

（2）纸的边缘有毛茬。

（3）纸毛太多，在干净的桌面上抖过后会留下一层白屑。纸毛太多的纸会影响机器内部的清洁，加速机件磨损。

卡纸后，取纸时只可扳动传真机说明书上允许扳动的部件，不要盲目拉扯上盖；尽可能一次性地将整纸取出，不要把破碎的纸片留在传真机内。

如果传真机经常卡纸，可以做全清等常规调试工作，更换所有电路板。如果均无效，则可检查记录纸边缘的传感器。卡纸往往是由于传感器动作不够灵活所致，如传感器拨杆到达一定位置时卡住，不能复位。这时可将其拆下，稍微打磨拨杆的轴部，并加上润滑液。这样，传真机就可恢复正常工作。

实例五　传真机常见故障处理

问题：传真机在使用过程中，可能会出现各种各样的问题，秘书应如何进行处理呢？

解决方法：掌握传真机常见故障的处理方法。

为了保证传真设备的正常运行，秘书要留心传真机容易出现的一些小毛病，并及时进行维护。以下是除卡纸外传真机其他常见故障的处理方法。

（1）传真机接通电源后，报警声响个不停。出现报警声意味着主电路板检测到整机有异常情况，对此可检查纸仓里是否有记录纸，且记录纸是否放置到位；纸仓盖、前盖等是否打开或关闭不到位；各个传感器是否完好；主控板是否有短路等异常情况。

（2）复印或接收的文件上有一条或数条竖白线。这种情况通常是由热敏头断丝或沾有污物造成的。传真机有专门测试热敏头的程序，若有断丝，应更换相同型号的热敏头；若有污物，可用棉球清除。一般情况下，断一条丝不会影响传真机的使用。

（3）不能自动进稿。不能自动进稿的原因有两类，一是进稿器被异物阻塞，原稿位置的扫描传感器失效，进纸滚轴间隙过大等，对此类问题应逐一调整。二是电路的问题，对此可检查发送电机是否转动，如不转动，则应检查与电机有关的电路及电机本身是否损坏。

（4）记录纸输送走斜。针对这种情况，应检查三项内容，一是托纸盘，看其是否转动灵活；二是排纸滚，看其两端是否与记录纸导轨均匀接触；三是感热头，看其与记录纸的接触是否良好。

（5）复印、发送的文件中有一条（或几条）竖黑线。不同类型传真机发生这种情况的原因不同：线状电耦合器件的传真机出现这种情况时一般是反射镜头上有脏物；接触式图像传感器的传真机出现这种情况时则是透光玻璃上有脏物。针对这种情况，用棉球或软布蘸酒精清洁即可。

（6）开机后液晶显示器无任何显示，电源指示灯也不亮。针对这种情况，首先，应检查电源保险丝是否烧毁；其次，检查电源至主板的连接线是否插好。如各组电压正常，线路也连接完好，则有可能是液晶显示器本身损坏，或者主板发生故障。

实例六　解决智能手机的"死机"问题

问题：软件装多了、文档存多了，手机的数据读写速度会变慢，甚至"死机"，给工作、生活带来不便。如何避免手机"死机"现象的发生呢？

解决方法：掌握解决手机"死机"的技巧。

如同计算机的"死机"一样，手机的"死机"主要也是硬件与软件两方面的问题。

1. 硬件问题

硬件本身的设计缺陷、硬件的老化受损、操作不当等都可能导致手机"死机"。手机是精密的电子产品，其中的电路必须在较稳定的环境中才能正常工作。如果手机经常在潮湿的环境工作或者受到外界的强烈振动的话，就有可能死机。例如，不小心将手机掉到了地上，手机就可能死机，所以要尽量轻拿轻放。另外不要在潮湿的环境中使用手机。平时如果操作手机不当，也会导致手机死机。尤其是在发信息的时候，如果按键操作的速度过快或者在短时间内连续受到信息轰击，造成手机CPU负载过大，短时间内手机CPU产生的热量不能散发出去，就会造成死机。

2. 软件问题

手机的软件设计上存在致命的漏洞也会导致死机。当手机运行一个程序的时候，如果在子程序和主程序之间存在逻辑上的错误，手机在运行该程序的时候就会发生指令错误，这时就有可能死机。如果手机每次进行同样的操作的时候就出现死机的状况，就可以初步断定是由于软件的问题引起的，一般进行软件升级就可以解决。如果手机经常死机，需要送到客服中心进行检修。

实例七　即时传送电子文件

问题：经理在外地出差，急需你将介绍新产品的视频文件传输给他。你该如何进行操作呢？

解决方法：掌握即时通信工具的使用方法。

电子邮件是传送电子文档的重要方式。除此外，即时通信软件也是目前工作中较常用的电子文档传输工具。即时通信软件的主要功能在于及时沟通信息，传输文件只是其附带的一个功能。QQ、微信是被广泛应用的通信工具，由于QQ对传送文件的大小没有限制，所以也成为远距离传送多媒体文件的重要方式。用户可以通过QQ向好友传递任何格式的文件，如图片、文档、歌曲、视频等。QQ支持断点续传，传送大文件也不必担心中途中断。

使用QQ发送和接收文件的主要操作过程如下。

（1）在聊天窗口中，单击"发送文件"命令，出现"打开"对话框。

（2）在该对话框中找到需要传送的文件，单击"打开"按钮，该文件会被粘贴到聊天时的文字输入窗口中。单击"发送"按钮，将会向对方发送令其接收文件的信息提示。

（3）接收方单击"接收"命令，将会接收文件。

（4）文件传送完毕后，发送方的聊天窗口中会出现完成的提示信息。

（5）接收方的聊天窗口中也会出现成功接收文件的信息。

如果对方不在线，还可以传送离线文件。对方接收离线文件后，发送方聊天窗口也会出现对方成功接收文件的提示信息。

实例八　召开远程网络会议

问题：经理在外地出差，需紧急召开一个各部门负责人参加的远程会议。你该如何安排呢？

解决方法：掌握召开远程网络会议的方法。

在日常工作中，经常需要召开视频会议、视频面试，有时候还需要演示一些文档或产品。互联网使远程会议和远程培训都可以通过网络会议软件来高效地进行。目前可以召开网络会议的软件有不少，下面以"腾讯会议"为例进行详细介绍，具体操作步骤如下。

（1）在手机上下载和安装"腾讯会议"软件，也可以下载和安装在计算机上。

（2）进入主界面后，点击"快速会议"进入。

（3）进入快速会议后，开启视频，使用个人会议号，点击"进入会议"，然后把会议号分享给参会人员。

（4）参会人员进入"腾讯会议"主界面，点击"加入会议"，输入会议号即可参会。

如果不是马上召开会议，会议发起人也可以点击"预定会议"。进入预定会议后，选择开会的时间，然后点击"完成"按钮，进入会议详情，之后点击右上角的"分享"按钮，把会议详情发给参会人员。

"腾讯会议"具有屏幕共享功能、视频功能、聊天功能、文档共享功能、邀请功能等，可以满足绝大多数的远程网络会议要求。

第五节 其他信息处理设备的使用

除信息采集、输出、复制、传送设备外，还有一些现代办公设备在办公自动化的发展中扮演着重要角色，如用于销毁信息的碎纸机、用于制作图片的冷裱机、用于装订文本的装订机，以及集多功能于一身的多功能一体机等。本节主要介绍这四种设备的使用。

一、知识与技能要求

随着科技的发展与进步，新型现代办公设备层出不穷。碎纸机、冷裱机、装订机、多功能一体机这些或简单、或复杂的设备大大提高了办公效率，成为办公室工作离不开的标准设备配置。作为办公室秘书，必须能够熟练使用这些设备，并且掌握设备使用的注意事项，以延长设备的使用寿命，节约办公开支。

（一）碎纸机

秘书经常需要销毁一些纸质文件和资料。碎纸机是一种适于销毁各种类型的纸质机密文件的专用设备，有些型号的碎纸机还可以销毁光盘、软盘等电子存储介质。

1. 碎纸机的结构和工作原理

碎纸机一般由切纸部件和箱体两大部分组成。切纸部件包括锋利的刀具和电动机，电动机带动刀具快速转动，可将文件在片刻粉碎成条状或米粒状等。箱体主要包括容纳纸屑的容器和机壳。一些碎纸机箱体下部还装有脚轮，以方便移动。

2. 碎纸机的主要指标

碎纸机的主要指标有以下四个。

（1）碎纸方式。碎纸方式是指被处理过的纸张的形状。目前主要的碎纸的形状有粒状、条状和碎状三种。

（2）碎纸效果。碎纸效果是指处理后的纸屑大小，一般毫米级的粒状最佳，碎状次之，条状相对差一些。秘书可根据需要选择适合的类型。

（3）碎纸能力。碎纸能力是指碎纸机一次能处理的纸张的最大数目及厚度。一般来说，碎纸效果越好，其碎纸能力就越差。

（4）进纸宽度。进纸宽度是指碎纸机所能容许的纸张宽度。

一般来说，选择用于销毁机密文件的碎纸机时，秘书首先应考虑碎纸的大小是否符合保密要求，然后再考虑其他指标。销毁工作量大时还应考虑碎纸的速度和自动化程度。

（二）冷裱机

为了保护图片，增强图片的质感，可以为照片覆膜。目前给图片或者照片覆膜的方法很多，较为常用的是冷裱机，采用冷裱技术进行覆膜。

1. 冷裱机的工作原理

冷裱机的工作原理是采用冷压方式，将护膜装裱在图片表面，使其具有高度防腐、防水、抗折、防紫外线侵蚀的性能，从而使图片不褪色、不变黄，还能增加立体感，提高艺术感染力。

冷裱实际上就是在图片和照片上覆上一层冷裱膜。对于较小的照片或图片，完全可以通过手工贴制冷裱膜；较大的照片或图片，手工贴制易起泡，膜不结实，就需要使用冷裱机来贴制。好的冷裱机应该具有不起泡、可裱长图片、使用寿命长等特点。

2. 冷裱机的分类

冷裱机既是完成覆膜的主要设备，也是制作图文的重要后期设备。目前常用的冷裱机有手动冷裱机、电动冷裱机、自揭膜冷裱机和自动冷裱机四大类。

（三）装订机

装订机对公司来说可谓必需品，无论是普通装订机，还是财务装订机，都是公司工作离不开的设备。

依据装订机采用的装订方式，可将目前市场上的装订机分为热熔式装订机、梳式胶圈装订机、铁圈装订机、订条装订机和财务装订机五类。

热熔式装订机操作简单，装订速度快，耗材成本低，样式精美，属于不可拆卸型装订，适合中小型的文印中心及中小型的办公场所使用。

梳式胶圈装订机是所有装订机中使用成本较低的一种，其操作简单，易拆卸，可多次重复装订使用，适合小型办公室和小型文印社使用。梳式胶圈装订机可以进行活页式装订，增删页较为方便，可实现文本360°翻转。胶圈直径的大小，决定了文本装订的厚度。这种装订方式由于胶圈的尺寸、颜色及封皮颜色的选择余地较大，所以搭配出的效果也千差万别，装订好的产品美观大方、风格独特。

铁圈装订机一般分为2∶1（21孔）和3∶1（34孔）两种。其中，3∶1铁圈装订机的效果较好，适合装订较薄的文本，适合一般的设计院、规划局或中小型文印中心使用；2∶1铁圈装订机则适合装订较厚的文件。

订条装订机又称十孔夹条装订机，其操作简单，装订的文本整齐美观，适合各种场合使用，是常见的图文装订机之一。

财务装订机采用塑料柳管对财务报表及其他财务表格进行装订。采用这种机器装订出来的文本具有保存时间长、不易腐烂和损坏等优点。

（四）多功能一体机

对追求办公效率并对输出效果有较高要求的企业用户来说，传统设备的单一功能已经不能满足日渐繁杂的办公应用需求。为有效利用空间，提高办公效率，越来越多的用户在选购办公设备时都会倾向于选购多功能一体机。

1. 多功能一体机的工作原理

多功能一体机是从两个方向发展而来的，其一是打印机。很多一体机又称为多功能打印机，其打印功能十分突出。打印质量、打印速度等往往是衡量此类产品的重要指标。这种一体机是由激光打印机或喷墨打印机与扫描仪组成的，是具有打印、复印、扫描功能的"三合一"产品，有些产品还具有传真功能。其二是传真机。传真机本身就同时具有数字扫描和打印功能，如果将扫描与打印功能分开，再增加与计算机的通信接口，这种传真机就成为多功能一体机。此类产品一般都具有打印、传真、复印、扫描、网络传真、信息中心六种功能。

多功能一体机并非多个设备的简单叠加，它们大都采用了完善的集成技术，将打印、复印、扫描、传真等众多功能有机地集于一身，克服了"功能多就不稳定"的缺点，既节省空间，又经济高效。

在使用多功能一体机时，软件功能非常重要。因为多功能一体机既是输入设备，有时又是输出设备，对软件的输入、输出均有要求。多功能一体机的随机软件一般包括扫描软件、文字识别软件、图像处理软件、计算机传真软件、信息中心软件等。好的随机软件有助于将一体机的优势发挥得淋漓尽致。

2. 多功能一体机的特点

多功能一体机具有以下四个特点。

（1）功能叠加。传统办公设备一般只具有单一的传真、复印或打印功能，而多功能一体机实现了多个功能的叠加。与单一功能设备相比，多功能一体机至少具备多一项功能的优势，有的产品甚至具备多四项功能的优势。

（2）多功能一体机与单台打印机的体积差不多，且操作并不复杂，因此多功能一体机具有空间优势和易用性优势。

（3）多功能一体机具有良好的保密性。它能够在相对封闭的环境里完成打印、接发传真、复印、扫描等工作。因此，在进行一些机密文件的处理时，多功能一体机可以起到保护信息安全的作用。

（4）多功能一体机兼顾了办公自动化和信息技术两个领域，现在正被越来越多的人认同。因此，多功能一体机已有了替代单一功能打印机、复印机、传真机和扫描仪的趋势。

3. 多功能一体机的分类

多功能一体机从打印及输出来看，可分为激光一体机和喷墨一体机。激光一体机多为黑白单色，以打印和复印速度快见长，与其匹配的扫描仪往往是灰度扫描仪；喷墨一体机的价格较低，能够打印彩色图片，扫描仪多为彩色，但打印速度和黑白打印、复印的质量不如激光一体机。

多功能一体机从扫描仪方式来看，可分为馈纸式一体机和平板式一体机。馈纸式一体机的扫描仪较为简单，体积小巧，一般有几十页的自动进纸能力，在多页原稿传真和复印时无须人工干预，十分方便。但是，其扫描分辨率与平板式一体机相比要低，不能实现精细扫描。平板式一体机的扫描仪在扫描效果、速度方面都优于馈纸式一体机，而且可以实现票据、照片、图书等不规则原稿，甚至实物、负片的传真和复印。

二、操作技巧实例

实例一　碎纸机的使用方法及注意事项

问题： 商业竞争的加剧使公司对日常资料的处理变得非常谨慎，以往那种直接将文件扔进废纸篓的方式已被明令禁止。因为若文件被竞争对手回收，后者就有可能从蛛丝马迹中发现重大商业机密。在此条件下，领导要求使用碎纸机。作为秘书的你，应该如何操作碎纸机并尽量延长其使用寿命呢？

解决方法： 掌握操作及维护碎纸机的方法。

碎纸机的操作比较简单，对环境要求也低。碎纸机通常采用 220 V 电源，只需插上电源插座，打开电源开关，碎纸机即处于待工作状态，此时插入纸张就可以碎纸。

使用碎纸机时，应注意以下几个方面。

（1）使用前应查看说明书，了解一次最多能处理的纸张数量。碎纸量以低于最大碎纸量为宜，若进纸过量，使用时会发生卡纸。

（2）不可放入湿纸、胶纸、碳纸、塑胶袋、衣服，或者订书钉、大头针、曲别针等金属物品。

（3）需要在切割装置上加油，以减少磨损；清除积聚在刀刃里的灰尘；纸满后应及时清除。

（4）尽量避免连续使用碎纸机超过 15 min。大多数电机都会设置过热保护装置，一旦电机过热，碎纸机即停止工作。等待一定时间后，碎纸机方可重新工作。

实例二　碎纸机常见故障处理

问题： 由于只有办公室购买了碎纸机，所以公司其他部门的文件销毁工作都集中到了作为秘书的你的身上。在使用碎纸机的过程中，你发现碎纸机的噪声越来越大，而且经常卡纸，应如何处理这一故障呢？

解决方法： 了解碎纸机常见故障的处理方法。

使用碎纸机时，容易出现一些小问题，对此用户可以自行解决。但要注意的是，不要触碰滚刀。机头内的滚刀很锋利，此处的故障应由专业维修人员处理。

卡纸是碎纸机常见的故障，碎纸机卡纸一般是由一次性放入纸张过多引起的。针对早期的碎纸机，卡纸时应按倒退键或停机键，使碎纸机停止转动或倒退，以便清除卡住的纸；针对现代碎纸机，遇到卡纸，碎纸机会自动反转退纸。清除过多的纸后，碎纸机即可恢复正常工作。若碎纸张数很少而碎纸机仍卡纸，则可检查碎纸箱是否已满。

碎纸机使用时噪声过大，一般是由于碎纸机放置不平引起的，对此只要将其放平即可解决。

实例三　冷裱机的使用技巧

问题：经理交给你一些公司聘请摄影师拍摄的产品广告图片，要求你冷裱一下，好好保存。如何使用冷裱机呢？

解决方法：掌握使用冷裱机的技巧。

冷裱图文的成功与否，取决于冷裱机本身的稳定性，但更重要的还是使用者的操作技巧。冷裱方法虽然简单，但操作不正确的话，废品率会大大上升，具体操作步骤如下。

将裁好的冷裱膜（应该比照片略大一些）压入两轴之间（胶膜向下、隔离纸在下面），冷裱机的前端被两轴压住，把胶膜与隔离纸分开，胶膜拉向机器后方，包住上滚轴，隔离纸平放在前工作面板上。在靠近轴的部位，用手轻压隔离纸，使胶膜与隔离纸尽量分离，将被裱的照片放在隔离纸上摆正，用手从图上端的中间向两边抚平，转动冷裱机，均匀地把图片压入两个滚轴中。切勿只将图片的两边往里推，而不注意将图片的前部平行压入轴中，导致被压入轴的部分逐渐出现打皱现象，造成冷裱失败。如果难以将照片平行压入轴中，可用 1 cm 宽的双面胶纸（长度为 2 ~ 3 cm），分 3 ~ 4 点将图片的前端与隔离纸粘在一起。注意粘时应先粘住中间，再逐渐向两边平行粘贴。

实例四　使用装订机的注意事项

问题：作为秘书，你负责保管公司的装订机。由于有些员工不知道装订机的正确使用方法，装订出的文本不够美观，而且使用时存在安全隐患。经理要求你列出使用装订机的注意事项以提醒大家。你该列出哪些条目呢？

解决方法：掌握使用装订机的注意事项。

使用装订机时，要注意以下几个方面。

（1）装订机要放在平整的桌面上，保持整洁，免遭潮湿、日晒等。

（2）要正确、安全地连接电源，用完后拔掉电源插头。

（3）使用梳式装订机打孔时，文件页数不要超过该机型所允许的最大打孔页数，如放置的透片一次不能超过 2 张，封皮纸一次不能超过 4 张。

（4）使用可调打孔边距的装订机时，应注意边距与胶圈直径必须相匹配，否则会出现如下影响装订效果的情况：胶圈小，边距大，装订好的文件不容易翻动，并有可能起褶；胶圈大，边距小，翻动文件时页间隙太大，影响整体效果，长时间翻动容易出现掉页现象。

（5）使用热熔装订机时，因机内有高温，应谨防烫伤。

（6）使用热熔装订机时，一定要将文件整理整齐后方可放入封套内，否则装订的文件会参差不齐；封套加热完毕后，应用手稍微整理固定一下热胶，这样装订的文本会整齐有形；刚加热完毕，切忌立即翻动文本，此时翻动容易造成散页，应待胶条冷却、凝固后方能翻动。

（7）装订应选用正品装订材料（胶圈、热熔封套等），以保证装订的质量，避免损伤机器。

实例五　多功能一体机使用的注意事项

问题：为适应信息化时代的快节奏办公要求，公司购买了集传真、打印、复印、扫描等功能于一体的多功能一体机。作为秘书，你负责多功能一体机的使用与维护。领导希望多功能一体机的使用寿命能够长一些，出现的故障能够少一点，花费在维修和耗材上的费用也低一点。你如何做到这些呢？

解决方法：了解使用多功能一体机的注意事项。

在使用多功能一体机时，只要掌握正确的方法，养成良好的使用习惯，就能延长其使用寿命，减少故障，节省耗材和维修经费。以下是使用多功能一体机的注意事项。

1. 集中作业，避免频繁启动

多功能一体机每次启动时都要进行重新预热，因此长期频繁启动会影响多功能一体机内部光学器件的使用寿命。为了避免频繁启动多功能一体机，应尽可能地集中作业，把需要复印的材料集中起来，使用多功能一体机的连续复印功能进行批量化操作。这样不但可以延长多功能一体机的寿命，还能提高复印的速度。

2. 使用优质纸张，并且事先正确放置

在多功能一体机处于连续工作状态时，最有可能影响机器工作效率的就是纸张。一旦纸张在传送过程中出现异常，如不进纸、多页进纸或者卡纸等，都会影响多功能一体机的正常工作，严重时还会损坏多功能一体机内部的纸张传送装置。为了避免纸张传送出现问题，首先应确保使用高质量的复印纸，其次应将复印纸平整放置在送纸器内，不要放得太满，并且应调整导轨以适应纸宽。在安装传真纸时，也应使用标准的传真用纸，并按照说明书将感热面朝向打印头的方向。

3. 使用"节省工作模式"

多功能一体机在工作过程中要消耗大量的纸张及碳粉。新型的多功能一体机一般都有"节省工作模式"功能，使用该功能可以有效降低耗材开支。所以，在使用多功能一体机之前，应该首先对多功能一体机进行适当的设置，让多功能一体机在"节省工作模式"下工作。许多类型的多功能一体机都设有节省碳粉的装置，只要单击操作面板上的按钮，就能开启这种节省碳粉的功能；有的多功能一体机需要用户根据操作说明书的要求，在控制面板上进行相关设置，操作不是太复杂。

4. 保护感光鼓

在多功能一体机中，感光鼓是一种较昂贵的耗材，而且感光鼓对多功能一体机最终的输出效果有很大的影响，因此必须注意保护感光鼓。由于感光鼓对工作环境的要求较高，长时间受太阳照射会影响打印效果，甚至影响碳粉盒的使用寿命。因此，在多功能一体机需要更换碳粉，或者检查故障需要拿出碳粉盒时，要避免将感光鼓放在阳光下直接照射，即便放在室内灯光下，放置时间也不能超过十分钟。另外，要将碳粉盒放在干净、平滑的表面上，且避免用手触摸，因为人手指上的油脂往往会永久地破坏感光鼓的表面，并影响输出效果。在更换碳粉时，要及时把废粉收集仓中的废粉清理干净，因为废粉堆积太多时，输出的文稿上就会出现麻点，严重时还会损坏感光鼓。

5. 定期清洁

多功能一体机是把传真、打印、扫描等功能模块固化在一个整机之内的特殊办公设备。除要按照处理扫描仪、传真机、打印机的维护要求来维护多功能一体机外，还应特别注意保护多功能一体机的光学成像部分。因为光学镜头或反射镜头位置的微小变动都会影响 CCD 成像的质量，甚至可能使 CCD 接收不到图像信号。而且，多功能一体机在进行复印工作时，光从灯管发出后到被 CCD 接收，其间要经过玻璃板及若干个反光镜片及镜头，其中任何一部分落有灰尘或其他微小杂质都会改变反射光线的强弱，从而影响复印的效果。因此，保持多功能一体机工作环境的清洁及对光学成像部分的保护是确保文件复印质量的重要前提。

参考文献

［1］郭春燕，李桂芝．网络信息采集．2 版．北京：中央广播电视大学出版社，2016.

［2］郭春燕．办公自动化．3 版．北京：高等教育出版社，2016.

［3］中国就业培训技术指导中心．秘书国家职业资格培训教程：四级秘书 国家职业资格四级，北京：中央广播电视大学出版社，2013.

［4］张玲莉．公共关系原理与实务．3 版．北京：高等教育出版社，2015.

［5］张玲莉．秘书国家职业资格培训教程：秘书基础知识 国家职业资格．北京：中央广播电视大学出版社，2013.

［6］本书编写组．职业道德与工作价值观．北京：中国工人出版社，2012.

［7］中国就业培训技术指导中心．职业道德国家职业资格培训教程．北京：中央广播电视大学出版社，2007.

［8］中华人民共和国中央人民政府．中共中央 国务院印发新时代公民道德建设实施纲要．（2019 – 10 – 27）［2020 – 12 – 20］. http：//www. gov. cn/zhengce/2019 – 10/27/content_5445556. htm.

［9］张玲莉．人际商务技巧：学生用书．北京：中国人民大学出版社，2002.

［10］董继超．普通秘书学．北京：中央广播电视大学出版社，1997.